i Nani

Di Giovanni Bianconi
nel catalogo Baldini&Castoldi
potete leggere:

A mano armata.
Vita violenta di Giusva Fioravanti

Ragazzi di malavita.
Fatti e misfatti della banda della Magliana

Di Gaetano Savatteri (con Tano Grasso)
nel catalogo Baldini&Castoldi
potete leggere:

Ladri di vita.
Storie di strozzini e disperati

Giovanni Bianconi Gaetano Savatteri

L'attentatuni

Storia di sbirri e di mafiosi

Baldini&Castoldi

http://baldini.editore.it e-mail: info@baldini.editore.it

ISBN 88-8089-460-9

Avvertenza degli autori

Le vicende narrate in questo libro sono realmente accadute. Le abbiamo ricostruite sulla base di atti giudiziari e di testimonianze dirette, per le quali ringraziamo le persone interpellate che – con ruoli diversi e da posizioni diverse – le hanno vissute.

Non tutti i procedimenti penali scaturiti da questa indagine sono conclusi, e naturalmente non è possibile conoscerne gli esiti finali; noi ci siamo attenuti a ciò che era al vaglio dell'autorità giudiziaria al momento di scrivere.

Alcuni appartenenti (o ex appartenenti) a Cosa Nostra protagonisti di questa storia sono stati di recente al centro di episodi di cronaca, anche clamorosi; si tratta di fatti diversi e successivi al periodo qui trattato, che non cambiano – e anzi per certi versi confermano – la natura di quelli del 1992-93.

Di alcuni investigatori è stato omesso il cognome, e il nome è stato sostituito con uno di fantasia, su loro richiesta e per ragioni di riservatezza.

Siamo grati a tutti coloro che con consigli e suggerimenti ci hanno incoraggiato nel nostro lavoro.

Roma, febbraio 1998

G.B. e G.S.

Avvertenza al lettore

I casi clinici illustrati in questo libro sono realmente [illegible] [illegible] ... [illegible]

[illegible]

Alcuni [illegible]

[illegible]

[illegible]

Ecco come ci siamo messi nei guai: abbiamo parlato.

John Gotti

Il lavoro del detective consiste nello studiare le increspature che si formano nell'acqua e nello scoprire chi ha gettato il sasso.

Alfred Hitchcock

Prologo

Il telefonino squillò due minuti dopo le 17. L'uomo rispose all'istante, dall'altra parte una voce maschile: «Pronto, Mario?»

«No, ha sbagliato», e la comunicazione si chiuse.

Non avevano sbagliato, quel nome era il segnale che l'uomo aspettava: indicava che la Croma blindata del giudice Falcone era uscita dal garage di Palermo e aveva già imboccato l'autostrada per l'aeroporto di Punta Raisi.

L'uomo lasciò il casolare dove era in attesa con altre sette persone, salì sulla sua auto – una Lancia Delta verde – e guidò lungo la strada che costeggia la Palermo-Punta Raisi. Arrivato a uno spiazzo dov'erano parcheggiate alcune roulotte, si fermò e spense il motore. Da lì poteva vedere un lungo tratto di autostrada, e ricominciò ad aspettare.

Anche le altre persone che si trovavano nel casolare si mossero: due andarono all'aeroporto, altre due scesero sul ciglio dell'autostrada, sistemarono la ricevente sotto il tombino, attivarono l'interruttore e raggiunsero le ultime tre, che s'erano già appostate in cima alla collina, località Raffo Rosso, Comune di Isola delle Femmine.

Passarono circa quaranta minuti prima che l'uomo sulla Lancia Delta scorgesse la Croma bianca che percorreva l'autostrada in direzione Palermo, in mezzo ad altre due auto blindate. Avviò il motore e partì anche lui verso la città, seguendo il corteo delle blindate dalla strada parallela alla stessa velocità, ottanta chilometri all'ora. Mentre guidava, l'uomo chiamò dal suo cellulare uno di quelli che aspettavano sulla collina.

Parlarono per cinque minuti e mezzo di fila, chiacchierando del più e del meno, raccontandosi storie di tutti i giorni. Le macchine sull'autostrada procedevano più lentamente del previsto, e quei discorsi dovevano servire a far capire che bisognava rallentare i tempi; per il resto, andava tutto bene.

«Tu stasera che fai?»

«Niente, se sei libero possiamo andare a mangiare una pizza.»

«D'accordo.»

Arrivato all'altezza di un bar, il Johnny Walker, l'uomo della Lancia Delta interruppe bruscamente la conversazione: «Ci sentiamo dopo, ciao», e svoltò, imboccando l'autostrada per Partinico. Sulla collina, quell'altro capì, guardò verso il basso e vide le tre auto che correvano verso Palermo: ancora pochi metri e sarebbero arrivate all'altezza del tombino.

Alle ore 17,56 minuti e 48 secondi, uno degli uomini che stavano sulla collina schiacciò il pulsante del radiocomando. I circa cinque quintali di tritolo e polvere T4 sistemati nel sottopassaggio dell'autostrada, vicino al cartello che segnalava lo svincolo per Capaci-Isola delle Femmine, saltarono in aria insieme a parecchi metri di asfalto e alle auto blindate.

L'esplosione fu tremenda: gli agenti di scorta Antonio Montinaro, Rocco Di Cillo e Vito Schifani, tutti e tre a bordo della prima auto, morirono sul colpo. Il giudice Giovanni Falcone e sua moglie Francesca Morvillo, seduti sui sedili anteriori della seconda, spirarono all'Ospedale Civico di Palermo un'ora più tardi. L'autista Giuseppe Costanza, che s'era seduto dietro lasciando il magistrato alla guida, rimase ferito e riuscì a cavarsela, come i poliziotti della terza auto che chiudeva il corteo.

L'uomo sulla Lancia Delta ormai era lontano. Non sentì nemmeno il rumore di quella strage, la strage di Capaci.

Era il pomeriggio di un sabato quasi estivo in Sicilia, 23 maggio del 1992, l'anno di Mani Pulite e della guerra di Cosa Nostra contro lo Stato, l'anno dei primi arresti eccellenti per corruzione e dei corpi smembrati dalle bombe mafiose.

I

Dopo Falcone toccò a Paolo Borsellino, procuratore aggiunto di Palermo, l'unico magistrato in grado, secondo l'opinione di tutti, di raccogliere l'eredità dell'uomo-simbolo della lotta alla mafia trucidato da Cosa Nostra.

Borsellino morì dilaniato da un'autobomba in via Mariano D'Amelio, davanti al cancello del palazzo dove viveva sua madre, insieme agli agenti di scorta Emanuela Loi, Agostino Catalano, Walter Cusina, Claudio Traina e Vincenzo Li Muli; era il 19 luglio 1992, cinquantasette giorni dopo la strage di Capaci, una domenica di sole e di mare finita nel sangue.

Il questore Gianni De Gennaro – quarantaquattro anni e una carriera già brillante alle spalle, spesa in gran parte indagando sul crimine organizzato, da pochi mesi vicedirettore operativo della Dia, la neonata Direzione investigativa antimafia – quella sera si sentì un uomo perso. Con Falcone e Borsellino aveva lavorato gomito a gomito per quasi dieci anni, prima per il maxi-processo scaturito dalle dichiarazioni di Buscetta e Contorno, poi nell'attacco alla Cosa Nostra ormai piegata alla dittatura di Totò Riina.

All'indomani della strage di Capaci, De Gennaro non se l'era sentita di «scendere» a Palermo. In Sicilia era volato lo Stato ufficiale, presidenti e ministri, onorevoli e prefetti, circondati da auto blindate e agenti di scorta con l'auricolare piantato nell'orecchio; lui invece era rimasto a

Roma, chiuso nel suo dolore e in mille ricordi, tentando di organizzare le prime mosse di un lavoro che doveva portare a smascherare gli assassini del suo amico Giovanni. Si mise subito a studiare perquisizioni, rilievi e intercettazioni possibili, con l'esperienza e la tecnica dello sbirro specializzato nella caccia ai mafiosi.

«Ci sono cose che puoi fare soltanto nelle prime ore, che lì per lì sembrano senza senso ma poi qualche frutto lo danno, se la fortuna ti accompagna», ripeteva ai pochi amici coi quali parlava in quei giorni. E aggiungeva, con la sua faccia da eterno ragazzo scanzonato e un po' spavaldo: «Dovesse essere l'ultima cosa che faccio in vita mia, li prenderò. Lo devo a Giovanni, lo devo a me stesso, lo devo a quei cornuti che lo hanno ammazzato. Giovanni mi ha insegnato a capire che cos'è la mafia e come la si può sconfiggere; adesso vedremo che cosa ho imparato, e lo vedranno anche quelli». Ma poi, tornato in ufficio, lasciava fuori ogni emozione e ogni ricordo, organizzando il lavoro d'indagine con la freddezza e il distacco di sempre.

Il 27 maggio, coi giornali sul tavolo pieni delle cronache sui funerali-shock nella cattedrale di Palermo, De Gennaro mise a punto una prima analisi sull'omicidio di Giovanni Falcone. Cercò di far capire il valore simbolico, vendicativo e intimidatorio di quella strage, collegandola all'assassinio di Salvo Lima, avvenuto due mesi prima. E avvertì: «L'azione violenta di reazione di Cosa Nostra non è destinata a fermarsi... L'ulteriore obiettivo potrebbe essere un esponente di spicco o di vertice dell'apparato repressivo di sicurezza... Nel novero dei possibili obiettivi può rientrare anche un collaboratore della giustizia "eccellente"...»

L'«azione investigativa», secondo il vicecapo della Dia, andava rafforzata e doveva prefiggersi il «preciso scopo di decapitare l'attuale vertice di Cosa Nostra, affinché la strategia di attacco alle istituzioni possa avere termine». Ma per raggiungerlo bisognava decidersi a dare «un definitivo assestamento alle strutture investigative e inquirenti specializzate nel contrasto della criminalità mafiosa».

Parlò a lungo con Borsellino, in quei cinquantasette giorni, il questore De Gennaro. Cominciò con lui ad analizzare la situazione, a cercare qualche crepa nel muro di Cosa Nostra. Un nuovo pentito, Gaspare Mutolo, picciotto della borgata di Pallavicino che era stato compagno di cella di Salvatore Riina, collaborava già da alcuni mesi, e proprio a Borsellino stava affidando le sue confessioni, nonostante le resistenze del procuratore di Palermo Pietro Giammanco.

Ma quel 19 luglio la mafia tolse di mezzo anche l'erede di Giovanni Falcone, e De Gennaro restò solo. Aveva pochi uomini e pochi mezzi a disposizione, ma un sospetto in più, che a una settimana dalla nuova strage gli fece dire: «Si intravedono elementi tali da far sospettare che il progetto eversivo non sia di esclusiva gestione dei vertici di Cosa Nostra, ma che allo stesso possano aver contribuito o partecipato altri esponenti del potere criminale, sia a livello nazionale che internazionale».

Mafia e non solo, dunque, dietro la decisione di ammazzare il giudice Borsellino. Secondo il vicecapo della Dia, gli «elementi di anomalia rispetto al tradizionale comportamento mafioso» facevano pensare a una sorta di nuova strategia della tensione che andava al di là degli interessi di Cosa Nostra; e bisognava guardarsi dal rischio che la spirale attentati-misure repressive-attentati potesse favorire, «involontariamente, un eventuale disegno eversivo». In ogni caso, l'organizzazione era «direttamente coinvolta in maniera manifesta nei fatti del delitto in esame».

A Palermo, dopo l'eccidio di via D'Amelio, era scoppiata la rivolta dei sostituti procuratori antimafia, decisi ad abbandonare il loro posto se non fosse stato rimosso un capo, Pietro Giammanco, accusato di pavidità, astratto attaccamento alle formalità e scarsa comprensione del fenomeno mafioso. Una decina di pubblici ministeri, nel caldo torrido di fine luglio, era sfilata a Roma, davanti al Csm, per dire che si sentiva carne da macello, che così non poteva andare avanti.

Il questore e il prefetto della città erano già saltati, e nel giro di poche settimane se ne andò anche il procuratore. La Sicilia viveva la sua ennesima estate dei veleni, mentre a Roma quel poliziotto schivo e testardo si sforzava di mettere a punto una strategia che gli permettesse di mantenere la promessa fatta a se stesso: «Dovesse essere l'ultima cosa che faccio...»

«Gianni, c'è un detenuto a Pianosa, un certo Marchese, che mi vuole incontrare, vieni da me che ne parliamo.» Il giudice Giuseppe Di Gennaro, da pochi giorni procuratore nazionale antimafia, conosceva da tempo il questore De Gennaro, suo quasi omonimo che molta gente continuava a confondere con lui per via di quei cognomi così simili.

Di Gennaro era arrivato alla guida della Superprocura ideata da Giovanni Falcone dopo le bombe di Capaci e via D'Amelio, e dopo che il ministro della Giustizia Claudio Martelli aveva negato il «concerto» all'altro candidato in lizza, il procuratore di Palmi Agostino Cordova. Il Csm l'aveva nominato il 10 agosto e, sull'onda dell'emergenza, Di Gennaro s'era messo subito al lavoro negli uffici ancora provvisori di via Giulia, nel cuore papalino di Roma.

«Pare che questo Marchese Giuseppe mi voglia parlare, ho già chiesto tutte le informazioni su di lui», spiegò il superprocuratore al vicecapo della Dia. Ma De Gennaro non aveva bisogno di quelle informazioni.

«Te lo dico io chi è Pino Marchese», disse al giudice. «Mafioso palermitano della "famiglia" di Corso dei Mille, nipote di Filippo Marchese, fratello di Nino, Gregorio e Vincenzina Marchese, la moglie di Leoluca Bagarella, cognato di Riina. Sta in carcere da dieci anni, ha un paio di ergastoli, è giovane ma già un pezzo grosso.»

In pochi secondi, attraverso la catena di parentele e condanne, aveva disegnato il ritratto di un ragazzo che stava «nel cuore» di Riina, il capo dei capi di Cosa Nostra.

«Allora è importante, devo andare subito», commentò il giudice, ma il poliziotto frenò: «Infatti, è importante, ma bisogna prima capire bene che cosa c'è sotto. Me ne occupo e ti faccio sapere».

De Gennaro tornò nel suo ufficio – all'ultimo piano dell'antico convento quattrocentesco di Santa Priscilla, un trionfo di chiostri, pozzi e giardini dalle parti di via Salaria – e telefonò al direttore di Pianosa, il penitenziario di massima sicurezza dove da poco più di un mese erano stati trasferiti molti boss mafiosi.

Era stata la prima risposta del governo alle stragi: carcere duro per gli uomini d'onore, sul modello di quello applicato ai terroristi durante gli «anni di piombo», e nuove norme che garantivano la quasi impunità a chi decideva di pentirsi e collaborare con la giustizia.

«Dottore, meno male che ha chiamato, avevo urgenza di sentirla perché Marchese ha chiesto di lei», disse il direttore.

«Di me?»

«Sì, mi ha mandato un biglietto tramite un brigadiere di cui si fida, c'è scritto: "Voglio parlare con il dottor Di Gennaro della Criminalpol".»

Quel mafioso lo conosceva ancora come il segugio della Criminalpol che lavorava con Falcone, della Dia non sapeva nemmeno l'esistenza. E come tanti, aveva sbagliato il cognome. Comunque ormai l'equivoco era chiarito, Pino Marchese cercava lui, e non il procuratore antimafia.

L'occasione era ghiotta: se uno come Marchese decideva di collaborare, si sarebbe avuta per la prima volta una voce dall'interno del gruppo vincente, i corleonesi di Riina. Gli altri pentiti, da Buscetta a Contorno, da Marino Mannoia fino al recentissimo Mutolo, avevano parlato per vendetta o perché s'erano sentiti persi, prossimi a essere tagliati via come rami secchi; Marchese invece non aveva nulla da temere, era un parente diretto di Bagarella e in qualche modo anche di Riina, cognato di suo cognato.

Ma poteva anche essere una trappola, un falso pentimento per disinnescare sul nascere la bomba dei nuovi collaboratori. Oppure, più semplicemente, un modo per attirare la prossima vittima in un tranello e farla fuori.

Che potesse essere il vicedirettore della Dia il nuovo obiettivo del terrorismo mafioso, ne dubitavano in pochi; per quello che rappresentava sul piano simbolico (era l'unico ancora vivo del quartetto che con Falcone, Borsellino e Cassarà aveva messo in piedi il maxi-processo) e per il pericolo concreto impersonato da un investigatore con le sue conoscenze e la sua esperienza.

«Voglio parlare con il dottor De Gennaro», chiedeva Marchese, uno che nel carcere dell'Ucciardone aveva ammazzato un compagno di cella a colpi di bistecchiera sulla testa: e se fosse stato un sotterfugio per uccidere il poliziotto?

De Gennaro rifletté a lungo, da solo e con i suoi collaboratori, e alla fine decise: «Vado».

Come unica precauzione, fece salire sull'elicottero che l'avrebbe portato a Pianosa un ex paracadutista che conosceva bene, armato di tutto punto: si sarebbe messo dietro la porta della sala colloquio, pronto a intervenire in caso di necessità.

Il vicecapo della Dia sbarcò a Pianosa la mattina del 23 agosto, a tre mesi esatti dalla strage di Capaci, con in tasca l'autorizzazione del ministero della Giustizia per un colloquio investigativo – altra novità della legge antimafia varata dopo i sacrifici di Falcone e Borsellino – con il detenuto Marchese Giuseppe di Vincenzo, classe 1963.

Naturalmente, in quel carcere pieno di mafiosi, nessuno doveva sapere che Pino Marchese aveva chiesto di incontrare uno sbirro; dietro le sbarre basta poco a far nascere un sospetto, e le voci circolano a velocità impressionante.

Venne messo a punto un piano: tutti i detenuti del braccio dove si trovava Marchese sarebbero stati chiamati in amministrazione, uno dopo l'altro, per scattare una nuova foto segnaletica. Dunque ciascuno doveva essere prelevato dalla sua cella e riaccompagnato dopo qualche minuto.

I primi detenuti fecero tutta la trafila, ma quando toccò a Marchese fu portato in una saletta spoglia – un tavolino e due sedie – dove si trovò davanti il poliziotto di cui aveva chiesto.

«Eccomi, sono De Gennaro.»

«Dottore, lei è fottuto», rispose il mafioso.

«In che senso?»

«Nel senso che *se la devono fare*. C'è l'ordine di Riina di ucciderla: s'è rivolto a gente di Roma per conoscere i sui movimenti e le sue abitudini, dopo ci penseranno i corleonesi.»

«Sai altro su questo progetto?»

«No. Però so che qualche anno fa l'hanno chiesto

pure a uno della banda della Magliana, un certo Colafigli. Noi gli davamo la droga e lui la doveva ammazzare.»

Per De Gennaro questa confidenza era già un riscontro all'attendibilità dell'uomo che aveva di fronte: la storia che lui era nel mirino di «Marcellone» Colafigli – killer di spicco della Magliana, sua vecchia conoscenza dai tempi della Squadra mobile di Roma – gli era arrivata all'orecchio tempo prima, da un informatore che batteva tutt'altre strade di quelle mafiose: dunque Pino Marchese stava dicendo la verità.

«Hai intenzione di collaborare?» domandò il poliziotto.

«Sì, e ho molte cose da dirvi. Però dovete tirarmi fuori da qui senza che gli altri sospettino nulla.»

«Com'è ora la situazione dentro Cosa Nostra?»

«Comanda sempre Riina, e adesso c'è il problema di queste carceri speciali. Con le nuove regole si sta male, e l'organizzazione ha già cominciato ad avvicinare delle guardie per minacciarle o corromperle.»

Era un altro riscontro: il direttore del carcere aveva appena mostrato al questore la relazione di servizio di un agente penitenziario di Castelvetrano, i cui familiari erano stati contattati dai mafiosi locali per cercare di riottenere privilegi e «libertà» cancellati dall'articolo 41 bis dell'ordinamento penitenziario.

«Un'altra cosa ho sentito, dottore: a settembre ci potrebbe essere un attentato su un aereo o in qualche aeroporto, perché Riina ha avvisato gli intimi di non viaggiare su Milano per tutto il mese.»

Il tempo a disposizione stava per scadere, Marchese doveva tornare in cella se si volevano evitare sospetti. De Gennaro disse: «Il brigadiere con cui hai parlato l'altra volta ti farà sapere quando ti veniamo a prendere, dovrai fingere di sentirti male. Ma adesso dimmi una cosa: che ne sai della strage di Capaci?»

«Ne so poco, io sto dentro da una vita. Però secondo me c'entrano quelli che stanno intorno a Riina e a mio cognato Bagarella: dovete stare dietro a Nino Gioè e a un certo Santino detto "Mezzanasca", tutti e due di Altofonte.»

«Va bene, Marchese, tieniti pronto quando te lo dice la guardia.»

Il vicequestore aggiunto Francesco Gratteri era un poliziotto di trentotto anni, calabrese come De Gennaro, un ragazzone scuro di pelle, occhi e barba, chiamato a Roma dal commissariato di Siderno dopo la scoperta che un gruppo di malavitosi locali era pronto a fargli la pelle. In passato aveva lavorato alla Squadra mobile di Napoli, e prima ancora a Padova, dove il questore l'aveva presentato a De Gennaro dicendogli: «Questo ragazzo mi ricorda te all'inizio della carriera».

Qualche anno più tardi, De Gennaro aveva voluto quel ragazzo al proprio fianco nelle principali inchieste sul crimine organizzato, dagli omicidi ai sequestri di persona. Prima al Nucleo anticrimine, poi al Servizio centrale operativo e infine alla Dia, responsabile della VII sezione del Centro operativo di Roma, alla quale erano affidate le indagini sui mafiosi di Palermo e dintorni.

A dirigere l'ufficio romano del nuovo organismo investigativo, invece, era stato chiamato un tenente colonnello dei carabinieri, Domenico Di Petrillo, l'aria burbera e insieme paterna del capofamiglia, un paio di baffi rassicuranti e una lunga esperienza antiterrorismo nei reparti operativi dell'Arma, da dove aveva inferto colpi durissimi alle Brigate Rosse, fino all'arresto degli ultimi «guerriglieri» che nel 1988 avevano assassinato Roberto Ruffilli. Ora era passato alla Dia, e con De Gennaro si intendevano per lo stesso approccio analitico alle indagini, per la mentalità «strategica» nel modo di condurre le inchieste.

Gratteri era arrivato da due giorni in Calabria, per prendere un po' di respiro in quell'estate di fuoco, quando ricevette la telefonata di De Gennaro.

«Franco, sto uscendo ora da Pianosa, ho appena parlato con Pino Marchese, ci vediamo domattina in ufficio», disse il capo.

«Ma io sono in vacanza da due giorni...»

«Ti aspetto domattina, ciao.»

L'indomani De Gennaro aveva già inviato la sua relazione ai magistrati sottolineando l'«assoluta rilevanza e priorità di un'azione investigativa che abbia come fulcro il personaggio e le rivelazioni di Giuseppe Marchese». Le formalità per assegnare il giovane boss alla detenzione extra-carceraria prevista dalla nuova legge antimafia erano state avviate.

Nell'ufficio del vicedirettore della Dia c'erano Gratteri, Di Petrillo e il questore Pippo Micalizio, ex dirigente della Squadra mobile di Milano, un poliziotto di grande esperienza dietro l'aria un po' dimessa da preside di liceo, messo a capo della struttura operativa della Dia. Tutti si sforzavano di apparire calmi e distaccati, ma erano consapevoli di avere in mano un'occasione storica, una chiave con la quale potevano entrare nelle stanze più segrete di Cosa Nostra e del suo capo indiscusso: Totò Riina.

Bisognava fare in fretta, tenendo il «tradimento» del picciotto di Corso dei Mille il più riservato possibile: finché avesse collaborato in segreto, all'insaputa dei suoi compari, c'era la possibilità di andare dietro a «tracce fresche» dei grandi latitanti, Riina, Bagarella, Giovanni Brusca, sicuri registi della strategia del terrore mafioso.

Ma il pentimento di Marchese, quasi parente del

«dittatore», avrebbe avuto un effetto devastante dentro Cosa Nostra anche una volta diventato di dominio pubblico. Riina avrebbe dovuto prendere atto che perfino nella ristretta cerchia dei suoi fedelissimi si annidava il pericolo, che nemmeno la sua famiglia – intesa nel senso dei legami di sangue – era immune da «infami» e «tragediatori». E agli occhi degli altri mafiosi, la sua posizione si sarebbe fatta più debole, il suo ruolo di capo carismatico sarebbe stato messo in dubbio: se l'ordine era quello di decimare i parenti dei pentiti, come si sarebbe comportato con suo cognato Bagarella, a sua volta cognato del «traditore»?

Negli investigatori che da tre mesi si arrabattavano alla ricerca di qualche traccia o indizio per organizzare il contrattacco dello Stato alla mafia dopo lo smacco delle stragi, si fece largo una convinzione: con Marchese per le mani si può arrivare dappertutto, è la carta vincente. Se solo ci fossero state le condizioni minime, però.

In quel momento, invece, la Dia aveva strutture appena abbozzate e un manipolo di uomini provenienti da polizia, carabinieri e guardia di finanza ancora da amalgamare e in gran parte da addestrare. E c'era la Procura di Palermo, indispensabile referente per ogni azione investigativa, senza capo e senza una guida unitaria.

Ma non era il caso di piangere sui pochi mezzi a disposizione o sul momento storico sbagliato; l'occasione era lì e andava colta, più che parlare c'era da lavorare.

Si studiò il modo per trasferire Pino Marchese da Pianosa, simulando un malore e il ricovero in ospedale. La guardia carceraria avvisò il detenuto, e il mattino seguente un elicottero con il vicequestore Gratteri, un altro poliziotto e una lettiga per il trasporto di invalidi a bordo, atterrò sul piazzale del super-carcere.

Scaricata la barella, da un viale interno arrivò l'ambulanza con dentro Pino Marchese; il detenuto fu messo sulla lettiga e quindi nell'elicottero, il tutto in pochi secondi, come se in pericolo fosse davvero la vita di quel mafioso e non il muro dell'omertà corleonese.

L'elicottero si rialzò quasi subito, e davanti a Gratteri comparve la faccia spaesata e tesa di Pino Marchese che stava volando via da Cosa Nostra e da un'intera vita vissuta all'ombra del boss dei boss. Vestito con jeans e maglietta, di fronte al poliziotto in giacca e cravatta, Marchese si mostrò subito lucidissimo nella preoccupazione di non lasciare tracce del suo passaggio dall'altra parte della barricata: teneva in tasca dei bigliettini, forse la corrispondenza con la guardia carceraria con cui aveva preso accordi, e li strappò in mille pezzi.

Aveva l'aria di un evaso da Sing Sing, per la prima volta dopo dieci anni metteva il naso fuori dal carcere. Un mafioso a ventiquattro carati come lui, un killer che s'era finto pazzo per farsi mandare al manicomio giudiziario, si stava consegnando mani e piedi alle forze dell'ordine; per farlo aveva scelto gli uomini di De Gennaro, il poliziotto che Riina aveva messo in cima alla nuova lista dei nemici da ammazzare: se il capo diceva che era quello, adesso, il pericolo da eliminare, significava che era la persona giusta alla quale affidarsi, una volta saltato il fosso.

A ventinove anni ancora da compiere, Pino Marchese s'era deciso a cambiare vita, dopo aver consumato quella precedente fra omicidi a colpi di kalashnikov, cordicelle strette al collo delle vittime, cadaveri sciolti nell'acido e carcere.

Ne aveva di cose da raccontare, il giovane boss, e a queste pensava il vicequestore Gratteri mentre lo guardava, a bordo di quell'elicottero in volo verso Roma. Lo vedeva preoccupato ma nello stesso tempo convinto della sua scelta, e in qualche modo compiaciuto di com'era andata l'operazione-trasferimento.

Qualche residua perplessità sul suo pentimento in fondo alla mente era rimasta, anche se il colloquio con De Gennaro aveva dato sufficienti garanzie. Comunque non era il caso di mostrarsi scettici. Bisognava far vedere di avere la massima fiducia nella sua scelta, a prescindere dalle motivazioni personali che l'avevano determinata, per fare in modo che il detenuto avesse piena fiducia e collaborasse senza riserve.

L'elicottero non era ancora giunto a destinazione, quando il poliziotto della Dia domandò: «Puoi darci qualche notizia per arrivare a Bagarella o a Riina?»

«Quello che so è che nel gruppo ristretto che cura mio cognato ci sono Nino Gioè, di Altofonte, e un certo Santino *inteso* Mezzanasca», rispose Marchese, ripetendo gli stessi nomi detti a De Gennaro. Ma stavolta aggiunse: «Mezzanasca è uno che ha una grossa proprietà, che a volte viene usata per delle riunioni».

«Da dove ti sono arrivate le notizie più fresche?»

«Da mio fratello, che viene regolarmente a colloquio in carcere.»

Il 1° settembre 1992, alle ore 12,30, negli uffici del Centro operativo della Dia di Roma, Giuseppe «Pino» Marchese si presentò davanti ai sostituti procuratori della Repubblica di Palermo Guido Lo Forte e Gioacchino Natoli. E cominciò a dettare il suo primo verbale d'interrogatorio da collaboratore di giustizia.

«Mi chiamo Marchese Giuseppe di Vincenzo e di Drago Giuseppa, nato a Palermo il 12-12-1963, in atto detenuto in espiazione di pena in una struttura extra-carceraria e affidato in custodia a personale della Dia. [...]

«Ho maturato la decisione di dissociarmi dall'organizzazione mafiosa Cosa Nostra e di collaborare con la giustizia per una serie di motivi, di cui subito dirò, che mi hanno fatto comprendere come non mi sia più possibile riconoscermi in un'associazione le cui regole sono state profondamente alterate.

«Desidero inoltre, nell'ambito delle leggi dello Stato, rifarmi una vita, abbandonando tutto ciò che ha fatto di me il responsabile di gravi azioni criminali. [...]

«Ho assunto la qualità di uomo d'onore della famiglia di Corso dei Mille nel 1980. Ero nipote dell'allora rappresentante della famiglia Marchese Filippo detto "Milinciana" ed ero già in intimi rapporti con Bagarella Leoluca della famiglia di Corleone, poiché questi era fidanzato con mia sorella Marchese Vincenza, con la quale recentemente ha contratto matrimonio.

«La mia affiliazione fu quindi decisa, personalmente, da Riina Salvatore, il quale originariamente, anzi, giudicò opportuno di mantenere riservata la mia appartenenza a Cosa Nostra e che, quindi, io operassi esclusivamente alle dipendenze di lui stesso e di mio zio Marchese Filippo.

«Io fui *combinato* nella villa di Maniscalco Salvatore, all'epoca uomo d'onore della famiglia di Corso dei Mille e successivamente "posato" perché troppo amante delle donne e del gioco; nell'occasione erano presenti Marchese Filippo, Argano Filippo, Greco Giuseppe "Scarpa", Spadaro Vincenzo e Lo Jacono Giovanni. Mio padrino fu Argano Filippo, e la mia iniziazione avvenne secondo le modalità già esattamente riferite da altri collaboratori [...].

«La mia condizione di riservatezza, voluta da Riina Totò, comportava che io non venissi presentato ad altri uomini d'onore, come invece è d'uso. Tale condizione, tuttavia, durò breve tempo, giacché mio zio Marchese Filippo di quando in quando mi presentava a uomini d'onore a lui vicini. Ciò provocò il malumore del Riina, col quale infatti Marchese Filippo dovette giustificarsi [...].

«Sono detenuto ininterrottamente dal gennaio 1982

e sono stato condannato con sentenze definitive per il reato di associazione mafiosa nel maxi-uno e, prima ancora, per la cosiddetta strage di Bagheria nonché, da ultimo, per l'omicidio in carcere di Puccio Vincenzo [...].

«Ritornando ai motivi della mia dissociazione da Cosa Nostra, debbo dire che, dopo aver nutrito piena fiducia in Riina Salvatore e nelle regole di solidarietà che pensavo fossero alla base di Cosa Nostra, ho progressivamente compreso che, proprio per Riina Totò e altri a lui molto vicini, tali regole erano una finzione e venivano tradite per un disegno esclusivo di potere.

«Il primo episodio che ha fatto sorgere in me notevoli dubbi sulla lealtà del Riina è stato quello della scomparsa di mio zio Marchese Filippo, che si verificò nel 1983. Io appresi di tale scomparsa soltanto nel 1985 da Bagarella Leoluca e da mio fratello Marchese Antonino, uomo d'onore della famiglia di Ciaculli, in occasione di un colloquio fatto congiuntamente a Termini Imerese. In tale circostanza i due si limitarono a dirmi che "lo zio non c'era" e che egli, appunto, era stato eliminato tra la fine del 1982 e l'inizio del 1983.

«Quando io feci le mie rimostranze per non essere stato informato prima, i due mi dissero di non averlo fatto per non turbarmi eccessivamente in un periodo in cui ero sottoposto a notevole tensione, dovendo simulare la follia nel processo in cui ero imputato, ed anche per la mia giovane età [...].»

Da più di una settimana, ormai, Pino Marchese viveva in una struttura riservata della Dia vicino al mare, a pochi chilometri da Roma; di notte dormiva, di giorno rispondeva alle domande di inquirenti e investigatori. Ma bisognava trovare il modo di tranquillizzare i suoi familiari, soprattutto i fratelli mafiosi, che non avevano più sue notizie dal trasferimento da Pianosa.

Era il momento di un'altra messinscena, che doveva servire a contattare la famiglia di Marchese, controllare se sospettavano qualcosa e, qualora fosse andato tutto bene, tentare un primo aggancio per prendere Bagarella.

«Pino, domani si va a Livorno, dobbiamo simulare un ricovero in ospedale», lo informò uno degli uomini che si occupavano della sicurezza di Marchese. Il direttore del carcere di Pianosa aveva avvisato i familiari che il detenuto era stato trasferito in quell'ospedale, e che potevano fare la richiesta per andarlo a visitare.

Così, una mattina di inizio settembre, due macchine con a bordo il pentito e un pugno di agenti armati fino ai denti partirono per Livorno; per un paio di giorni le forze dell'ordine avrebbero avuto a disposizione un intero padiglione dell'ospedale toscano.

Il piccolo corteo viaggiò in incognito fino a poco prima dell'ingresso in città, quando a un autogrill poliziotti e carabinieri indossarono le divise, misero in mostra palette e armi, accesero le sirene. Ufficialmente trasportavano un pericoloso detenuto costretto alle regole della massima sicurezza, e questo doveva apparire in maniera evidente.

In ospedale Pino Marchese fu sistemato in un letto, con un agente di polizia al fianco e uno armato fuori dalla porta, piantonato con turni regolari.

Il giorno dopo, con tanto di permesso accordato dai giudici, si presentò in ospedale suo fratello Gregorio.

In mezzo a tutti quegli sbirri, in territorio «nemico» e con qualche perplessità sul comportamento di suo fratello, Gregorio Marchese appariva guardingo.

Pino aveva avuto l'ordine di tranquillizzarlo e di carpire, se possibile, qualche notizia fresca su Bagarella. Lui ci provò sotto gli occhi di Pietro, il vicesovrintendente di polizia che era rimasto a gironzolare nella stanza, abbastanza lontano per farli parlare liberamente, ma abbastanza vicino per dare l'impressione che lì dentro non si fidava di nessuno.

«Pino, perché stai qui?» chiese Gregorio.

«Ho fatto di nuovo il pazzo. Ho ingoiato un cucchiaino e mi hanno portato qui.»

«Perché?»

«Per andare via da Pianosa, lì dentro non si può campare. Giù come vanno le cose?»

«Tutto a posto.»

«Vincenzina come sta?»

«Bene.»

«E Luchino?»

«Ci vediamo *dda 'ncapu.*»

Di più, oltre a quell'espressione siciliana che significa lassù, là in cima, ma senza specificare dove, Pino non riuscì a sapere.

Gregorio se ne andò poco persuaso dalle spiegazioni del fratello: chi gli aveva detto di fingersi pazzo? Perché non aveva avvertito la famiglia? Le regole di Cosa Nostra dicono che un uomo d'onore deve sopportare il carcere sempre e comunque, e solo una precisa decisione dell'organizzazione può consentire deroghe a questo principio.

Con molti dubbi addosso, Gregorio ripartì per Palermo, dove all'aeroporto lo aspettava una pattuglia di uomini della Dia.

Il pedinamento era stato organizzato nella convinzione che, subito dopo il colloquio con Pino, l'altro Marchese sarebbe andato a riferire l'esito del faccia a faccia a suo cognato, Luchino Bagarella.

Sbarcato a Punta Raisi Gregorio Marchese, forse perché immaginava di essere controllato o forse perché quando doveva raggiungere un latitante si comportava sempre così, si mosse con circospezione e in maniera tale da seminare eventuali inseguitori.

Gli agenti gli stettero dietro per un po': entrò con la macchina in un garage, ne uscì con una Vespa, con quella entrò in un'altra rimessa e ne uscì a bordo di un nuovo mezzo. A quel punto il pedinamento rischiava di essere scoperto, e fu interrotto.

«Peccato, quello è andato dritto da Bagarella», fu il commento negli uffici della Dia. Ma un inseguimento fallito non poteva fermare l'indagine: «Ricominciamo da quei due nomi che ha indicato Marchese, Nino Gioè e Santino Mezzanasca».

II

Palermo è lontana.

Il suo mare, i suoi palazzi, le sue vetrine, le sue strade larghe costeggiate da palme sono a una distanza esotica. Otto chilometri che sembrano ottocento.

Quassù, sono tutti ragazzi di paese.

L'accento è più chiuso, meno strascicato di quello di Palermo. Si parla anche meno, tanto ci si conosce tutti e quello che bisognava dire è stato già detto.

Quassù, si conoscono i pochi soldi, i pochi lussi, la stretta vita del paese dove un tempo chi era ricco aveva un mulo e chi è ricco oggi ha due automobili.

La piazza Umberto I, la farmacia, la Banca di Credito Cooperativo di Altofonte, il bar Pallone, il bar Toni, il bar Lucia, la chiesa Madre dove in sacrestia si giocava a biliardino. Le ultime amministrazioni comunali hanno messo due nuove panchine e, con coraggio o con incoscienza, hanno ribattezzato la piazza coi nomi di Falcone e Borsellino.

Tutti passano da questa piazza, tutti devono passarci prima o poi. Vivi e morti. Basta sedersi e aspettare.

Altofonte è chiusa da tre lati fra i monti, la cima più alta è segnata da una croce. È il Calvario, dove ci si arrampica nella processione del Venerdì Santo. Sulla facciata del palazzo municipale due lapidi ricordano i picciotti che nel 1860 combatterono con Giuseppe Garibaldi, il quale fra il 22 e il 24 maggio si era accampato sul Cozzo di

Castro, l'altra vetta che domina l'abitato. Una delle ultime volte in cui la Storia è passata da queste parti, poi è andata altrove. A Palermo. D'altra parte, a chi poteva mai interessare Altofonte?

Una delle due lapidi sulla facciata del municipio ricorda «la libertà sacrificata dal sangue nobilissimo di Salvatore Guerrieri della forte squadra corleonese»; l'altra commemora il coraggio dei giovani «parchitani».

Nel 1860 questo paese non aveva nemmeno un nome: si diceva «il Parco». Era il Parco dei re di Sicilia, che salivano qui con cavalli, carrozze, cortigiani e dame per andare a caccia di lepri e pernici fra le vallate piene di ginestre e i boschi di Poggio San Francesco.

Era un buon posto questo per mettere le tende, ché l'acqua non è mai mancata. L'acqua sgorgava già quando Ruggero II di Svevia vi costruì il palazzo dove nacque Pietro II d'Aragona. E sgorgava ancora quando Federico d'Aragona regalò quel palazzo ai monaci cistercensi che ne fecero un convento, dedicato a santa Maria d'Altofonte.

Sembrava un miracolo quell'acqua fresca che rompeva la roccia, fra le montagne che d'estate si facevano gialle di stoppie.

Anche quella volta la Storia passò da queste parti. Ma i paesani, i «parchitani», restavano a guardare i cavalli, le carrozze, i cavalieri e le dame, sapendo bene che questo gran movimento presto sarebbe finito e tutti – cavalli, dame e cavalieri – sarebbero tornati a Palermo, nei palazzi grandi, nelle strade larghe, nelle piazze ombreggiate da palme, lasciando ad Altofonte la solita fatica del lavoro in campagna.

Viddani erano per i palermitani quelli che nascevano al Parco. E ancora oggi sono *viddani*, contadini chiusi nella loro grettezza, nelle loro case di camere piccole e scalini alti, nei vicoli angusti che d'un tratto si aprono su una terrazza naturale che guarda Palermo dall'alto come se fosse irraggiungibile.

Gino scendeva a Palermo poche volte all'anno: per un matrimonio di parenti, per comprare i vestiti per la festa del paese, appuntamento che mobilitava tutta la famiglia.

Anche lui ragazzo di paese che frequentava la piazza, d'inverno e d'estate. E d'estate – anche il mare era lontano da Altofonte prima che costruissero la strada a scorrimento veloce che passa sulle teste di Villa Ciambra, Pagliarelli e Villagrazia – tornavano gli emigrati con le figlie femmine che portavano gonne corte e avevano strani accenti.

Stava in piazza, Gino La Barbera, con i suoi amici. Chiacchiere, caffè, sigarette. Poi, in piazza si fermava la 500 di Nino Gioè. Nino era già adulto, non dava confidenza a quei ragazzini che studiavano ogni suo gesto.

Nino scendeva quasi ogni sera a Palermo; aveva una fidanzata ad Altofonte, ma in città chissà quante altre ragazze aveva. Gino conosceva Nino di vista, come tutti in paese. I loro genitori si conoscevano da sempre.

Il papà di Nino era un ex ferroviere, che non aveva mai avuto un'automobile. Girava sempre in moto, una vecchia Guzzi. Era stato anche consigliere comunale del Partito repubblicano. Si chiamava Ottavio, ma tutti lo chiamavano «*zù* Totò». Con cinque figli, non c'era molto da scialare. Nino aveva studiato a Palermo, ma non aveva preso il diploma da perito tecnico e si era messo subito a lavorare in una fabbrica di Carini che costruiva carrozze ferroviarie.

Gino ammirava quel ragazzo più grande di lui soprattutto perché sapeva vivere: era *fimminaro*, gli piacevano le donne. Andava su e giù dalla città e si capiva che aveva amici importanti. Gino, al massimo, arrivava con i suoi amici in motorino fino a San Giuseppe Jato o a Piana degli Albanesi quando c'era il carnevale greco-ortodosso che dura quattro settimane e si balla in tutte le case.

Siamo alla metà degli anni Settanta. Gino non è ancora maggiorenne ma già lavora come «canneggiatore», aiuta un geometra che prende le misure nei cantieri della Palermo-Sciacca, mai completata in vent'anni. Nino ha undici anni più di Gino. Troppi per essere in confidenza. Cosa può avere un uomo in comune con un ragazzo?

Gioè non può nemmeno immaginare che c'è qualcuno che lo invidia e lo ammira. La Barbera non sa che Nino è già un uomo d'onore, che frequenta gli uomini d'onore di Palermo, ammesso agli incontri con boss come Totò Riina. Può solo intuirlo.

Sono anni tranquilli per Cosa Nostra. Se ne parla poco sui giornali. Lontane e dimenticate le stragi degli anni Sessanta, quella di Ciaculli, quella di via Lazio: morti della prima guerra di mafia. Molti politici e magistrati siciliani continuano a sostenere che la mafia non esiste.

A Palermo tutti fanno affari: mafiosi e gente perbene. Non si va per il sottile. Si può incontrare Michele Greco al tiro a volo dell'Addaura e scambiarlo per un gentiluomo di campagna. Si può andare al night di San Nicolò L'Arena dove vi accoglie il principe Vanni Calvello di San Vincenzo con signorile ospitalità.

Palermo continua a essere una delle città con il minor reddito pro capite, ma le strade sono affollate di Bmw, Alfette, Giulie 1800. Le vetrine dei gioiellieri di via Ruggiero Settimo espongono diamanti che vanno via in pochi giorni.

Cosa Nostra vive da tempo di contrabbando di sigarette, ma qualcuno ha già intuito che la droga frutta molto, molto di più.

Ad Altofonte, il vecchio Antonino Salamone gira ancora tra le famiglie mafiose per mettere insieme cinque milioni di lire da investire in un carico di sigarette. Traffici miserabili, ma che ai «parchitani» sembrano cascate d'oro. Perfino raccogliere quei cinque milioni è un'impresa difficile, con i risparmi tirati fuori dal cassetto del comò in camera da letto e affidati con mille raccomandazioni a Salamone.

Gino torna a casa e ascolta i racconti di suo padre, quelli sulla mafia di una volta. «Quando rubavano i vitelli a qualcuno», ricorda il vecchio Girolamo, «quello veniva da me, non andava dal maresciallo. Mi spiegava la situazione e io gli facevo ritrovare i vitelli.»

Tutti erano contenti. Pure il maresciallo dei carabinieri, fortunato a ritrovarsi in un paese dove non succedeva mai niente, e sua moglie, alla quale ogni settimana arrivava a casa in omaggio la spesa già fatta. Sono racconti che per Gino hanno il sapore di antiche leggende, anche se gli capita ancora di vedere le porte di molte case con le chiavi attaccate fuori.

I vecchi uomini d'onore avevano il volto e le mani del papà di Gino. Vestivano e vivevano come contadini. Non erano ricchi, ma nemmeno poverissimi. Lavoravano come gli altri in campagna, ma quando passavano dalla piazza tutti li salutavano con rispetto.

I palermitani sono un'altra cosa. Hanno macchine grosse, girano vestiti eleganti e con l'orologio d'oro. Frequentano i locali alla moda. Bevono *Moettesciandonne*. Vivono da signori.

Ogni tanto qualcuno dei palermitani sale fino ad Altofonte, si ferma in piazza e chiede di Nino Gioè. E l'ammirazione di Gino cresce.

Un giorno qualcuno chiede anche di lui. C'è un lavoretto da fare e servono ragazzi svegli.

«Sapore di sale, sapore di mare...»

Canta Gino Paoli per il bel mondo palermitano. Canta di fronte ai tavoli carichi di cestelli d'argento che sudano brina gelata, per mantenere in fresco lo champagne.

Abiti chiari di lino, le spalle abbronzate delle donne, le risate e la brace delle sigarette nella sala buia.

«Che hai sulla pelle, che hai sulle labbra...»

Quanta bella gente stasera, quanta gente che si diverte, ride e spende. Grande serata al Castello di San Nicola L'Arena.

«Quando esci dall'acqua e ti vieni a sdraiare...»

Franco Di Carlo le organizza bene le cose quando ci si mette. E questo night club a venti chilometri da Palermo, verso Cefalù, richiama il meglio della società palermitana.

Palermo felicissima dimentica l'odore di polvere da sparo, l'acre sapore della calce che divora i suoi agrumeti per alzare nuovi palazzi, gli intrallazzi dei corridoi della politica dove si consumano misfatti, la prepotenza che diventa regola. Questa sera, qui, tutti insieme, onesti e no, uomini della legalità e fuorilegge. Canta Gino Paoli, canta per i figli migliori e peggiori di Palermo.

«Vicino a me, vicino a me...»

Gli applausi coprono le ultime note. È una grande stagione. È sceso fin qui Gino Paoli, come pure Ornella Vanoni, Charles Aznavour, Fred Bongusto.

Tutti approdano al Castello di proprietà del principe Vanni Calvello di San Vincenzo, rampollo della migliore nobiltà palermitana che non pretende l'albero genealogico e i quattro quarti di sangue blu dai suoi soci: il locale è gestito da Franco Di Carlo, *viddano* e capo della famiglia mafiosa di Altofonte. Nino Gioè gli dà una mano.

E questa sera d'estate, in un angolo, c'è anche Gino La Barbera, appena diciottenne, chiamato a tener d'occhio gli ingressi della torre normanna sul mare, per evitare che i soliti furbi si imbuchino al concerto.

Sono scesi giù da Altofonte, Gino e i suoi amici, a far da buttafuori, a respirare l'aria eccitante della ruggente estate palermitana. A quest'ora di notte, su in paese, dormono tutti, ma qui sulla riva del mare si vive. E si vive bene.

Pochi se ne accorsero in tempo, ma i corleonesi avevano già iniziato la scalata ai vertici di Cosa Nostra. I corleonesi, *viddani* come i parchitani. Ad Altofonte i nomi di Luciano Liggio, Totò Riina e Bernardo Provenzano erano pronunciati con rispetto. Perché erano *viddani*, perché non avevano le fumisterie di grandezza dei palermitani, perché erano rimasti contadini e puntavano alle cose concrete senza lasciarsi affascinare dai lustrini del lusso. Gente giusta.

Giù in città era arrivata la droga. Dentro Cosa Nostra sembravano tutti impazziti. Altro che contrabbando di sigarette, altro che taglieggiamenti ai pecorai, altro che piccoli scambi di favori con gli imprenditori. Soldi, soldi e soldi. Troppi. Soldi per tutti, per vivere bene, per investire nell'edilizia, per campare alla grande.

In paese qualcuno si lamentava, pensava ai propri figli che studiavano a Palermo e che potevano finire con una siringa nelle vene. Qualche vecchio uomo d'onore lanciava anatemi: «Questa droga *ci cunsumerà a tutti*». Ma i vecchi si sa come sono, ragionano all'antica, e non vorrebbero cambiare mai nulla.

Capo della famiglia di Altofonte – dieci uomini d'onore in tutto – ora è Andrea Di Carlo, che ha preso il posto di suo fratello Franco, caduto in disgrazia, accusato di non fare gli interessi del paese perché troppo occupato ad arricchirsi e raggiunto da un provvedimento di «espulsione» dall'Italia emanato dalla commissione di Cosa Nostra. Capomandamento è Bernardo Brusca di San Giuseppe Jato.

I vecchi piano piano vengono messi a tacere, allontanati dalle decisioni importanti. Che si lamentino pure.

Qualcosa di grosso sta succedendo a Palermo. Il 21 luglio 1979 viene ucciso il capo della Squadra mobile Boris Giuliano. A settembre il piombo elimina il giudice Cesare Terranova e il suo autista Lenin Mancuso per fermare la corsa del magistrato a capo dell'Ufficio istruzione. Nel gennaio del 1980 i sicari mafiosi sparano contro il presidente della Regione Piersanti Mattarella.

I corleonesi hanno aperto la loro strategia di morte. Contro lo Stato, ma anche dentro Cosa Nostra: nel maggio del 1978 è stato fatto fuori il boss di Riesi Giuseppe Di Cristina. In precedenza, pure Nino Gioè aveva tentato di ammazzare il padrino della vecchia mafia: un incarico ricevuto direttamente da Riina, un altro scalino della sua carriera criminale. Ma alla fine di luglio del 1979 un arresto blocca quella scalata, o meglio, la sospende temporaneamente. Lo beccano per traffico di droga, lo mettono in carcere e lì comincia a collezionare mandati di cattura.

È un sabato mattina di maggio del 1980. Gino La Barbera non sa che il ragazzo con la 500, il suo paesano che ama le donne, è sospettato pure del delitto di Boris Giuliano. Gino non sa nulla di queste cose, perché nessuno gliele racconta.

Ora Gino è solo un ragazzo di vent'anni con una pistola in mano, nascosto dietro un muro di cemento armato in un cantiere sulla Palermo-Sciacca, alle porte di Altofonte.

Non ha le idee chiare. Non sa bene cosa deve fare. Gli hanno fatto un discorso un po' confuso.

Un impiegato postale e custode del cantiere nelle ore libere, *zù* Peppino, gli ha detto che ogni sabato, quando il cantiere è chiuso, si verificano dei furti. Poca roba: giunti di metallo, pezzi di tondino, morsetti di ferro, ma *zù* Peppino non può tollerare questo affronto. È un uomo d'onore, «reggente» della famiglia di Altofonte durante l'allontanamento di Franco Di Carlo. Insomma, uno che deve garantire l'ordine agli imprenditori che si sono affidati a lui.

«Tu mettiti lì e vedi chi è questo cornuto.»

«E se arriva che faccio?» ha chiesto Gino.

«Mah, vedi tu... fallo *scantare*, questa storia deve finire.»

Sabato mattina di maggio. Il soldato La Barbera Gioacchino, militare di leva in servizio presso la caserma Scianna in corso Calatafimi a Palermo, addetto alla sorveglianza della porta carraia, ha abbandonato il suo posto e, coperto dalla complicità dei commilitoni, si è recato ad Altofonte a bordo della sua motocicletta Honda.

Senza divisa, con la pistola in pugno, è nascosto dentro un cantiere vuoto.

C'è silenzio: da lontano il rumore spernacchiante di un motore. Si avvicina. Gino stringe il calcio della pistola. L'Ape Piaggio è davanti al cantiere. L'uomo scende, traffica un poco con la catena del cancello, lo apre, entra dentro.

Gino si muove, alza la testa. L'uomo lo vede, gli va incontro.

La Barbera non sa cosa deve fare. E se quello è armato?

«*Ci sparu* o non *ci sparu*?»

Spara.

L'eco dei colpi rintrona per tutta la valle, fino ad Altofonte, fino a Palermo, fino all'inferno.

Gino ha vent'anni, una pistola calda in mano e un cadavere ai piedi. Non sa cosa deve fare adesso.

Arriva *zù* Peppino, guarda il corpo dell'uomo.

«Va bene, vattene, ci penso io a toglierlo di mezzo.»

Nei giorni successivi qualche uomo d'onore se la prenderà con *zù* Peppino per la sua «leggerezza»: «Hai mandato quel ragazzo senza spiegargli niente, allo sbaraglio».

Ma Gino si è comportato bene, molto bene. Sei mesi dopo, appena congedato dal servizio militare, sarà arruolato da Cosa Nostra, *combinato* nella famiglia di Altofonte.

Gli dicono solo che deve fare riferimento a Bernardo Brusca, il suo capomandamento. Non ci sono altre spiegazioni. Gino è un ragazzo sveglio e non fa domande. Adesso è la «stessa cosa» di Nino Gioè.

Gli undici anni di differenza ora non fanno più la differenza. Gino è uno dei migliori amici di Nino.

Sono tutti e due uomini adulti. Uomini d'onore. Paesani e soldati della stessa famiglia mafiosa. Gino ha dimostrato la sua fedeltà agli ordini e una grande disponibilità mentre Nino era in carcere. Ha accompagnato spesso i familiari di Nino ai colloqui nelle prigioni di mezza Italia: ha messo a disposizione la sua automobile, i soldi per la benzina e la sua affidabilità.

S'è messo in affari. Non fa più l'aiuto-geometra nei cantieri della Palermo-Sciacca: ha comprato due camion, si occupa di «movimento terra» ad Altofonte e nei paesi vicini. Si muove bene, guadagna e fa lavorare gli altri paesani. I suoi vecchi amici della piazza immaginano che sia uno *'ntiso*, ma La Barbera non si atteggia, continua a essere allegro e tranquillo, non si dà arie e non dà sospetti. Lo chiamano «l'industriale», un po' per scherzo, un po' per invidia.

Gli unici lussi sono le motociclette e i fuoristrada che cambia ogni anno. È proprio con un fuoristrada Nissan che una mattina del 1986 si imbarca al porto di Palermo sulla nave per Genova. L'auto è piena di bagagli: sono le valige di Nino Gioè. Si parte per un lungo viaggio, un trasferimento per chissà quanto tempo. Gioè, uscito dal carcere dopo otto anni di detenzione, è destinato al soggiorno obbligato a Moncalvo, in provincia di Asti.

Ha avuto appena il tempo di passare da Altofonte, prendere i suoi vestiti, comprare quattro cose, salutare i vecchi amici ed ecco che il tribunale gli ha fatto sapere che deve andare al confino in Piemonte. Gino lascia perdere i suoi affari, si concede un periodo di vacanza e accompagna l'amico al nord.

Arrivano a Moncalvo che è quasi sera, con la Nissan targata Palermo. Li aspetta il maresciallo dei carabinieri, già infastidito da questa rogna: non è piacevole ritrovarsi fra i piedi un mafioso siciliano in un paesino che è tranquillo come un cimitero.

«Buonasera, maresciallo, sono Gioè. Dov'è il mio alloggio?»

«E che ne so? Qui non c'è niente.»

«Come non c'è niente? A me mi hanno spedito qui, adesso tocca a voi trovarmi una sistemazione.»

«Qui non c'è niente.»

«Ci sarà un albergo...»

«No, non c'è nessun albergo.»

«E allora, che facciamo?»

«Se vuoi puoi accomodarti nella scuola abbandonata.»

Ma appena arrivano al vecchio edificio in rovina, dalle aule sventrate vedono uscire un barbone.

Gioè è un tipetto nervoso, uno che si riscalda facilmente.

«Marescià, qui ci viene a stare lei.»

«Stai calmo, Nino, con questo ci devi convivere», tenta di dirgli Gino. Ma non c'è verso.

«Maresciallo, io vengo a dormire a casa sua.»

«Io ti faccio dormire in camera di sicurezza e poi ti rispedisco da dove vieni.»

«Bene, così me ne torno a casa mia.»

«No, torni in galera.»

È quasi notte quando trovano un accordo. Per i primi giorni, Nino dormirà con Gino in un albergo nel paese vicino, ma a condizione che ogni mattina rientri a Moncalvo fino a quando non salterà fuori una nuova sistemazione.

Sarà il Comune, nei giorni successivi, a trovare una stanza per Nino Gioè, con i vetri delle finestre rotti e rabberciati con il cartone, gli spifferi, un allaccio elettrico volante. Gino e Nino si mettono a fare i muratori, gli imbianchini, gli idraulici. Cercano di dare una sistemata a quel monolocale più servizi.

A sera, finiti i lavori di carpenteria, invitano qualche ragazza conosciuta in zona e organizzano cenette a lume di candela, finché questa storia non arriva alle orecchie del maresciallo: «Voi avete confuso il confino con le ferie. Lei, signor La Barbera, se ne può tornare al suo paese: è incensurato e non posso farle niente. Qui resta solo Gioè».

Arriva l'ordine. Non c'è molto da discutere. Si prendono gli accordi, si studiano i percorsi della vittima e le vie di fuga, si oliano ben bene le armi, si cercano le automobili per gli spostamenti e qualche appoggio logistico se l'omicidio è in trasferta.

In due, tre giorni la «pratica» è archiviata.

Allora Gino La Barbera torna al suo lavoro, alla vita quotidiana fatta delle mille incombenze di ogni piccolo imprenditore: il commercialista, la banca, i dipendenti, gli appaltanti, le commesse.

L'impresa di Gino si è ingrandita: ha camion, escavatrici, pale meccaniche. Lavora in tutta la provincia, a volte sfruttando amicizie e conoscenze mafiose, a volte usando amicizie personali al di fuori di Cosa Nostra. Sono anni buoni: l'edilizia marcia bene, le opere pubbliche procedono a colpi di miliardi e tutti ne godono. Compreso Gino.

Insomma, il ragazzo ha fatto carriera. Anche come uomo d'onore.

Sua madre forse intuisce il ruolo del figlio, ma queste sono cose da uomini dove le donne non devono mettere parola. D'altra parte, Gino è un ragazzo a posto: non dà problemi in famiglia, vive con i genitori, li assiste e li aiuta, ogni tanto telefona per dire che non rientra a casa, ma è un uomo adulto e ha diritto alle sue libertà.

Il papà di Gino sa bene cosa fa il figlio, anche se parla poco. Era presente pure lui, nei giorni in cui Gioè stava ancora in paese prima di partire per il confino, alla riunione con Balduccio Di Maggio, allora a capo del mandamento, nella quale Gino era stato nominato «reggente» della famiglia mafiosa di Altofonte.

Nella strategia dei corleonesi, che misurano tutto sulla fedeltà a loro stessi, era toccata anche ad Andrea Di Carlo la sorte di essere estromesso dalla famiglia. Dentro Cosa Nostra dicevano – ma chissà se era vero o falso – che fosse scorretto nella distribuzione del denaro e addirittura che avesse intese con i carabinieri, tanto che riusciva a stare a casa sua, ad Altofonte, mentre lo cercavano in tutta la Sicilia perché latitante.

Ma forse il vero motivo dell'allontanamento di Andrea Di Carlo era da ricercare in quel «no» che aveva detto a Totò Riina quando questi gli aveva chiesto di intercedere presso un politico con il quale Di Carlo aveva buoni rapporti.

Gino si renderà presto conto dell'abilità dei corleonesi nel mettere in giro dicerie per screditare qualcuno, ma al momento la ruota della fortuna gli sta passando accanto.

Di Maggio ha deciso che sarà lui a reggere le sorti della famiglia. Alla riunione sono stati invitati pure il padre di Gino e il papà di Santino Di Matteo, Giuseppe, ma è un puro atto formale, perché ormai entrambi sono stati pensionati da Cosa Nostra.

La Barbera ha fatto carriera, sono lontani i tempi in cui seduto in piazza restava a osservare da lontano Nino Gioè.

Adesso tocca a lui prendere decisioni, orientarsi nei labirinti di verità e menzogne di Cosa Nostra, decifrare i messaggi sibillini, capire quando una parola sbagliata può significare la vita o la morte.

Ormai la «democraticità» interna di Cosa Nostra – se così si può dire – è sempre più ridotta. La Barbera deve rendere conto solo a Di Maggio.

Ogni tanto scende a Palermo, va all'Ospedale Civico dove è ricoverato agli arresti ospedalieri Bernardo Brusca, entra nel padiglione senza che nessuno lo controlli, in qualunque giorno e a qualunque ora, discute con il boss di San Giuseppe Jato. Ma quello non vede di buon occhio Gino, al suo posto avrebbe preferito Santino Di Matteo. Pazienza. Il padrino sa aspettare. Arriverà il momento per spazzare via questo La Barbera.

Non appena Giovanni Brusca, figlio di don Bernardo, rientra a San Giuseppe Jato, dopo un periodo di confino a Linosa, cerca di provocare scintille con Balduccio Di

Maggio. I Brusca vogliono sbarazzarsi di lui e di Gino. E finalmente trovano l'occasione.

Un posto al Comune da queste parti è come il biglietto vincente della lotteria. È il futuro assicurato, la certezza di una vita non minacciata dalla disoccupazione o dall'emigrazione. È mezza giornata in ufficio e uno stipendio sicuro. È sempre stato così in passato, e lo è ancora nell'anno 1989.

Ecco perché un impiego da dattilografo al Comune di Altofonte può diventare una questione «di Stato» dentro Cosa Nostra.

E la faccenda diventa ancora più grossa se a quel posto di impiegato comunale aspirano due ragazze con le carte in regola: una è la figlia di *zù* Peppino, l'uomo d'onore di Altofonte che aveva commissionato il primo omicidio a Gino; l'altra è la figlioccia di un sacerdote di San Giuseppe Jato che gode della protezione di Bernardo Brusca.

Di mezzo c'è anche un politico della Dc locale. È lui che deve muoversi per far assumere una delle due ragazze.

E qui le carte cominciano a mischiarsi. Di Maggio va da Gino e gli chiede se è vero che da lui è partito l'ordine di far assumere a tutti i costi la figlia di *zù* Peppino. Gino dice di non saperne nulla, sostiene che non si è occupato della cosa.

Ma Brusca è infastidito. Ancor più quando bruciano l'automobile della figlioccia del prete, un chiaro segnale per dirle di togliersi dai piedi. Anche il politico sussurra a Brusca che La Barbera favorisce la figlia di *zù* Peppino e che non ha fatto nulla per impedire l'attentato incendiario.

Dicono che La Barbera si sia incaponito, che non voglia rispettare nemmeno gli ordini del suo capomandamento Balduccio Di Maggio, il quale non ha la forza di farsi ascoltare. Le dicerie puntano a mettere in contrasto Balduccio e Gino, screditandoli entrambi.

Gino capisce che tira una brutta aria. Si ripetono le stesse scene e le stesse parole che sono state utilizzate per far fuori prima Franco e poi Andrea Di Carlo. È la tecnica corleonese: mettere in cattiva luce qualcuno per poter avere la scusa di sbarazzarsene. Gino teme per la sua vita, chiama l'amico Nino. Con lui, solo con lui, può permettersi di parlar chiaro: ormai la confidenza è così forte che con Gioè può anche dire peste e corna dei Brusca e dei corleonesi.

«Stai tranquillo, adesso me ne occupo io», dice Gioè da Moncalvo.

E poche settimane dopo, appena sbarcato a Palermo per un processo, va all'Ospedale Civico dove Bernardo Brusca continua indisturbato a ricevere uomini d'onore e tenere udienza.

Gioè la prende alla larga, si informa sulla salute di Brusca, sui suoi figli, sulle cose del mandamento. Poi il discorso cade su Gino La Barbera.

«Guardatevi bene le tasche, là ad Altofonte, perché qualcuno vuole fare di testa sua», ammonisce Brusca.

Non ci vuole molto altro: Gioè ha compreso il messaggio. I corleonesi hanno deciso che Gino non è abbastanza affidabile. Gino rischia la vita. Ma Gioè alza la sfida, cercando di parare la bordata di Brusca.

«Se fanno del male a un mio paesano», minaccia Nino, «giuro che faccio vestire di nero qualcuno a San Giuseppe Jato.»

Brusca replica con sufficienza al picciotto di Altofonte: «A te il carcere ti ha fatto male».

Gioè torna indietro, ma a Gino non dice niente, per non farlo preoccupare ancora di più. Ora sono tutti e due in una posizione delicata. Nino gira armato per Altofonte, dove nel frattempo è rientrato e ha preso la gestione della pompa di benzina IP all'ingresso del paese; l'ha avuta in regalo da un imprenditore del luogo, ma l'ha dovuta intestare alla sorella perché lui è pregiudicato.

Gino va sempre più spesso fuori dalla Sicilia. Attraverso un'azienda palermitana ha preso dei subappalti nel Veneto, dove cerca di restare il maggior tempo possibile.

Si muove spaventato, sa che da ogni automobile che gli si avvicina potrebbe spuntare fuori la canna di una pistola. Evita di andare da solo agli appuntamenti con altri uomini d'onore. Lui e Gioè camminano sempre assieme, si scambiano informazioni su chi devono incontrare e dove.

Nei primi giorni di gennaio del 1990 Nino e Gino vengono convocati a una riunione, in una casa nelle campagne di Piana degli Albanesi. Ci sono tutti: Giovanni Brusca, Balduccio Di Maggio, Santino Di Matteo, *zù* Peppino.

Parla solo Giovanni Brusca, comunica seccamente che da quel momento è lui il capo del mandamento. Di Maggio è stato sollevato dall'incarico. E la famiglia di Altofonte viene tolta dalle mani di La Barbera e riaffidata a *zù* Peppino. Nessuno commenta. Non c'è nessun commento da fare.

Gioè e La Barbera escono da quella riunione consapevoli che ora sono più deboli di prima, ancor più esposti alle rappresaglie dei corleonesi. La vittoria dei Brusca, ora padroni assoluti del mandamento, non placherà la loro voglia di vendetta. Può essere questione di giorni, di settimane o di mesi, ma prima o poi la condanna a morte – se è stata decisa – sarà eseguita.

Scappare. Andare via. Farsi dimenticare. Solo in questo modo, forse, si può sfuggire alla morte. Ad agosto Gino conquista un grosso appalto a Montagnana, in provincia di Padova, per la posa di cavi a fibre ottiche. Decide di lasciare Altofonte, di andare al nord con tutti i mezzi della sua impresa, di tagliare i rapporti con la Sicilia e con gli uomini d'onore.

Prima di partire, va da Giovanni Brusca, un po' per informarlo, un po' per studiarne la reazione.

«Giovanni, vado a lavorare fuori.»

«Dove?»

«A Padova. Ci sono problemi?»

«No, da Napoli in su non ci sono problemi, puoi fare come ti pare. Auguri.»

«Speriamo bene.»

«Già, speriamo bene.»

Brusca ha dato il suo nulla osta. Anzi, gli ha fatto capire che più lontano va, meglio è per tutti.

Gino scappa al nord. Lontano da Altofonte, lontano dalla Sicilia. I cartelli stradali non indicano più Alcamo, Partinico, San Giuseppe Jato, San Cipirello. Ogni giorno incontra indicazioni che lo mandano a Padova, Vicenza, Treviso, Verona. Qui nessuno può leggergli in fronte che è un uomo d'onore in fuga dalla morte.

Eppure il suo essere del Sud, quell'accento siciliano marcato anche se non ostentato, suscita sempre sospetti, più o meno ironici. I funzionari dei Comuni del Nord-est ai quali si presenta per chiedere concessioni osservano i suoi documenti, e i più spiritosi lanciano battute: «Siciliano... Sarà mica mafioso?»

«La mafia ce l'avete già in casa», ribatte Gino. «Qui l'assessore vuole la mazzetta e il vigile pretende che gli asfalti la strada davanti casa...»

«Ma che dice, siete voi che state imbrattando l'Italia.»

Gino incassa, e tutto finisce in scherzo. Meglio qui, dove si ride, che ad Altofonte, dove si rischia di finire ammazzati.

Mai più in Sicilia. Mai più. Forse.

III

«Tu li conosci?»

«No, questi sono paesani, gente della campagna.»

«E allora?»

«E allora noi abbiamo sempre lavorato su Palermo città e sui corleonesi. A parte i Brusca, che stanno a San Giuseppe Jato, quelli di Altofonte e degli altri paesi li abbiamo trattati poco o niente.»

«Su Gioè c'è qualcosa agli atti, ma 'sto Santino Mezzanasca, chi è?»

«Potrebbe essere Santino Pullarà.»

«Ma quello è palermitano, comunque verifichiamo.»

«Ragazzi, se c'è qualcosa su Gioè, partiamo da lì.»

Negli uffici romani della Dia le discussioni sui due nomi indicati da Giuseppe Marchese durarono qualche giorno. L'inchiesta l'avrebbe condotta il Centro operativo della capitale in stretto contatto con quello di Palermo.

Tempo da perdere non ce n'era, e i primi accertamenti erano già cominciati. Ma vallo a fare un sopralluogo o un appostamento ad Altofonte, un mucchio di case arroccate da qualche secolo sulla montagna che guarda i golfi di Palermo e di Mondello, meno di diecimila anime che si conoscono quasi tutte, un pugno di cognomi sempre uguali e una piazza dove se uno si presenta a fare la più innocente delle domande dopo dieci minuti lo sanno anche gli alberi.

E questa era solo una delle difficoltà. Nel gruppo di

investigatori messo insieme per questa indagine, una dozzina di persone scelte fra coloro che avevano superato il corso di ammissione alla Dia da appena sei mesi, anche quei pochi che avevano esperienza di mafia erano a digiuno o quasi delle «famiglie» dei dintorni di Palermo.

Il lavoro degli anni passati s'era concentrato soprattutto sulla città; un po' perché di quello avevano parlato i pentiti ormai storici, da Masino Buscetta a Totuccio Contorno, a Francesco Marino Mannoia, e un po' perché non si faceva in tempo a chiudere un'indagine che subito se ne apriva un'altra, e il tempo non era mai abbastanza per stare dietro a tutto.

Adesso invece bisognava spostarsi fuori, e le conoscenze erano davvero scarse. Delle «famiglie» palermitane, negli archivi di polizia e carabinieri ereditati dalla nuova struttura, c'erano quasi tutti gli organigrammi aggiornati; ma sui dintorni – a parte i Brusca – solo vecchi riferimenti datati.

Alla VII sezione, al fianco del dirigente Gratteri, fu messa una donna di trentatré anni, il commissario capo Maria Luisa Pellizzari, capelli biondi e accento veneto, non certo l'ideale per passare inosservata in Sicilia. Arrivata dalla questura di Roma, dove aveva partecipato a operazioni importanti come la liberazione del «re del caffè» Dante Belardinelli dai suoi sequestratori, la poliziotta bionda si ritrovò di fatto alla guida del gruppetto di uomini che avrebbero lavorato sul territorio.

Fra le prime difficoltà che dovette affrontare ci fu quella di amalgamare le diverse mentalità di poliziotti, carabinieri e finanzieri, abituati a lavorare con metodi e criteri distinti fra un corpo e l'altro. Usavano perfino linguaggi differenti, come constatò l'ispettore di polizia che stava facendo uno dei primi servizi in Sicilia a bordo di una macchina in contatto-radio con un'altra guidata da un carabiniere. Durante il tragitto il carabiniere avvisò: «Proseguiamo in direzione Papa Alfa, seguiteci».

Nell'auto del poliziotto scese lo sconcerto: «Papa Alfa? Che roba è?»

Prima pensò a una località di cui non conosceva l'esistenza, poi a un nome in codice che non riusciva a decifrare, e alla fine si decise a chiedere lumi via radio: «Scusa, dove sarebbe Papa Alfa?»

«Come dove sarebbe... Palermo, no?»

«Palermo?»

«Ma certo, Papa Alfa, P e A, Palermo!» spiegò stupito il carabiniere, come se il suo linguaggio fosse il più normale del mondo.

Infine c'era il problema di dover lavorare sulla Sicilia ma fuori dalla Sicilia, nel senso che, sul posto, di accertamenti tecnici se ne dovevano e potevano eseguire il meno possibile. Per motivi di riservatezza, ad esempio, le richieste di notizie su persone e contratti alla Sip, all'Enel o al Pubblico registro automobilistico – una fra le attività più ricorrenti in qualunque indagine – era preferibile non farle a Palermo e dintorni.

Dunque tutto si doveva concentrare a Roma, impiegando il doppio del tempo per avere la stessa informazione. E i primi rilievi su Altofonte e sugli indirizzi che risultavano dai documenti d'archivio non furono svolti direttamente in paese, andando a verificare di persona, ma attraverso le carte topografiche.

Disegni e linee incomprensibili ai più, divennero invece libri aperti grazie a Franco, un brigadiere della guardia di finanza grande e grosso che in vita sua non aveva mai messo piede in Sicilia, il quale passava intere giornate chiuso in ufficio a incollare e studiare le vecchie carte militari dov'erano segnati pozzi, proprietà e mulattiere. Dalle sue conclusioni si riuscì a capire dove abitava questo o quell'indiziato, individuare i luoghi adatti agli appostamenti, calcolare le distanze fra un posto e l'altro in vista dei pedinamenti.

Su Antonino Gioè detto «Nino», «nato ad Altofonte (PA) il 4-2-1948, ivi residente in via Monachelle n. 20», nel giro di una settimana venne fuori un piccolo dossier, messo insieme fra documenti d'archivio e brandelli di notizie carpite da una rapidissima incursione di quattro investigatori nel paese natio, dove le lapidi ricordano il passaggio di Garibaldi e dei Mille. Ma erano di altro genere i cenni storici che la Dia di Roma, il 10 settembre 1992, riferì alla Procura di Palermo.

«Nel corso delle attività investigative che questo Centro sta effettuando per l'individuazione di strutture mafiose», scrisse il colonnello Di Petrillo, col linguaggio burocratico ed essenziale dei rapporti giudiziari, «è emersa la persona di Gioè Antonino, in oggetto generalizzato, indicato come elemento di raccordo con mafiosi latitanti appartenenti alle cosche "vincenti", alleate dei gruppi corleonesi.

«In particolare il Gioè svolge funzioni di collegamento con il noto latitante mafioso Leoluca Bagarella, al quale garantisce anche la disponibilità di luoghi ove trovare ricetto. Esponente della famiglia di Altofonte, guidata dal noto mafioso Andrea Di Carlo, svolge attività di favoreggiamento della latitanza anche in favore del noto mafioso latitante Giovanni Brusca.»

A seguire, il colonnello indicò tutti i precedenti penali rintracciati a carico di Gioè: a quarantaquattro anni doveva averne fatte più di quanto risultava, che in ogni caso non era poco. Il primo arresto risaliva al luglio 1979, quando finì in carcere insieme a Nino Marchese, fratello di Giuseppe, per traffico di droga e detenzione di armi;

la droga era stata trovata in un appartamento di via Pecori Giraldi, a Palermo, «di pertinenza del Marchese, ove veniva anche accertato il transito del citato latitante Leoluca Bagarella».

Un'altra denuncia contro Gioè era arrivata pochi mesi dopo, dicembre '79, per sequestro di persona, duplice omicidio e occultamento di cadavere, sempre insieme a Nino Marchese e a Bagarella, «in pregiudizio dei fratelli Sorrentino Melchiorre e Salvatore», scomparsi nel giugno dello stesso anno.

Dodici mesi più tardi, il 6 dicembre 1980, lo stesso trio era stato denunciato per altre due esecuzioni e un ferimento avvenuti ad Altofonte. E alla fine di giugno del 1981 un mandato di cattura contro Gioè era stato spiccato per l'omicidio del commissario Boris Giuliano.

«Specifici servizi di osservazione attuati nei suoi confronti», concludeva Di Petrillo nella sua relazione su Gioè, «resi particolarmente difficoltosi sia per il particolare ambiente in cui egli opera, sia per le accentuate e inusuali cautele che attua durante i suoi spostamenti, non hanno finora consentito di acquisire spunti informativi decisivi alla localizzazione dei citati latitanti e alla definizione della sua attuale sfera di attività, pur confermando il suo ruolo e i suoi contatti coi familiari dei citati ricercati.»

Almeno tre numeri telefonici di Altofonte risultavano «in uso» all'indiziato: quello della residenza di via Monachelle, una vecchia casa alle spalle della piazza; quello del distributore di benzina IP gestito da Gioè; quello intestato alla moglie di Nino, Luisa, in contrada Valle Malva, in cima al paese, dove c'era una casa ancora in costruzione e disabitata, ma col telefono stranamente già attivato.

La Dia chiedeva alla Procura di Palermo di mettere sotto controllo quei tre numeri, specificando che, «per ragioni di cautela e di riservatezza», l'ascolto sarebbe stato effettuato dalla sala intercettazioni del tribunale di Roma. Le autorizzazioni arrivarono pochi giorni dopo.

Un gruppo di uomini, a Roma, ascoltava le telefonate; un altro, ad Altofonte, cercava di spiare le mosse di Gioè e delle persone che si muovevano intorno a lui.

In paese, considerato che casa sua era praticamente in piazza, non ci si poteva muovere. Ma per fortuna di chi lo doveva pedinare, Nino passava le sue giornate altrove, in particolare al distributore di benzina di via Del Fante, un paio di chilometri più in basso, al bivio per Monreale: un impianto perfino pretenzioso per essere sistemato fra i tornanti che portano in montagna, completo di automarket, toilette e telefono pubblico.

Di fronte alla pompa c'era uno spiazzo dove di tanto in tanto una pattuglia dei carabinieri organizzava un posto di blocco, troppo scoperto come punto di osservazione. Poco più su invece, superate un paio di curve, sul fianco della strada si apriva una boscaglia da dove si poteva guardare ciò che accadeva nel distributore senza essere visti.

Gli agenti della Dia, mai più di due per volta, passavano e ripassavano davanti alla IP a bordo di auto anonime, piccole cilindrate rimediate a Roma o prese in affitto, ché una Tipo o un'Alfa 33 – quelle di servizio, tipiche da sbirri – avrebbero attirato l'attenzione. E quando compariva Gioè si fermavano sul ciglio della strada, all'altezza della boscaglia.

Uno rimaneva ad armeggiare intorno all'automobile, davanti al cofano aperto simulando un guasto al motore o manovrando il cric come per sostituire una gomma bucata, mentre l'altro si arrampicava velocemente fra gli alberi, armato di binocolo e macchina fotografica, per catturare immagini e movimenti sul piazzale del benzinaio.

Ma era questione di minuti, la macchina sulla strada

doveva ripartire in fretta per non dare nell'occhio. Con questo sistema, i «celati servizi di osservazione», fra un passaggio e l'altro, non potevano durare più di una mezz'ora al giorno.

Nel frattempo, i nastri dei registratori piazzati nel tribunale di Roma giravano e incidevano le telefonate. Dall'apparecchio della IP parlava a volte un certo Mimmo, identificato tramite targhe di auto e indirizzi per un ragazzo palermitano di ventidue anni, che teneva i contatti e fissava appuntamenti fra Gioè e le persone che lo cercavano.

Fra queste, uno che chiedeva di Nino più spesso di altri, che passava quasi ogni giorno dal distributore a bordo di un fuoristrada Nissan Patrol, era un certo Gino. Le verifiche al Pubblico registro automobilistico e all'anagrafe rivelarono che si trattava di Gioacchino La Barbera, nato ad Altofonte il 23 novembre 1959, residente in via Grotte 25, Altofonte.

Un altro «parchitano» sconosciuto alle precedenti inchieste antimafia, un'altra abitazione sistemata fra quelle quattro case in cui tutti si conoscono, impossibile da piantonare. Si potevano però controllare (ma non ascoltare, poiché ancora le tecniche di intercettazione non c'erano arrivate) le telefonate fatte da Gioè e da questo La Barbera coi rispettivi cellulari: i tabulati della Sip svelarono contatti quotidiani fra i due.

La Barbera, trentatré anni ancora da compiere, incensurato, celibe, titolo di studio licenza media, risultava titolare di una ditta che si occupava di «movimento terra», proprietaria di qualche camion, due paracingolati, una escavatrice e pochi altri mezzi. L'unico suo contatto con Cosa Nostra era rappresentato dal padre Girolamo, a suo tempo rimasto invischiato in un'inchiesta sulla mafia di Altofonte, il quale continuava a vivere nella parte alta del paese, dove passava la vecchia ferrovia e dove l'uomo custodiva qualche animale.

Adesso, invece, se quell'indicazione di Pino Marchese su Gioè fosse stata vera, ci sarebbe stato qualcosa di più che collegava Gioacchino «Gino» La Barbera e la mafia. I colloqui intercettati fra lui e Gioè sul telefono della IP o a casa di Nino – «sempre ermetici e in codice», con «frasario monco e sibillino», scrivevano nei loro rapporti gli agenti addetti all'ascolto – erano il sintomo di un rapporto che somigliava molto alla complicità.

«Il giorno 3 ottobre 1992», annotarono in una relazione gli uomini incaricati dell'ascolto, «alle ore 13,34, Gioè dalla propria abitazione contattava La Barbera sull'utenza intestata al padre di questi Girolamo e, nella circostanza, gli chiedeva di passare da lui per portare quelle "cose". Quest'ultimo intuiva il senso del discorso e confermava di lì a poco il suo arrivo.»

Sospetti basati su brandelli di conversazioni, che venivano resi più sostanziosi dalla particolarità che Gioè, quando i discorsi si facevano un po' più «impegnativi», avvertiva i suoi interlocutori di richiamarlo sul telefonino, evidentemente per evitare ascolti sgraditi.

Ma furono due avvistamenti fatti dalla collina sopra il distributore di benzina, nei giorni successivi, a dare agli investigatori la convinzione che anche La Barbera, come Gioè, era ben inserito nel gruppo mafioso che ruotava intorno a Bagarella e Brusca, e che la pista su cui s'erano lanciati era davvero buona.

Il 13 ottobre, intorno a mezzogiorno, alla stazione IP di Gioè si fermò un fuoristrada con tre uomini a bordo. Uno era Gino La Barbera, un altro aveva una faccia che l'ispettore del Centro Dia di Palermo aveva già visto la settimana precedente, sempre su quel piazzale, mentre parlottava con Gino. Il terzo uomo nessuno l'aveva mai notato prima.

La Barbera scese dall'auto, gli altri due se ne andarono. Mentre l'ispettore che scrutava dall'alto decise di seguire Gino, e lo vide incamminarsi verso il centro abitato fino ad arrivare a casa del padre, l'altro agente annotò la targa del fuoristrada, PA 799910. Quella sera stessa, dal Pubblico registro automobilistico arrivò la risposta: la macchina era intestata a Enzo Salvatore Brusca, nato a San Giuseppe Jato il 29 ottobre 1968, residente in via Saraceni 1. Nientemeno che il fratello di Giovanni Brusca, uno dei latitanti più pericolosi e più ricercati, imprendibile da anni.

Era proprio Enzo Brusca, con la sua faccia paffuta e qualche chilo di troppo, che l'ispettore della Dia aveva visto discutere con La Barbera, sempre ad Altofonte, il 6 ottobre.

«Ragazzi, questa è roba seria», disse Gratteri quando gli riferirono di quell'incontro.

«Se questi si incontrano con Enzo, vuol dire che tramite loro si può arrivare a Giovanni», continuò il vicequestore, che mentre da Roma organizzava il lavoro dei suoi uomini a Palermo, quasi ogni giorno partecipava agli interrogatori di Pino Marchese.

«Una fonte mi ha riferito di aver visto insieme, in almeno un'occasione, Gioè e Bagarella. Dobbiamo continuare a stargli addosso», aggiunse il colonnello Di Petrillo, il quale aveva raccolto una «soffiata» che confermava la serietà di quella pista.

In più, gli uomini appostati intorno alla stazione di servizio avevano annotato un altro incontro «interessante» di Gioè. Un giorno di ottobre era arrivata una Renault targata PA A71602, un uomo era sceso, e dopo aver parlato con Nino era ripartito. Quell'auto apparteneva a Santi

Pullarà, classe 1967, «figlio del noto mafioso Pullarà Giovan Battista».

Non sarà stato lui il «Santino Mezzanasca» indicato da Marchese, non ancora individuato, ma certo Pullarà era un altro anello che collegava Gioè a personaggi importanti di Cosa Nostra.

Solo chi aveva esperienza di indagini antimafia poteva rendersi davvero conto dell'importanza di quegli incontri, di quanto valga la prova di un contatto diretto fra due indiziati in un ambiente dove viene negata l'esistenza stessa dell'organizzazione. Ma altri riscontri dovevano ancora venire, in quegli stessi giorni, dai telefoni.

La mattina del 17 ottobre, dall'apparecchio del distributore Nino Gioè chiamò un numero di Piana degli Albanesi, un paese a pochi chilometri da Altofonte. Erano le 11 e un minuto, e dopo qualche squillo rispose un certo Gioacchino.

«Pronto?»

«Gioacchino?» domandò Nino.

«Eh», fece quello, abituato a usare poche parole.

«Che fa, vuoi scendere o...»

«Eh, Nino, sì... Tu lì sei...»

«Sì, perché io mi sono visto con quello, no?»

«Eh...»

«E mi ha detto: "Io... il discorso è di stare fermo qualche..."»

«Ah, ah... è... Io vorrei scendere, però...»

«Eh... Vuoi scendere? Se...»

«Sto venendo.»

«Ok, ciao.»

«Ciao.»

Il numero chiamato da Gioè fu rintracciato nel giro di pochi minuti, e risultò quello di un autosalone di Piana degli Albanesi di cui era comproprietario Gioacchino Cristiano, l'uomo che aveva appena parlato con Gioè. Gioacchino era il fratello di Rosaria Cristiano, la donna dalla quale Giovanni Brusca aveva avuto un figlio due anni prima.

Nove giorni più tardi, il 26 ottobre, alle cinque del pomeriggio, fu Gioacchino a chiamare la stazione di servizio di Altofonte.

«Sì, pronto», rispose Gioè.

«Pronto... Nino?»

«Sì.»

«Gioacchino sono... Nino?»

«Ah... ciao Gioacchino... Come va?»

«Bene, e tu?»

«Ma, insomma.»

«Sei lì? Posso scendere?»

«Eh...»

«Oppure non... è per... sempre... quel discorso è.»

«Io ancora a quello non gli ho detto il fatto!»

«Ah... per questo allora... e che hai...»

«Eh! Glielo posso dire ora... però... Lo posso chiamare, capito?»

«Allora fammi questo favore... Perché... quello oggi c'è andato là... e ancora niente!»

«Va bene!»

«Grazie», concluse Gioacchino, che riattaccò la cornetta senza salutare.

Telefonate in codice, riferimenti apparentemente incomprensibili, frasi smozzicate nelle quali gli interlocutori parlavano di cose conosciute solo a loro. Ma, per chi ascoltava e sapeva dei rapporti con i latitanti, erano ulteriori indizi di oscure manovre interne a uno dei gangli dell'organizzazione mafiosa.

«Ci vediamo *da Tummi*», «Vienimi a prendere *ai mo-*

torini», «Ti devo dare la fattura per *Franco*», «Oggi ho visto *Frizzi*, l'infermiere».

Di tanto in tanto dai colloqui intercettati saltavano fuori personaggi sconosciuti, oppure indicati attraverso riferimenti di comodo, come «il dottore» o «il pensionato» di cui La Barbera parlò al fratello di Gioè.

Gino aveva chiamato il distributore IP da un telefonino mentre attraversava zone d'ombra che rendevano difficile la conversazione. Invece di Nino rispose suo fratello Gaspare.

«Ascolta...» disse La Barbera fra un'interruzione e l'altra, «...che mi chiami sul cellulare...»

I rumori di sottofondo impedivano a Gaspare Gioè di capire.

«Senta... Non sento niente», gracchiò.

«...Se dovesse venire Nino... digli che ha telefonato il pensionato... e... mi chiami nel cellulare.»

«Il pensionato?»

«Sì.»

«Va bene.»

«Grazie, ciao.»

Ormai si stava facendo concreta l'ipotesi che Gioè e La Barbera, prima o poi, avrebbero portato i loro inseguitori sulle tracce dei latitanti. A cominciare da Brusca, del quale incontravano il fratello e il cognato. Arrestarli non aveva senso, anche perché nei loro confronti c'erano labili indizi, molto significativi per un'indagine ma che non potevano essere prove davanti a un giudice.

Fuori dal microcosmo di Altofonte – ancora impenetrabile nonostante le piccole crepe provocate da appostamenti e intercettazioni – la mafia continuava a fare i suoi affari e i suoi omicidi.

La campagna terroristica e i «regolamenti di conti»

cominciati con l'omicidio dell'europarlamentare Dc Salvo Lima, il luogotenente di Andreotti in Sicilia, e proseguita con le stragi di Capaci e via D'Amelio, stava continuando. Pino Marchese raccontava ai giudici che i capimafia, «prima di eliminare l'onorevole Lima, evidentemente si sono preoccupati di trovare altri appoggi politici che possano metterli al riparo dalle possibili conseguenze».

La Procura di Palermo, ancora senza procuratore, stava avviando le indagini sulle coperture politiche e poliziesche di cui Cosa Nostra aveva goduto, mentre gli investigatori – quelli della Dia, ma anche i carabinieri del Ros sguinzagliati in Sicilia agli ordini del capitano Ultimo – continuavano a concentrarsi sui latitanti e sugli assassini di Capaci.

L'obiettivo di Di Petrillo e Gratteri – che si muovevano sempre in accordo con De Gennaro, tramite Micalizio – era quello di piazzare una microspia in un luogo dove Gioè, La Barbera e gli altri del loro giro parlassero liberamente, senza il timore delle intercettazioni telefoniche.

Da lì sarebbero potute arrivare indicazioni decisive per la cattura dei latitanti e si sarebbero potuti ascoltare discorsi sull'associazione mafiosa che inchiodassero definitivamente i due picciotti e i loro capi. Proprio come era successo in America, quando le «cimici» dell'Fbi avevano incastrato *mammasantissima* del calibro di Paul Castellano e John Gotti.

Se si voleva fare il salto di qualità, i pentiti non bastavano più. Ci voleva una microspia che registrasse in diretta i discorsi di «ordinaria mafiosità» degli uomini d'onore.

Pensarono di metterla nella stazione di servizio, ma l'idea fu scartata quasi subito. Meglio giocarsi quella carta in un posto più sicuro. In casa di uno dei due, per esempio. Ma avvicinarsi troppo al paese, e addirittura entrare in quelle abitazioni una attaccata all'altra, sarebbe stato difficilissimo e inutilmente rischioso. E poi, quelli, a casa non ci andavano quasi mai, come scrisse Di Petrillo in una relazione ai magistrati di fine ottobre.

«Dall'utenza telefonica installata presso l'abitazione del Gioè», informava il dirigente del Centro Dia, «si è appreso che quest'ultimo, di sovente, trascorre la notte in un luogo non noto ma, comunque, fuori da casa. Infatti spesso, verso le 7,30, il Gioè chiama telefonicamente la moglie avvisandola che si recherà a casa "per il caffè". In altre occasioni, addirittura, dà disposizioni alla moglie per l'acquisto di generi alimentari che, in seguito, si incarica di ritirare.

«È evidente, pertanto, che il Gioè ha la disponibilità di altre abitazioni, in corso di localizzazione, che utilizza personalmente per rendersi irreperibile, dandole anche in uso ai suoi "amici".»

L'informativa del colonnello serviva a prorogare le intercettazioni telefoniche, ma ormai l'obiettivo era quello di individuare il luogo dove Gioè trascorreva gran parte delle notti della sua vita da latitante volontario: una clandestinità ingiustificata poiché non aveva conti in sospeso con la giustizia, e proprio per questo ancor più significativa per gli sbirri che s'erano messi sulle sue tracce.

Forse quel rifugio sconosciuto nascondeva molti segreti di Cosa Nostra, e per questo poteva essere decisivo sistemare proprio lì la «cimice» per l'intercettazione ambientale.

C'era ancora una strada da battere per tentare di arrivare al «covo»: le donne. La Barbera ne frequentava tante e nessuna in particolare, mentre Gioè, a parte la moglie che non si muoveva da Altofonte, aveva una «fidanzata» con la quale parlava molto. Forse troppo, per essere un uomo d'onore.

In passato c'era stata la relazione con Rosa, ma ormai l'aveva dimenticata e nel suo cuore era entrata Giovanna, una ragazza di ventisei anni, anche lei di Altofonte ma temporaneamente «emigrata» a Cerami, in provincia di Enna, dove lavorava come impiegata all'ufficio postale. Un lavoro provvisorio, contratto semestrale con scadenza a dicembre '92.

Nino e Giovanna facevano di tutto per tenere riservata la loro storia. Avevano paura di essere scoperti non solo da Luisa, moglie di lui e amica di lei, ma anche dal padre di Giovanna, un siciliano verace che già una volta, avuto sentore della tresca, aveva minacciato di lavare col sangue l'onta della relazione extraconiugale di quel poco di buono con sua figlia.

Giovanna compariva spesso nelle conversazioni registrate dalla Dia, e così finirono sotto controllo pure i telefoni dell'ufficio postale di Cerami e dell'appartamento dove la ragazza abitava; era l'unico modo per ascoltare Gioè quando chiamava dal cellulare. Sui nastri rimanevano incise le confidenze dei due amanti, ma anche indicazioni interessanti sui movimenti dell'uomo.

La sera del 1° dicembre, poco dopo le 22, Nino telefonò a Giovanna, nella casa di Cerami.

«Sì?» rispose la donna.

«Cocca mia», disse Nino, con tono allegro.

«Sorridi... Dove sei?» chiese Giovanna, subito sospettosa.

«Ho detto: chissà se la cocca è uscita.»

«Eh... che devo uscire... Dove stai andando?»

«Sto andando a *'o buco*, mi sto andando a coricare.»

«Sei stato in piazza?»

«Vicino, là da tuo padre.»

«Te la stai *minando*?» chiese la ragazza, accusandolo di passare il tempo a non fare niente.

«No, no...» si giustificò Nino, «sono stato a casa di uno. Hai presente la circonvallazione? Dove sono quei villini?»

«No.»

«Siamo stati a trovare uno dentro, *il professore*, stiamo scendendo adesso.»

«Eh, eh...»

«E ho chiamato la cocca mia per vedere se eri uscita!»

«La cocca tua è sempre a casa», protestò Giovanna. «Tu sei sempre in giro, strada strada, io invece mi rompo il culo stando a casa seduta!»

«Basta che non te lo rompe nessuno...» scherzò Nino, che dovette impegnarsi per qualche minuto a contrastare le rimostranze della ragazza che si sentiva trascurata. «...Sono all'ultimo gettone, coccolona mia.»

«Quando mi telefoni mi trovi dentro...»

Nino provò a essere gentile: «Ti amo... ti amo... ti darei una *squartariata...*»

«Non mi piace, è volgare», lo frenò Giovanna. «Con il calore del termosifone che sale mi viene un sonno...» e con l'ultimo gettone cadde anche la linea.

L'agente che ascoltava e trascriveva sorrise di fronte a quei dialoghi, ma non erano le gelosie o le tenerezze di Nino e Giovanna a interessarlo. Il problema era «il buco» dove stava andando Gioè. Che cos'era? Dov'era? A Palermo o altrove?

Quella parola, «buco», era già saltata fuori dieci giorni prima, in una telefonata fra Gioè e La Barbera.

«Sto alla fine dello scorrimento veloce, come per andare al *buco*», aveva detto Gino.

Lo scorrimento veloce è una strada statale che taglia la Conca d'oro, dove un tempo c'erano gli agrumeti e adesso una striscia d'asfalto che porta verso l'interno. Cinque chilometri e sei ad Altofonte, un'altra decina e arrivi a San Giuseppe Jato.

Dunque era da lì, dall'incrocio fra lo scorrimento veloce e la circonvallazione che delimita la città, che Gioè e forse anche La Barbera passavano per raggiungere il «buco».

Proprio alla fine di quella strada, sulla destra andando verso Palermo, c'era il cantiere del nuovo carcere in costruzione, una grande area circondata da inferriate gialle, ancora senza illuminazione, con intorno qualche campo da calcetto e il villaggio Santa Rosalia.

Era un buon punto per appostarsi. Ma i controlli dei soldati inviati a pattugliare la Sicilia dopo le stragi dell'estate potevano creare qualche problema.

Per fortuna non capitò mai che un militare in tuta mimetica chiedesse a un poliziotto o a un carabiniere, rigorosamente in borghese, che cosa stesse facendo, di notte, chiuso in macchina sullo spiazzo accanto al nuovo carcere, armato della calibro 9 lungo d'ordinanza, a guardare i fari delle auto che sfrecciavano verso la città.

Gli appostamenti cominciarono verso la fine di novembre, in attesa della Nissan di La Barbera o dell'auto di Gioè, una Renault Clio verde che aveva il fanalino posteriore sinistro rotto. Un piccolo guasto insignificante per l'autista, ma un aiuto insperato per chi – al buio – aveva il compito di individuarlo e seguirlo.

«Eccolo, gli andiamo dietro?»

«No, resta fermo e guarda dove va.»

La tecnica messa a punto dagli uomini della Dia, in quelle serate non ancora fredde di fine autunno, prevedeva di non accodarsi alle automobili dei due; sia sullo scorrimento veloce sia sulla circonvallazione, col poco traffico che c'era, un'auto al seguito sarebbe stata notata facilmente da Gioè o La Barbera. Meglio non muoversi e controllare, al loro passaggio, la strada che prendevano. Fin dove era possibile.

La sera successiva, un'altra macchina veniva piazzata qualche centinaio di metri più in là, da dove si poteva osservare un nuovo pezzo di tragitto. La sera dopo si mettevano ancora più avanti, e così continuarono a spiare il percorso dei due presunti mafiosi.

Nel giro di qualche giorno, una mezza dozzina di auto della Dia puntellava la strada che Gioè e La Barbera facevano ogni sera. Erano auto «truccate», complice la Motorizzazione civile, con targhe di vecchie auto rottamate; ma bisognava avere l'accortezza di associare modelli e targhe della stessa epoca, e scegliere sempre intestatari insospettabili.

«Altrimenti con trecento lire fanno un controllo al Pra e ci fottono», aveva spiegato Di Petrillo, forte dell'esperienza maturata nelle inchieste sui terroristi.

Al «buco», però, gli investigatori antimafia non erano ancora arrivati.

La mattina del 3 dicembre Nino chiamò l'ufficio di Giovanna due minuti dopo le 8. Il viceispettore della Dia addetto all'ascolto si infilò la cuffia e accese il registratore.

«Pronto?»

«Pronto», disse Gioè, che non mostrava tanta voglia di parlare.

«Dove sei?» chiese Giovanna.

«Eh...»

«A *'o buco*?»

«Eh...»

«Con il telefonino di quello?»

«Eh...»

«Dice che poi le telefonate restano segnate!»

«Ah... ah...»

«E non ti preoccupa?»

«Ora li cancello», spiegò Nino riferendosi ai numeri digitati e memorizzati sul cellulare.

«E allora perché mi hai fatto queste obiezioni», insorse Giovanna, bellicosa anche di prima mattina, «e ora mi dici che li cancelli?»

«Li posso cancellare avendo il tempo, perché ne devo fare altri cinque appresso.»

«E a chi chiami, a *idda* pure?» domandò la ragazza, di nuovo sospettosa di un'altra donna.

Nino provò a tranquillizzarla, le spiegò che la sera prima era arrivato a casa alle 23,20, era andato a letto a mezzanotte e aveva dormito solo fino alle 5. Ma Giovanna, inflessibile, voleva sapere che cosa aveva fatto in quei quaranta minuti prima di mezzanotte.

Il battibecco andò avanti per un po', non rivelando quasi nulla al poliziotto che ascoltava, tranne che Gioè continuava a dormire nel misterioso «buco». Ma il mistero era destinato a durare ancora poche ore.

Quella stessa sera Peppe e Antonio, il viceispettore e il vicesovrintendente appostati sullo scorrimento veloce, in contatto-radio con le altre auto, al passaggio della Renault di Gioè decisero di seguirla, tenendosi a distanza.

Nino non si accorse di niente, girò per viale della Regione Siciliana nord-ovest, in direzione Trapani, e si infilò sul controviale di destra. Dopo un paio di chilometri imboccò un'uscita laterale, prese un sottopassaggio che portava sull'altro lato di viale della Regione e tornò indietro, dopo essere passato davanti al Residence Città Giardino.

Peppe e Antonio continuarono a stargli dietro, e finalmente riuscirono a vedere il punto di arrivo. Quando tornarono in ufficio scrissero subito la relazione. Il linguaggio era quello solito, spigoloso e poco comprensibile per chi non fosse avvezzo a caserme e questure, ma le ultime quattro righe, stavolta, raccontavano una vera e propria conquista.

«Successivamente, lo stesso si immetteva in una stradina laterale denominata via Ignazio Gioè, dopo averla percorsa per alcune centinaia di metri entrava al civico n. 40, dopo aver azionato il cancello elettronico con un telecomando.»

Ormai era notte fonda, e i due poliziotti brindarono insieme ai colleghi nello stanzone disadorno della Dia di Palermo, coi bicchieri di carta e sotto la luce livida dei neon.

Finalmente il rifugio segreto di Gioè era stato individuato, e la sorte voleva che fosse in via Gioè, periferia ovest di Palermo, una strada privata tutta in salita, costeggiata da alberi, giardini, ville e villette protette da muri e cancelli apparentemente inviolabili.

Ventiquattr'ore più tardi Peppe e Antonio erano di nuovo appostati, ma stavolta nei pressi del Residence Città Giardino. Alle 23,20 passò il fuoristrada di La Barbera, e lo videro imboccare via Gioè. Mezz'ora dopo arrivò la Clio di Gioè, e prese la stessa strada.

Altri appostamenti, nelle sere successive, confermarono che era lì il «buco» dove i due amici trascorrevano la notte. La loro corsa finiva al numero 40, alla fine della strada, un comprensorio chiuso da un grande cancello nero.

Gioè e La Barbera non sembravano essersi accorti di nulla, così come non mostrarono mai di avere sospetti i loro vicini, gli ignari abitanti delle tranquille e silenziose case di via Ignazio Gioè. Tranne, forse, la sera che due investigatori rischiarono l'assalto dei cani.

Uno era Antonio, lo stesso poliziotto del pedinamento che aveva portato al «buco»; l'altro un maresciallo dei carabinieri chiamato «Coppa», nome di battaglia che s'era dato ai tempi dell'antiterrorismo. Per spiare il passaggio di Nino e Gino s'erano appostati, coperti dagli alberi e da qualche ramo raccolto e sistemato a capanna, all'inizio della via, vicino al cartello che intimava: «Strada privata, vietata la circolazione ai non utenti».

Antonio e Coppa aspettavano al buio, con le radio accese per mantenersi in contatto coi colleghi sulle macchine, quando alle loro spalle si sentì il ringhio di un cane. E poi un altro, e un altro ancora.

Il primo cane continuò ad avvicinarsi, l'altro prese ad abbaiare. I due agenti erano costretti a non muoversi per non scoprirsi: poteva passare qualcuno e pensare a due ladri o chissà cos'altro vedendo due signori acquattati tra le frasche.

Coppa agitava un ramo per tentare di allontanare i cani, che non volevano saperne e insistevano a ringhiare e abbaiare, finché Antonio si decise a chiamare aiuto via radio.

«Emergenza, emergenza, veniteci a prendere», bisbigliò nella trasmittente.

Dall'altra parte i loro colleghi sentirono più forte il ringhio dei cani che la richiesta di aiuto, capirono che bisognava intervenire in fretta e si precipitarono in via Gioè. Appena arrivò l'auto, i due malcapitati sbucarono fuori dal loro nascondiglio e vi si precipitarono dentro.

«L'abbiamo scampata bella», dissero guardandosi in faccia coi loro soccorritori, prima di esplodere tutti in una grande risata.

«L'appartamento siete riusciti a individuarlo?» chiese il vicequestore Gratteri dal suo ufficio di Roma.

«No, perché dalla strada non si vede e dentro non si

può entrare», risposero da Palermo. «Dal citofono si capisce che sono quattordici abitazioni.»

«Domani scendo e vengo a vedere.»

Il capo della VII sezione della Dia volò a Palermo, e di sera, al fianco del commissario capo Luisa Pellizzari, andò in ricognizione in via Gioè.

Vestiti con una certa eleganza e fingendosi una coppia che stava cercando qualcuno, i due poliziotti arrivarono davanti al cancello del numero 40, scrutarono i nomi sul citofono e si guardarono intorno nell'intento di catturare il maggior numero possibile di immagini e informazioni. Poi tornarono indietro, facendo finta di aver sbagliato casa.

«Ti devi tingere i capelli di scuro, così bionda ti si nota da un chilometro», mormorò Gratteri alla collega.

«Tu pensa a te», rispose la Pellizzari.

«E non parlare, che con quell'accento veneto peggiori le cose.»

L'idea era di mettere la microspia nel «buco»: se Gioè e La Barbera lo consideravano un rifugio sicuro poteva capitarci anche qualche latitante.

I pedinamenti vennero sospesi, costituivano un rischio inutile visto che ormai era stato accertato il punto di approdo delle loro serate. Tutti gli sforzi si concentrarono su quella strada in salita e sul gruppetto di abitazioni dietro il cancello nero, imperscrutabili dall'esterno. Nella tana dei due picciotti non c'era nemmeno un telefono da intercettare.

Di giorno ci si poteva muovere poco e male, di sera un pugno di uomini veniva dislocato lungo la strada e le varie deviazioni verso le villette, per cercare passaggi e punti d'osservazione dai quali individuare l'appartamento di Nino e Gino.

Di notte, Pietro, un vicesovrintendente mandato in

ricognizione, scavalcando il muro di cinta di una villa disabitata giunse alle spalle del comprensorio, ma riuscì a vedere solo le due auto parcheggiate.

Pensarono di nascondere una telecamera sulla colonna del citofono, in mezzo all'edera, per controllare da lontano il viavai di chi entrava e usciva dal condominio, ma anche quell'ipotesi fu scartata. Gli accertamenti sulle altre macchine parcheggiate nella zona e i cognomi scritti sulle targhette del citofono non portarono a nulla.

Finalmente, continuando ad andare di notte per ville – disabitate e non, cercando di non svegliare chi dormiva e col rischio-cani sempre in agguato – si riuscì a individuare un punto da dove si vedeva la porta d'ingresso.

Era in un grande prato che di giorno serviva da pascolo per una mandria di vacche, mentre la sera non ci passava anima viva. E c'era l'albero sul quale si poteva sistemare la telecamera. Mancava però un punto luce per attaccarla alla corrente elettrica e tenerla in funzione.

«Bisogna portare la batteria di un'auto», propose Pietro durante la riunione nell'ufficio di Palermo, dove gli agenti si ritrovavano ogni notte per esaminare l'attività delle ultime ore e pianificare quella del giorno dopo.

«Cosa?» chiese Antonio, fra il sorpreso e l'allarmato.

«Hai capito bene, la batteria di una macchina. La sotterriamo accanto all'albero e la colleghiamo alla telecamera.»

«Ma dopo un po' si scarica.»

«E noi dopo un po' la cambiamo.»

Il sopralluogo fu fatto in una sera di pioggia, e il tecnico confermò che l'operazione era possibile. L'ingresso di via Gioè distava una trentina di metri in linea d'aria, e si poteva riprendere con una piccola telecamera nascosta fra i rami.

La sera successiva, Pietro e «Lupo» – un assistente

di polizia che s'era scelto questo soprannome quando stava nei reparti speciali dei Nocs – partirono armati, oltre che delle loro calibro 9, di pala e piccone rimediati dall'amico di un poliziotto palermitano. Alla luce delle torce elettriche scavalcarono il muro della prima villa, ma appena dentro il giardino si scatenò l'ululato dei cani che consigliò una rapida ritirata.

Il secondo tentativo andò meglio, i cani rimasero nelle loro cucce, e di villa in villa i due agenti giunsero all'albero e piazzarono la telecamera, collegandola alla batteria sotterrata vicino alle radici.

L'operazione andò avanti per alcune notti, e ogni volta due uomini partivano con una nuova batteria nascosta in un sacco nero per l'immondizia, scavalcavano i muri di cinta, arrivavano all'albero, dissotterravano la vecchia batteria ormai scarica, staccavano i fili, li attaccavano a quella nuova e la sotterravano.

La pellicola girò per ore e ore, ma sul portone d'ingresso ai vari appartamenti di via Gioè 40 non comparvero più né Gioè né La Barbera.

Ripresero gli appostamenti sullo scorrimento veloce e su viale della Regione Siciliana, ma non passavano né la Nissan né la Renault col fanalino rotto.

«Se ne sono andati», comunicarono a Gratteri da Palermo.

«Come, se ne sono andati?»

«Sì, hanno abbandonato il "buco". Li abbiamo persi.»

L'ultima traccia era l'intercettazione di una telefonata di Nino Gioè a Giovanna, la sera del 17 dicembre, nella casa di lei a Cerami. L'uomo si mostrava preoccupato, al telefono non faceva nomi, ma c'erano nell'aria nuovi «pentimenti» di mafiosi.

Da qualche giorno un altro corleonese aveva deciso di collaborare con la giustizia: era Giovanni Drago, ventotto anni, cugino di Pino Marchese, uomo d'onore della famiglia di Corso dei Mille, killer di provatissima esperienza. I giornali non avevano dato notizia di questa nuova defezione nella mafia vincente, ma evidentemente qualcosa era già circolato negli ambienti di Gioè. Ed era ancora nell'aria l'eco dell'operazione Leopardo: oltre duecento arresti eseguiti dalla polizia sulla base delle dichiarazioni di Leonardo Messina, un pentito della provincia di Caltanissetta.

«Tu non ci vai domani in ufficio?» chiese Nino a Giovanna.

«Sì, certo che ci vado.»

«Eh... io domani ti chiamo... Anche perché c'è un altro uccellino...»

«Ah!!!... Che cos'è, un canarino?» domandò la donna, che forse aveva capito il riferimento a qualcuno che stava parlando con gli inquirenti.

«Eh...» mugolò Nino.

«O un usignolo, forse un usignolo.»

L'uomo scoppiò in una risata: «Un cornuto!... Ma non ho rapporti, mi conosce di nome».

«Comunque mi fai sapere notizie?» domandò Giovanna.

«Logico, tutte le mattine. Prima vedo se ci sono i *leopardini*...» rispose Nino alludendo ai poliziotti, così ribattezzati dopo l'operazione Leopardo. «In caso vado ad abitare *da Fina*. Se ci sono i *leopardini*, i primi tempi me ne vado *da Fina*, no?»

«Ah, e io come faccio a saperlo?»

«Con i telefonini... ne avrò un altro, e ti do subito il numero.»

«Sì, e quando?»

«Non ti preoccupare tu, so come fare... gioia.»

Che cosa temeva Nino dall'«uccellino»? Chi gli aveva detto che c'era un altro pentito nelle mani dell'Antimafia? E che voleva dire *vado da Fina*? S'era accorto di pedinamenti e appostamenti? Dov'erano finiti Antonino Gioè e Gioacchino La Barbera?

IV

Le ville annidate nel verde mediterraneo della collina.

Case eleganti ma discrete. Discretissime. La ricchezza a Palermo va sempre dissimulata; non si sa mai. Il potere, quello vero, si mimetizza. E ben mimetizzate sono le case di via Ignazio Gioè.

Non è facile arrivarci per chi non sia di Palermo e non sappia penetrare l'anima irrazionale dei suoi sensi unici stradali.

La collina di fronte al golfo di Sferracavallo è uno dei primi contrafforti del monte di Billiemi, da cui vengono estratte le *balate*, pietre larghe, piatte e bianche usate per segnare i bordi dei marciapiedi in città.

Chi prende l'autostrada per l'aeroporto di Punta Raisi, in direzione Trapani, si ritrova la collina sul fianco sinistro. Dal lato opposto il mare, in parte nascosto da palazzoni di vetrocemento, con insegne al neon grandissime: «Sposa 2000», «Caffè Morettino». Le insegne occupano il campo ottico per una breve frazione di secondo, poi gli squarci tra neon e palazzi svelano ancora il mare, la borgata di Sferracavallo, le sue stradine.

Chi corre in macchina per l'autostrada riesce a immaginare che dalle case sulla collina si possa godere un paesaggio molto palermitano: l'azzurro del mare, il rosa di Montepellegrino, gli scheletri di cemento di qualche abitazione abusiva mai completata.

Per arrivare lassù, bisogna percorrere una strada laterale che costeggia l'autostrada – viale della Regione Siciliana n.o., dove le due lettere stanno per nord-ovest –, passare sotto un ponte della stessa autostrada, in direzione dell'Ospedale Cervello, rimettersi sull'altro lato della A29 e ritornare verso Palermo.

Ecco, una scritta a vernice su un angolo di muro, con grafia incerta, segnala via Ignazio Gioè.

E bisogna salire, oltrepassare il cartello di divieto con l'avviso che questa strada non ha uscita, che immette a un comprensorio privato, che la velocità deve essere ridotta. Salire, salire sempre più, superando cancelli sbarrati, telecamere a circuito chiuso, inferriate dietro alle quali si intravedono musi di auto di grossa cilindrata, prati verdi con gazebo bianchi, lo spicchio azzurro di una piscina, il rosso di un campetto da tennis, le padelle bianche delle parabole satellitari sui tetti.

Se incrociate un'altra auto e vi accostate alla siepe laterale per consentirne il passaggio lungo la stradina che si restringe a ogni curva, da dietro i vetri il guidatore vi lancia un'occhiata breve e curiosa e diffidente, poi scivola via con un colpetto di acceleratore.

Chi abita qui non disturba e non vuole essere disturbato. Ama la quiete, il benessere dei soldi e del silenzio, vuole guardare la città dall'alto e godersi la brezza di mare mentre Palermo si copre della cappa lattiginosa di afa. Ogni tanto, laggiù sull'autostrada, un Tir dà un colpo di clacson che lancia un'eco attutita.

Ma d'estate qui si sentono ancora le cicale e d'inverno solo i latrati dei cani delle ville vicine.

Un buon posto per farsi i fatti propri. Farsi i fatti propri tra gente che si fa solo i suoi.

La scelta è azzeccata. Il numero civico 40 è uno degli ultimi, al termine della stradina cieca, chiusa dal cancello elettrico che immette alle villette plurifamiliari. In tutto, quattordici pulsanti sul citofono. E dietro al cancello ciascuno è padrone della sua vita, di muoversi e vivere indisturbato.

Bisogna conoscerle bene queste zone di Palermo, così lontane e così diverse dai quartieri popolari dove il *carnezziere* sa tutto di tutti. Via Ignazio Gioè, così diversa e così lontana anche da Altofonte, dove ciascuno conosce gli altri da generazioni, dove ogni pomeriggio ci si incrocia nella stessa piazza: facce note, nomi noti.

Eppure i «bravi ragazzi» di Altofonte qui si sentono come a casa loro. Al paese nessuno arriva e nessuno parte senza che qualcuno se ne accorga, e in via Ignazio Gioè nessuno può arrivare e nessuno può partire senza che loro se ne accorgano. Territori ottimi per vivere in clandestinità, per sapere e vedere senza essere visti, per cogliere ogni movimento sospetto e poter prendere subito il largo.

Dopo aver lasciato Altofonte, due anni prima, Gino La Barbera non era più tornato in paese nemmeno per le vacanze. Preferiva andarsene in Spagna, a Ibiza o a Siviglia. Belle ragazze, mare e la Sicilia lontana. Lontana con le sue logiche di morte, con i suoi discorsi a doppio taglio, le cose dette e quelle non dette.

La vita è vita anche senza Cosa Nostra. Anzi, forse è pure meglio.

Ma il sangue chiama. E Gino è uno che non si lascia alle spalle gli affetti: suo padre, sua madre. Ne ha fatti tanti di viaggi a Parigi, per seguire le cure della mamma: visite, controlli, radioterapie. Ma, nel dicembre 1991, la malattia non lascia più speranze e Gino ritorna ad Altofonte: vuole esserle accanto in questi giorni che per lei potrebbero essere gli ultimi.

Passano le feste di Natale, ma sono feste tristi in casa

La Barbera, nonostante a tavola ci siano i mandarini freschi e il *buccellato* ripieno di marmellata di fichi.

Il 17 gennaio 1992 è un giorno di lutto. I funerali, le condoglianze dei parenti, *'u visitu* che conduce amici e familiari a casa della defunta, le frasi smozzicate, gli occhi di pianto, le donne del vicinato affannate a portare il cibo, *'u cunsuolu*, alla famiglia in lutto alla quale è vietato metter mano ai fornelli.

Alla casa di via Grotte, una strada cieca e ripida nella parte di Altofonte che si arrampica sulla montagna, una mattina si presenta anche Leoluca Bagarella, accompagnato da suo cognato Gregorio Marchese. Sta in paese da qualche tempo, in un appartamento procurato da Gioè. Lui e gli altri boss sono pronti a «buttarsi latitanti», nel caso la sentenza della Cassazione sul maxi-processo, ormai imminente, dovesse andare male. Ma, nell'attesa, continuano a trafficare e fare affari.

A Gino non sfugge il gesto di «Luchino». In Sicilia è in questi momenti che si contano assenti e presenti, amici e nemici.

Attorno al tavolo della cucina, davanti a una tazzina di caffè, La Barbera e Bagarella si studiano cautamente. Dopo le parole di condoglianze si passa alle chiacchiere vaghe. Come va, come non va. Non si parla di Cosa Nostra, Gino è ancora ufficialmente in disgrazia.

«Perché non torni in paese?» fa Bagarella.

«Su al nord il lavoro va bene, qui la situazione è brutta», risponde La Barbera.

«Lo capisco, qui ci sono problemi. Ma tu sei una persona in gamba, sei un "industriale", non hai problemi. *Scendi* i mezzi qui, torna in paese... Se non c'è, il lavoro lo troviamo... a forza...»

Quando Leoluca Bagarella esce da quella casa, Gino capisce che forse il peggio è passato. Bagarella non è uno che parla a vuoto. È il cognato di Totò Riina. Se gli ha detto quelle cose, allora vuol dire che qualcuno più in alto di lui ha deciso: La Barbera può restare in Sicilia. È stato graziato.

Non sa ancora che nel giro di poche settimane sarà arruolato nella squadra dei fedelissimi di Totò Riina. *'U curtu* ha grandi progetti, destinati a fare rumore in tutto il mondo. E Gino avrà un ruolo importante.

L'appartamento di via Ignazio Gioè l'aveva affittato Nino ben prima della strage di Capaci, presentando un documento falso al proprietario. E si divertiva per l'omonimia tra il suo cognome e l'indirizzo del «buco», intitolato a un proprietario terriero della zona, chissà, magari un lontano parente.

Due camere, bagno e angolo cottura che sarebbero diventati il crocevia e uno dei rifugi più frequentati dagli uomini di Cosa Nostra nella stagione del terrore e del sangue.

La sera del 23 maggio 1992 Gioacchino La Barbera arriva proprio qui, in via Gioè 40, davanti al cancello automatico. Si è lasciato alle spalle il «botto». Anzi, non lo ha nemmeno sentito. Gino ha un appuntamento al «buco», ma non trova nessuno. Non ci sono le auto di Brusca e di Nino parcheggiate sul piazzale davanti alla villetta a un piano. Chiama Gioè al telefonino. Il dialogo è brevissimo.

«*Unni siti?*» chiede preoccupato.

«Un po' più avanti», risponde Gioè.

Una frase che La Barbera comprende bene. L'appuntamento è spostato in un luogo già utilizzato in precedenza per incontri clandestini: il parcheggio di Villa Serena, una clinica su viale della Regione Siciliana, in direzione Catania, dopo la rotonda di via Lazio.

Brusca e Gioè arrivano poco dopo sulla Renault Clio

di Nino. Restano fermi pochi minuti. C'è poco da dire, bisogna andare via in fretta, togliersi dai piedi.

Ma La Barbera ha il tempo di raccontare a Brusca quello che ha captato passando per strade e paesi nel suo lungo giro di ritorno in città: è rimasto bloccato nel traffico per alcuni minuti e dal finestrino abbassato ha ascoltato i commenti della gente.

La notizia della strage si è propagata velocissimamente, di bocca in bocca, di casa in casa. Gino ha sentito una donna che si lamentava in dialetto con altre vicine: «*Ah... l'ammazzaru, viri chi successi...*» Una di loro è scoppiata a piangere.

Brusca forse è infastidito da questo racconto, o forse non gli interessa. Ha solo fretta di andarsene. Gioè dice che la strada per Altofonte è sicura. Si va lì, al Parco.

Per circa due ore restano a casa di Nino, in via Monachelle, dietro la piazza del paese: seguono la televisione, le edizioni straordinarie dei Tg, le prime dichiarazioni, i pianti, lo stupore e il dolore di tutta Italia, mentre su Raiuno Fabrizio Frizzi continua imperterrito il suo varietà del sabato sera.

Gioè e Brusca hanno già ascoltato i notiziari subito dopo il «botto». Mentre La Barbera faceva il giro lungo, passando da Partinico e Borgetto, loro sono rientrati a Palermo dall'autostrada, in senso opposto ai primi mezzi di soccorso che accorrevano sul luogo della strage.

La Barbera non sa dove siano stati. Ma è sicuro che da qualche parte si sono rifugiati. Non gli hanno detto dov'è la casa, né di chi è, né chi c'era. La Barbera non chiede. Non si usa fare domande dentro Cosa Nostra. E poi in questo momento è un particolare di nessuna rilevanza.

Giovanni Brusca, tornando da Capaci, si è fatto accompagnare nella villa di Mommo Guddo, la stessa dove Totò Riina per la prima volta gli aveva rivelato la decisione di eliminare il giudice Falcone.

In casa trova Raffaele Ganci, capofamiglia del quartiere Noce, e Salvatore Cancemi, reggente di Porta Nuova. Sono seduti in salotto, davanti alla tv. Una scena di vita quotidiana, un'immagine che alla stessa ora si potrebbe fotografare in milioni di case.

Giovanni Falcone non è ancora morto, è in rianimazione all'Ospedale Civico. Anche sua moglie Francesca Morvillo è debolmente in vita.

Sono sfigurati dall'urto contro la montagna di terra che si è alzata, come un muro, al momento dell'esplosione. C'è Paolo Borsellino che piange accanto al lettino dove rantola il suo amico Giovanni.

Non è morto. Non è morto. Forse si salverà. Nel salotto di Mommo Guddo non parla nessuno. Né Cancemi, né Ganci, né Giovanni, un ragazzo che non sa nulla dell'attentato: è solo un «soldato» pronto a scattare in piedi a ogni ordine dei suoi capi.

Brusca pronuncia poche parole: «Questo cornuto, se non muore ci tartassa... Se resta vivo ci darà filo da torcere».

Passano altri venti minuti. I telecronisti chiedono la diretta allo studio, si accavallano i flash di agenzia. Poi, una scritta in sovrimpressione sullo schermo: «Giovanni Falcone è morto».

Salvatore Cancemi si alza di scatto dalla sedia e comincia a sputare contro il televisore. Grida. Bestemmia: «*'Stu curnutu!* Finalmente la finisce di fare *'u spertu,* la finisce...» Sì, Falcone non potrà mai più fare «il furbo».

Brusca lo guarda sbalordito. Anche Ganci osserva

sbigottito la reazione di Cancemi. Si scambiano un cenno: «Questo è pazzo».

Cancemi continua il suo rosario di insulti, con gioia feroce e rabbiosa. Mette una mano in tasca, tira fuori una manciata di banconote, si rivolge al ragazzo: «Giovà, vai a comprare una bottiglia, corri vai...»

Giovanni esce di casa e torna dopo pochi minuti con una bottiglia di spumante. Cancemi prende i bicchieri, offre a tutti. Ma il ragazzo non vuole bere, dice che l'alcol gli fa male. Forse è turbato, forse è intimorito da quella spietata allegria. Ma Cancemi gli riempie il bicchiere e lo costringe a bere con gli altri. Falcone è morto, i suoi assassini brindano.

Dopo aver accompagnato Giovanni Brusca all'ingresso di Piana degli Albanesi, dove il capo della famiglia di San Giuseppe Jato scompare nella notte verso il suo rifugio, Nino Gioè e Gino La Barbera ritornano ad Altofonte.

È quasi mezzanotte, c'è poco da dire, poco da commentare. Quello che doveva essere fatto è stato fatto. Riina aveva deciso così. Riina questa notte può dormire contento.

Nei giorni successivi Gioè e La Barbera torneranno alla loro quotidiana vita da uomini d'onore. Incontri circospetti, telefonate in codice. Useranno ancora il «buco» di via Ignazio Gioè, loro come altri boss mafiosi che dopo la strage devono essere più prudenti di prima.

Per Nino e Gino quell'appartamento diventa il luogo delle confidenze reciproche, della confessione di dubbi altrove inconfessabili. Qui, al riparo da orecchie indiscrete, possono fare commenti e sollevare perplessità sulla strategia dei corleonesi. Parole che mai oserebbero pronunciare in pubblico e che possono restare solo nel chiuso della loro amicizia.

Si chiedono quale sia l'obiettivo finale di Riina, il punto d'arrivo del suo programma di morte. Sono perplessi, ma non hanno scelta. Gioè, che sa qualcosa più di La Barbera, fa capire che sono in cantiere azioni altrettanto eclatanti.

«Ma che possiamo fare noi?» si chiede Nino allargando le braccia, consapevole di essere finito in un vicolo a senso unico. «Noi possiamo solo finire all'ergastolo, o morire *sparati* dai corleonesi. Oppure ci mettiamo una corda al collo e ci ammazziamo.»

Non c'è alternativa. Bisogna solo obbedire. Come ha fatto La Barbera quando l'hanno chiamato a preparare l'attentato di Capaci. Ha risposto all'appello anche per riconfermare ai corleonesi la sua affidabilità di uomo d'onore e soldato di Cosa Nostra, non sapendo nemmeno quale fosse l'obiettivo. Gioè glielo ha detto appena dieci giorni prima del 23 maggio: «Bisogna ammazzare Falcone».

La stagione del terrore s'è aperta subito dopo il verdetto della Cassazione sul maxi-processo.

Il primo a cadere era stato l'onorevole Salvo Lima, «colpevole» di non aver fatto tutto il possibile per evitare la definitiva condanna dei boss mafiosi. Pure Gioè s'era interessato al progetto di omicidio dell'eurodeputato democristiano, su ordine di Brusca.

«Vedi di sapere qualcosa su Lima», gli aveva detto il capomandamento di San Giuseppe Jato di ritorno da un colloquio con Riina, facendogli capire che doveva studiarne i movimenti.

Di fronte a incarichi di questo genere, Nino non si tirava mai indietro. Un po' perché era sempre entusiasta quando c'era da fare qualche azione, un po' perché lui, in fondo, a Giovanni Brusca doveva la vita e il suo «fidanzamento» con Giovanna.

Il padre della ragazza, infatti, che con gli uomini d'onore era in confidenza, scoperto che sua figlia aveva perso la testa per quello scapestrato, per giunta sposato, voleva toglierlo di mezzo. S'era rivolto a Brusca, chiedendogli di intimidire Gioè e, se necessario, ucciderlo.

Ma Brusca non fece niente: Nino era un suo amico, mentre il padre di Giovanna non contava nulla. Come si permetteva di chiedere l'omicidio di uno dei suoi più fedeli collaboratori?

Ecco perché, appena ricevuto l'ordine di informarsi su Lima, Gioè, vestito di tutto punto, era andato a seguire un comizio del parlamentare all'Hotel San Paolo Palace di Palermo, nella borgata di Sant'Erasmo.

Mescolato alla folla osservò per una buona mezz'ora le mosse di Lima, l'orario d'arrivo, la sua auto, il numero di poliziotti e carabinieri che gli stavano intorno. Incontrò perfino un compaesano che lo riconobbe: «Nino, che ci fai qui? Da quando ti occupi di politica?»

«Niente, sono venuto a sentire che si dice.»

Poi tornò da Brusca e riferì che nei comizi sarebbe stato difficile colpire: «Troppi sbirri, si rischia lo scontro a fuoco».

Altri uomini d'onore uccisero Salvo Lima, la mattina del 12 marzo 1992, a Mondello. Poi fu la volta di Falcone. E dopo? Nelle riservatissime conversazioni di via Gioè, Nino e Gino non possono che constatare l'ineluttabilità del progetto di Riina: «Vuole fare la guerra allo Stato».

La conferma l'avrebbero avuta nel giro di poche settimane.

Luglio 1992. È una domenica mattina caldissima. La Barbera va a trovare Brusca che trascorre la sua villeggiatura da latitante in una casetta sul mare, dopo la tonnara di Scopello. D'estate la zona è affollata di bagnanti, perché questo è uno dei tratti più affascinanti della costa occidentale della Sicilia. Vecchi edifici abbandonati, mare cristallino, calette inaccessibili e poco più in là la riserva dello Zingaro, chilometri di litorale incontaminato segnato dalla macchia mediterranea: agavi, palme nane e cespugli di capperi.

Brusca ha scelto un angolo da cartolina per le sue vacanze, nel territorio di Castellammare del Golfo, uno dei paesi dove è più antica e radicata la tradizione di Cosa Nostra.

Quando arriva a Scopello, Gino non sa nulla dei progetti immediati di Cosa Nostra. Non sa che altri uomini d'onore stanno organizzando un'altra strage.

Nel pomeriggio di quel silenzioso e assolato 19 luglio, mentre dal mare arrivano attutite le risate dei bambini che giocano a riva, la televisione interrompe le normali trasmissioni e dà notizia che un'autobomba è esplosa in via D'Amelio, uccidendo Paolo Borsellino e cinque agenti della sua scorta.

«Presto hanno fatto...» commenta Brusca laconico. Sì, hanno fatto passare poco tempo dalla strage di Capaci.

Non c'è molto altro da dire. Gli uomini di Cosa Nostra limitano al minimo indispensabile le comunicazioni. Brusca si lascia sfuggire solo un apprezzamento sulla tecnica dell'auto imbottita di tritolo: «È stato un lavoro fatto all'antica...»

Un lavoro che ricorda l'attentato di via Pipitone Federico, a Palermo, quando nel luglio '83 un'autobomba dilaniò il capo dell'Ufficio istruzione Rocco Chinnici.

«Un lavoro fatto all'antica...» Una tecnica che Brusca aveva studiato bene, quando aveva partecipato all'eliminazione del consigliere istruttore.

Venti giorni dopo, Riina aveva chiesto a Brusca e a Nino Madonia, uomo d'onore del quartiere San Lorenzo, di preparare un'altra auto al tritolo per Falcone, il giovane magistrato, vicinissimo a Chinnici, che aveva già dimostrato con la sua prima inchiesta sugli Spatola-Inzerillo di sapersi muovere fin troppo bene.

Brusca e Madonia studiarono attentamente il percorso quotidiano di Falcone. Davanti alla sua casa, in via Notarbartolo, non era possibile: l'attentato di via Pipitone Federico aveva insegnato agli sbirri che bisognava liberare dalle auto i tratti di strada di fronte alle abitazioni dei magistrati a rischio. Palermo cominciava a prendere il suo aspetto da Beirut nostrana.

Esaminarono anche la zona attorno al palazzo di giustizia, ma alla fine tornarono da Riina spiegandogli che era complicato mettere una bomba proprio lì. L'auto di Falcone arrivava fin davanti all'ingresso dalla rampa laterale: l'unica possibilità sarebbe stata quella di lasciare un Vespino al tritolo vicino all'entrata, ma anche questa ipotesi appariva di ardua realizzazione.

«Va bene, per ora lasciamo stare, poi se ne riparla», disse Riina.

Ma da allora l'intenzione di uccidere Falcone non lasciò mai il *viddano* di Corleone. Doveva eliminare il giudice e non in un posto qualsiasi, ma a Palermo. Un progetto di morte che si sarebbe realizzato quasi dieci anni dopo.

La «geometrica potenza» di Cosa Nostra in questa stagione è rafforzata dallo shock fortissimo che – all'indomani delle stragi di Capaci e via D'Amelio – ha scosso le istituzioni. Ma è anche il frutto di fortune insperate per gli uomini d'onore. Vanno avanti per approssimazione, si proteggono e si nascondono a volte goffamente, ma sempre con successo. Usano i loro telefonini personali, sicuri che non si possono intercettare. Sfruttano le deficienze degli apparati investigativi, ma lo fanno quasi per istinto, forti della loro esperienza decennale. Molte mosse, che dall'esterno possono sembrare di raffinatissima intelligenza, in realtà nascono da un modo di vivere diffidente e circospetto che è parte integrante della mentalità mafiosa.

Gioè e La Barbera si muovono disarmati, tranne quando sono in missione per compiere un omicidio. Documenti in regola, automobili in condizioni perfette, quando viaggiano usano perfino le cinture di sicurezza – un'eccezione in Sicilia – per non avere problemi a eventuali posto di blocco. Più di una volta sfuggono, per caso e per fortuna, ai controlli.

Nelle sere di luglio la banchina del porto di Palermo è affollata da centinaia di persone. Molti sono ben vestiti: abito scuro, camicia bianca, cravatta slacciata e cintura allentata, come usa dopo un pranzo devastante concluso da una trionfale cassata. Le donne hanno abiti leggeri e colorati.

Sono i reduci dai trattenimenti nuziali, che in massa accompagnano gli sposini alla nave per Napoli, in partenza ogni sera alle otto, mezzo di gran lunga preferito al treno e all'aereo per la luna di miele. Lassù, sul ponte del «postale» della Tirrenia, i novelli sposi sorridono; si sono cambiati: lui indossa pantaloni casual e giacca sportiva, lei un tailleurino in tinta pastello, il cappello a falde larghe in tono e tiene in mano un beauty-case rigido.

In certi pomeriggi di luglio si contano fino a venti coppie a bordo, ciascuna accompagnata dal proprio corteo. La partenza del «postale» è salutata da lanci di fiori dal ponte, che si incrociano in aria con le battute grevi degli amici dello sposo.

Pochi giorni dopo la strage di via D'Amelio, fra i passeggeri della Tirrenia in fila per l'imbarco, i parenti che sventolano fazzoletti, i marinai della capitaneria di porto, i camionisti che sonnecchiano nelle cabine dei Tir, ci sono anche decine di poliziotti e carabinieri.

Brutta aria a Palermo, aria da dopo-strage, sbirri nervosi e controlli a tappeto. Sul molo una pattuglia ferma Gioè e La Barbera. Sono in automobile, nella Nissan Patrol di Gino. I poliziotti chiedono documenti e biglietti di imbarco. Ma sulla carta d'imbarco di Gioè c'è un nome diverso.

Nino abbozza una spiegazione: «Ho mandato il ragazzo che lavora con me a fare i biglietti, forse si è confuso e ha dato il suo nome».

«Allora vada a cambiare il biglietto», dicono gli agenti.

La Barbera va all'ufficio della Tirrenia e lascia Nino da solo.

È preoccupato. Preoccupatissimo. Sul fuoristrada c'è una borsa con cento milioni di lire in contanti e le fotocopie dei documenti del super-latitante Leoluca Bagarella. Nino e Gino non partono per le vacanze, stanno andando a Teramo per comprare armi e commissionare patenti e carte d'identità false per «Luchino». Se i poliziotti trovano quella borsa sono tutti fottuti.

Gioè riesce a tirarla fuori dall'auto e, non visto dai poliziotti, la posa a terra, a qualche metro da sé: a tiro di sguardo, ma abbastanza lontano da poter dire, se a qualcuno venisse voglia di guardarvi dentro, che non è sua.

Gino torna indietro: la biglietteria è chiusa. Si avvicina agli sbirri, dice che non è riuscito a cambiare il nome.

«Va bene, si imbarchi pure, ma spieghi la situazione all'ufficiale di bordo», rispondono gli agenti.

Via libera, Gioè riprende il borsone pieno di soldi e documenti scottanti. È andata liscia.

L'appuntamento è alla stazione di Teramo. Li aspetta un uomo d'onore che vive lì: uno che nel magazzino sotto casa tiene un arsenale. Tutte armi nuove di zecca, provenienti dal mercato jugoslavo che vende e compra armi per la guerra civile serbo-croata.

Perfino Gino rimane stupito appena entra nel deposito. Eppure è uno che maneggia armi da quando ha diciott'anni. C'è di tutto nel supermarket della morte: bombe a mano, revolver, pistole automatiche, kalashnikov. E munizioni di ogni tipo.

C'è anche un lanciarazzi a ricerca di calore, che La Barbera scambia per un bazooka. Capisce subito che le armi che hanno richiesto Bagarella e Brusca non servono per una rapina o un normale omicidio. Qui a Teramo ci sono ordigni capaci di sventrare un'auto blindata. E le auto blindate, si sa, le usano soprattutto magistrati e politici.

Nino e Gino si fermano alcuni giorni a Teramo, dove li raggiunge un altro uomo d'onore che deve acquistare armi per i clan catanesi. Nella spesa di Cosa Nostra finisce pure un telefonino clonato: è la prima volta che gli uomini d'onore sentono parlare di cellulari truccati. Il venditore spiega che sono apparecchi non identificabili, perché intestati ad altri, insospettabili utenti. Nino e Gino ne comprano uno per cinque milioni di lire, corredato di istruzioni per l'uso.

Il carico è pronto. Gioè e La Barbera vanno a Roma e depositano le armi all'interno dell'ippodromo delle Capannelle, affidandole a un amico che si occuperà di farle arrivare in Sicilia.

Cosa Nostra adesso ha un guardaroba di morte tutto nuovo.

È sempre un'emozione incontrare Riina. Anche se gli uomini d'onore sono poco propensi alla commozione, è sicuramente un avvenimento memorabile essere ammessi a udienza dal boss dei boss. Non solo un onore, ma anche la promozione a pieni titoli nel giro grosso, ma ristrettissimo, di chi distribuisce vita e morte dentro Cosa Nostra.

D'estate si sta bene in via Gioè, fra il verde e le piscine delle ville intorno. Ma i soldati della mafia hanno degli obblighi che non tengono conto delle ferie: se il boss chiama, il picciotto risponde.

Tocca a Nino e Gino accompagnare Giovanni Brusca che ha bisogno di spostarsi a Mazara del Vallo, un centinaio di chilometri da Palermo, nella casa di villeggiatura di Leoluca Bagarella. Anche il cognato di Riina, per le sue vacanze da latitante, ha scelto il mare.

I due ragazzi di Altofonte, che pensavano a uno spostamento di routine e magari a un bagno nei giorni del solleone, non sanno che avranno una sorpresa.

C'è un gran viavai di gente nella villetta di Mazara del Vallo. Uomini d'onore, non tutti noti a La Barbera: Gino rivede Leoluca Bagarella, riconosce e saluta Vincenzo Sinacori, Matteo Messina Denaro. Ma di altri non sa nemmeno il nome.

Nella calura della controra decide di riposare un po' e va a buttarsi su un letto. Nella stessa stanza c'è pure Gioè, quando la porta si apre all'improvviso. È Leoluca Bagarella: «Nino, c'è una persona che vuole salutarti».

I due si alzano svogliati, si affacciano in salotto. La Barbera vede un uomo basso, tarchiato, i tratti grossolani, ma gli occhi vivi e pungenti come punte di diamante. Non ci vuol molto a capire chi è.

Gioè gli va incontro deferente: «Buongiorno».

Salvatore Riina lo osserva sorpreso: «Solo buongiorno, mi dici? Vabbè che è da tanto che non ci vediamo...»

Nino si riprende subito: «*Zù* Totò!»

Poi, è il momento delle presentazioni. Tocca a La Barbera stringere la mano del boss.

«Ho sentito parlare di te, volevo conoscerti», dice Riina. Si mette a scherzare con Gioè, lo rimprovera bonariamente perché Nino non lo ha più cercato dal loro ultimo incontro, nel 1979, più di dieci anni prima. Tutti ridono, ben sapendo che *'u curtu* vive in una latitanza a cui pochissimi sono ammessi.

Restano tutti insieme a chiacchierare. Riina tiene banco: commenta, fa osservazioni che sembrano profonde, è circondato da un'aura di saggezza e di crudeltà. È ignorante come una pietra, ma di cervello agilissimo.

Si parla di Cosa Nostra, dei progetti futuri e di un omicidio che si dovrebbe eseguire a Trapani per eliminare un uomo d'onore che non vuole piegarsi agli ordini dei corleonesi. Ma il bersaglio è molto prudente: gira con un'auto blindata, indossa sempre un giubbotto antiproiettile.

«Non c'è problema, basta fare il botto», dice Riina.

Non tutti sono d'accordo. C'è il rischio di una strage, di seminare morti inutili. Il «botto» dovrebbe avvenire nel centro abitato, e potrebbe provocare l'uccisione di donne e bambini.

Ma Riina non si scompone: «Perché, a Sarajevo non ne muoiono tanti, di bambini, senza che nessuno si preoccupi?»

Gioè usa un argomento meno moralista per convincere il capo che non è il caso di utilizzare l'esplosivo. A parte i morti innocenti, che comportano sempre scocciature, il problema semmai è che gli investigatori potrebbero capire che dietro ai «botti» di Trapani e di Palermo c'è la stessa mano.

Forse l'argomentazione persuade *zù* Totò, forse no. Comunque quell'omicidio non si farà.

Quella del 1992 è un'estate densa di discussioni e di grandi progetti fra gli uomini di Cosa Nostra. E ci sono le armi, nuove di zecca, pronte per essere usate nella guerra contro lo Stato.

Da una conversazione tra Leoluca Bagarella, Giovanni Brusca e Nino Gioè, Gino apprende che il «gruppo di fuoco» di Cosa Nostra pensa di eliminare l'ex consigliere istruttore di Palermo Antonino Caponnetto, che dopo la morte dei suoi due pupilli, Falcone e Borsellino, s'è messo a girare l'Italia in lungo e in largo, nonostante l'età, per parlare contro la mafia.

Qualcuno sostiene che è un buon obiettivo perché gli uomini d'onore, con le loro indagini, hanno scoperto che in Toscana, dove vive, l'ex magistrato è poco protetto.

Nella lista dei macellai siciliani finisce anche Claudio Martelli, ministro di Grazia e Giustizia, quello che aveva dato man forte a Falcone per l'istituzione della Superprocura antimafia e che aveva varato l'odiato articolo 41 bis, il carcere duro per i boss detenuti.

«Prima è venuto a prendersi i voti in Sicilia, ora vuole rifarsi la verginità», sbraitava Riina contro il Guardasigilli, che nel 1987 era stato capolista del Psi nel collegio della Sicilia occidentale.

Ci sono Brusca, Gioè, La Barbera e anche il referente di Cosa Nostra per la provincia di Messina, alla riunione che si svolge a settembre nell'officina di un amico a Palermo. Fra macchie d'olio, motori smontati, cacciaviti e chiavi unte di grasso, si analizza la possibilità di ammazzare Martelli durante una sua prossima visita a Messina.

Un uomo d'onore aveva già fatto un primo sopralluogo a Roma, attorno alla casa di Martelli. Mentre girava lungo la via Appia era stato perfino fermato dalla polizia per un controllo, ma tutto si era risolto in una pura formalità.

Insomma, l'arrivo previsto di Martelli a Messina può essere l'occasione buona per colpirlo. Di quella visita messinese del ministro, gli uomini d'onore sanno molte cose: conoscono addirittura gli incontri ufficiali e gli appuntamenti. Ma anche questo attentato sarà rinviato.

Il «gruppo di fuoco», agli ordini di Riina, è ora ristretto a quattro persone: Brusca, Bagarella, Gioè e La Barbera.

Non ci sono commissioni provinciali, non ci sono riunioni dei vertici di Cosa Nostra. Anzi, non ci sono nemmeno più i vertici. Le decisioni importanti le prende Riina, a nome e per conto di tutti. Ogni tanto, convoca la commissione per affrontare questioni di appalti, per sistemare competenze, in definitiva per evitare che i capimandamento possano sentirsi completamente esclusi dalla vita di Cosa Nostra trasformandosi in suoi avversari.

I quattro moschettieri del re di Cosa Nostra – due di Altofonte, uno di Corleone e uno di San Giuseppe Jato, tutti *viddani* – non si occupano solo di progetti di attentati contro gli uomini delle istituzioni. C'è tanto lavoro da fare dentro Cosa Nostra: tocca a loro compiere i delitti che servono a Riina per ristabilire gli equilibri.

Per questi e per altri lavori si sentono e si incontrano di continuo, quasi quotidianamente; ad Altofonte, a Piana degli Albanesi, a Palermo.

Quando si tratta di un omicidio, i «bravi ragazzi» ricevono l'ordine e partono.

Vanno ad Alcamo, vanno a Partinico. Si appostano, aspettano, studiano le mosse dei nemici. Poi colpiscono. Non sono tenuti a informare nessuno, non sono obbligati – come invece vorrebbe la regola di Cosa Nostra – a comunicare al capofamiglia di quel paese o di quel quartiere che sta per avvenire un'azione.

Riina ha svuotato di ogni potere la commissione, rendendo vuote anche le norme di sopravvivenza interna dell'organizzazione. Riina non deve dare conto a nessuno.

I suoi ragazzi si muovono come corsari in un mare senza regole, protetti dal nome del corleonese.

Un altro cadavere eccellente è programmato per l'autunno. La condanna a morte colpisce Piero Grasso, il giudice a latere del maxi-processo che adesso lavora a Roma, alla neonata Superprocura. Sarà un nuovo tassello del disegno strategico che punta alla sfida frontale con lo Stato, per costringere le istituzioni a scendere a patti con la mafia. Una politica stragista di impronta colombiana.

Nino Gioè comunica la decisione a Gino La Barbera. La zona scelta per l'operazione è quella di Monreale, dove il magistrato va spesso. Nino ha già fatto dei sopralluoghi, ha studiato dove colpire e le vie di fuga. Ha trovato anche qualcuno del posto che può dare una mano, il reggente della famiglia di Monreale.

«Lo facciamo saltare con il tritolo», dice Nino.

Da quel momento comincia una serie di incontri in un capannone alla periferia di Monreale, un'officina per la riparazione di camion utilizzata come base d'appoggio.

Gioè ha un piano preciso: collocare l'esplosivo dentro un tombino, vicino alla casa del magistrato. Certo, qui non siamo nella campagna di Capaci: la zona è affollata, tutti potrebbero vedere degli uomini che entrano dentro un tombino carichi di fusti di esplosivo.

Nino, forte di fantasia e senso pratico, pensa di usare un furgone simile a quelli dell'Enel, con una botola sul fondo. Fermando il camion sul tombino, da dentro il furgone, senza essere visti si potrà scendere nel cunicolo e disporre il tritolo.

Ma il magistrato non ha abitudini fisse. Assieme alla polvere deve essere collocata una stazione ricevente che possa raccogliere il segnale del telecomando che innesca il detonatore. E la ricevente deve avere una batteria di lunga durata, perché è impensabile tornare in quel tombino per cambiare le pile.

Anche questo è un problema: lì vicino c'è una banca e i congegni d'allarme potrebbero interferire con la ricevente e far scoppiare la carica prima del tempo. Insomma, i problemi tecnici sono tanti e Gioè non riesce a trovare la soluzione migliore. Il progetto slitta, ma non viene dimenticato.

Le chiavi del covo di via Gioè passano di mano in mano. Nino e Gino ne hanno un mazzo ciascuno, ma spesso le chiedono anche Leoluca Bagarella e Giovanni Brusca.

In quell'estate, e nell'autunno successivo, Gioè e La Barbera continuano ad andare e venire dal «buco». Nessuno dei due è ufficialmente ricercato, né sa di avere gli sbirri alle costole, sebbene Nino stia diventando sempre più sospettoso. Però quell'appartamento è un posto comodo per evitare di farsi trovare ad Altofonte, per spostarsi senza dare nell'occhio, per andarci con qualche ragazza a fare un po' di sesso.

Il sogno di Gioè è di portarci Giovanna, che è gelosa e teme che il suo uomo s'infili in quel rifugio segreto con altre donne. Gino invece non ha di questi problemi, delle sue avventure galanti non deve rendere conto a nessuno, né le amiche occasionali conoscono la sua vera identità di uomo d'onore. Lui e Nino, da buoni amici, si alternano nel covo quando hanno qualche *fimmina* per le mani.

Nel dicembre 1992 il contratto d'affitto dell'appartamento è ormai in scadenza. Gioè continua a essere ossessionato dai pedinamenti: vede sbirri dappertutto, macchine che lo seguono, donne poliziotto a ogni angolo.

Gino lo sfotte, gli dice che è paranoico. Ma Nino ha paura. Ormai i pentiti hanno ripreso a parlare: s'è saputo di Pino Marchese, di Leonardo Messina, ci sono voci su Balduccio Di Maggio e Giovanni Drago, il cugino di Marchese: il carcere duro produce «infami» a getto continuo, e i picciotti prendono le loro contromisure, come quelle che Gioè spiega a Giovanna: appena esce dal «buco», di mattina, fa qualche giro per controllare se ci sono i *leopardini*, cioè i poliziotti; e se si mette male è pronto a riparare *da Fina*, una casa a Catania considerata sicura.

Un giorno Gino e Nino incontrano Salvatore Biondino, l'autista di Totò Riina. «Non è che voi avete una casa dalle parti dell'autostrada?» chiede Biondino.

«Sì, perché?»

«Un amico mi ha detto che gli sbirri sono andati all'Eas a chiedere un furgone attrezzato, completo di tute, stivali ed elmetti per battere la zona.»

«Minchia, allora è fatta!» esclama Gioè. Pochi giorni prima, scendendo dal «buco», ha notato un furgone dell'Ente acquedotti siciliani fermo a un angolo della strada.

Il covo è bruciato. Ma Gioè non vuole insospettire maggiormente gli sbirri: «Gino, tu sei incensurato, continua ad andarci, non lo lasciamo subito».

Per qualche altra settimana La Barbera è l'unico inquilino della casetta sulla collina, dove comunque si reca pochissime volte.

Gioè è allarmatissimo. Adesso è sicuro di avere i telefoni sotto controllo. Così decide di *lavare* gli pseudonimi: l'amico *Frizzi*, che indicava Brusca, viene appioppato a un infermiere amico di La Barbera, naturalmente a sua insaputa.

Nino e Gino si divertono a confondere le piste: ora usano gli stessi soprannomi per indicare altre persone diverse. Quando pronunciano il nome di *Franco* non parlano più di Bagarella, ma di qualcun altro che non c'entra niente: «Così facciamo diventare pazzi quei cornuti di sbirri che ascoltano».

V

I tabulati della Sip erano finalmente arrivati, centinaia di fogli pieni di date e numeri incolonnati stavano lì, sulla scrivania. Ora ci voleva uno che li studiasse, che ne tirasse fuori qualcosa di utile.

«Filippo, vuoi farlo tu?» chiese il commissario Pellizzari.

«Dottoressa, io non l'ho mai fatto prima, ma se lei vuole...»

«E chi l'ha mai fatto prima qui dentro? Dai, provaci, secondo me sei l'unico in grado di capirci qualcosa.»

Fu così che Filippo, giovane brigadiere della guardia di finanza con la faccia rotonda e pochi capelli in testa, che s'era arruolato nella Dia pensando soprattutto alle indagini sul riciclaggio del denaro sporco, si ritrovò a navigare in quel mare di cifre. Intuendo fin da subito, però, che fosse un compito utile, e che dalle sue eventuali scoperte dipendesse il buon esito del lavoro dei colleghi che, per strada a Palermo, seguivano le orme dei mafiosi. Perché quei numeri, a saperli leggere, potevano parlare come o più di un'intercettazione, rivelando contatti e connessioni difficili da dimostrare altrimenti.

Alla Sip, tramite la magistratura, erano stati chiesti i tabulati dei telefonini di Antonino Gioè e Gioacchino La Barbera, e cioè i resoconti di tutte le chiamate in entrata e in uscita sui loro cellulari a partire dall'estate del '92. A ogni telefonata corrispondevano la data, l'utenza contattata e la durata della conversazione.

Gli apparecchi portatili non erano ancora intercettabili, e l'unico modo per carpirne qualche segreto era quello di analizzare le chiamate fatte e ricevute. Settimane e settimane di telefonate che Filippo cominciò a studiare una a una, annotando la frequenza dei numeri, la durata delle conversazioni, le persone corrispondenti a ogni utenza.

Da un primo «censimento» venne fuori che alcuni apparecchi chiamavano i telefonini dei due presunti mafiosi, ma Gioè e La Barbera non richiamavano mai quegli apparecchi.

«Strano, no? Se uno ha un qualunque rapporto con un'altra persona, ogni tanto dovrebbe essere anche lui a telefonare», notò il commissario Pellizzari.

«Infatti. Questo vuol dire che si tratta, molto probabilmente, di telefonini clonati», spiegò Filippo.

Insomma, qualcuno faceva telefonate mascherate a Gioè e La Barbera, inserendosi sulle frequenze di apparecchi cellulari di altre persone, del tutto ignare ed estranee al mondo di Cosa Nostra. Persone per lo più del Nord, sulle quali occorreva comunque fare indagini una volta che il loro numero si intrecciava coi telefoni dei due inquisiti per capire chi fossero, escludere le chiamate con familiari o amici, far venir fuori altri eventuali contatti sospetti.

Computer che svolgessero in fretta questo lavoro non ce n'erano, e il brigadiere Filippo, seduto alla sua scrivania, continuava a spulciare cifre e incrociare dati, prendendo nota con la matita sempre appuntita e la sua calligrafia ordinata, da primo della classe. Finché giunse a un'ulteriore conclusione, che comunicò al suo superiore: «Dottoressa, ecco i numeri che contattano più spesso i telefonini di Gioè e La Barbera».

Il commissario Pellizzari fece subito rapporto, e dagli accertamenti venne fuori che due numeri, di un cellulare e di un'utenza di Palermo, erano intestati a Giovanni Scaduto e a sua moglie, Caterina Greco. Fatta qualche altra indagine, dal centro Dia di Roma partì un nuovo rapporto alla Procura di Palermo.

«Giova evidenziare», scrissero gli investigatori, «che Scaduto Giovanni, nato a Palermo il 29-3-1948, risulta essere ex dipendente della Cassa Centrale di Risparmio di Palermo, già inquisito per associazione per delinquere di stampo mafioso. Fa parte della famigerata cosca dei corleonesi, per la quale ne è il rappresentante della "famiglia" di Bagheria.

«Si rappresenta, inoltre, che la moglie dello stesso, Greco Caterina, è la figlia del noto Greco Salvatore, appellato "il senatore."»

Alla catena mafiosa partita da Gioè e La Barbera si aggiungeva un altro anello: Giovanni Scaduto, «già noto all'ufficio» e sposato con la figlia di un boss come Salvatore Greco, chiamato «il senatore» per via dei presunti buoni rapporti con alcuni politici siciliani, nonché fratello di Michele Greco, «il papa», che s'era legato mani e piedi a Totò Riina.

La ricerca dei contatti che potevano portare al cuore dei corleonesi si arricchiva di un nuovo spunto, e gli investigatori che avevano perso di vista Gioè e La Barbera decisero di seguire quest'altra traccia.

I due giovanotti di Altofonte non erano ricomparsi, e stare dietro alle loro mosse attraverso il traffico dei telefonini non era semplice. Dopo l'apparecchio clonato acquistato a Teramo insieme alle armi, Gioè aveva trovato a Palermo un amico che vendeva cellulari truccati per mascherare le chiamate. Insieme al telefonino gli aveva dato un elenco di numeri da utilizzare per la clonazione finché i reali titolari di ciascuna utenza non si accorgevano dell'inserimento abusivo.

A quel punto bisognava cambiare numero, e questo era anche un modo per evitare di essere scoperti. Gli agenti della Dia, infatti, non facevano in tempo a individuare le utenze sfruttate da Nino e Gino che quelli le abbandonavano e ne clonavano altre.

L'indagine era diventata una continua rincorsa: la Dia all'inseguimento delle mosse telefoniche dei presunti favoreggiatori di Brusca e Bagarella, e gli inseguiti a cambiare percorsi e sistemi di camuffamento dei loro contatti.

Le richieste di tabulati e informazioni alla Sip si susseguivano ormai quasi in tempo reale. Filippo in ufficio studiava gli incroci e comunicava le sue scoperte ai colleghi in Sicilia, nella speranza di fornire elementi utili a pedinamenti e nuove intercettazioni. Ma di Gioè e La Barbera non si riusciva a recuperare un'impronta fresca.

«Proviamo con Scaduto, mettiamogli il telefono sotto controllo», si dissero gli investigatori.

La richiesta alla magistratura di poter ascoltare le telefonate del «rappresentante della "famiglia" di Bagheria» fu motivata con l'esigenza di «acquisire ulteriori elementi non altrimenti conseguibili in ordine al coinvolgimento dello Scaduto nella struttura mafiosa di Cosa Nostra».

Tutte le speranze, adesso, erano concentrate su quel telefono di Palermo, in via Nicolò Garzilli, fra i palazzetti liberty a un tiro di schioppo da piazza Politeama.

Dicembre scorreva via veloce, altri reparti e sezioni della Dia erano impegnati in indagini diverse da quella su Gioè e La Barbera. La Procura di Palermo aveva finalmente un nuovo capo, ancora non insediato ma designato quasi all'unanimità dal Csm: Gian Carlo Caselli, un giudice piemontese noto per il suo impegno nelle inchieste antiterrorismo e poi, dai banchi del Consiglio superiore della magistratura, per il sostegno a Giovanni Falcone e Paolo Borsellino negli anni dei «veleni», quando la maggioranza li aveva invece sconfessati o messi in difficoltà.

In attesa del nuovo procuratore, i sostituti chiusi nel bunker al secondo piano del palazzo di giustizia palermitano non erano rimasti con le mani in mano. Basandosi sulle dichiarazioni di nuovi pentiti, avevano avviato indagini su fronti ancora inviolati. Si preparava, in gran segreto, l'arresto clamoroso e dirompente di uno dei poliziotti più famosi della città, Bruno Contrada, ex capo della Squadra mobile e della Criminalpol, poi passato all'Alto commissariato antimafia e al Sisde, accusato di «concorso esterno in associazione mafiosa».

Con le deleghe della Procura in mano, molti uomini della Dia erano stati sguinzagliati in accertamenti e riscontri sul poliziotto finito nei guai. Ma i «ragazzi» della squadretta agli ordini del vicequestore Gratteri e del commissario Pellizzari non mollavano l'indagine sui due picciotti di Altofonte e, ora, su quello Scaduto imparentato con i Greco.

Il telefono di Scaduto trasmise alla sala ascolto di Roma dialoghi poco significativi, fino alla sera del 16 dicembre. Alle 20,28 di quel mercoledì, squillò l'apparecchio. Rispose Salvatore, il figlio di Giovanni.

«Pronto?»

«Eh, Salvatore?»

«Ehilà.»

«Tani sono! Papà c'è?»

«Un momento... ciao.»

Salvatore lasciò la cornetta e andò a chiamare il padre, avvisandolo che era Tani. Giovanni Scaduto arrivò dopo pochi secondi.

«Sangue mio?» disse in tono scherzoso.

«Pronto», rispose Tani.

«Ma dove sei?»

«A Milano.»

«E che fai?»

«Minchia, sono stanco!»

«È una giornata che ti telefono», protestò Scaduto.

Dai discorsi fra i due, l'agente della Dia che ascoltava venne a sapere che il telefonino dello sconosciuto Tani era rotto, che Scaduto s'era sentito male tutto il giorno per qualcosa chc aveva mangiato mentre l'altro non aveva mangiato per niente, e che Tani voleva anticipare il suo rientro a Palermo, il giorno dopo, con l'aereo delle 10,40.

«Come arrivo ti telefono», disse a Scaduto. Poi la conversazione prese una piega un po' più interessante.

«Quello è venuto?... Quello degli orologi», chiese Tani.

«No, alle nove deve venire.»

«Ah... Volevo sapere qualcosa, che cosa dice...»

«Telefonami alle nove e trenta, allora», propose Scaduto.

«Mentre quello è là?»

«Sì, e te lo passo... Ma non al telefonino, però... al telefono l'altro.»

Tani non sembrava molto convinto, ma poi accettò: «Sì, ma prima ci parli tu... *Ci* dici com'è combinato bene il discorso, e vedi di capire con la tua testa se è un fattore conveniente oppure se per la fretta *ci incarcano la forchetta*... Poi mi dai il tuo parere e decidiamo io e te, non è che deve decidere nessun altro».

L'agente, che ormai s'era abituato a telefonate in codice e discorsi cifrati, pensò a un affare che i due dovevano combinare. Parlavano di orologi, ma probabilmente si trattava di qualcos'altro. E se Scaduto era il rappresentante di una famiglia mafiosa, un interlocutore al quale lui si rivolgeva chiamandolo affettuosamente «sangue mio», per poi discuterci di affari e trattative in corso, non doveva essere da meno.

La conversazione stava finendo.

«Ti abbraccio», salutò Tani.

«Hai comprato tutte cose?» chiese Scaduto.

«Certo.»

Tre quarti d'ora più tardi, alle 21,14, il telefono di casa Scaduto squillò di nuovo. Era ancora Tani che cercava Giovanni. Nel frattempo, «quello degli orologi» era arrivato.

«Com'è il discorso?» domandò Tani.

«Tutti li hanno, tutti arrivano in tre giorni...»

«Quindi non c'è problema di arrivo...»

«No, devi solo dirgli quello che vuoi... però giustamente a quello gli deve dare i *piccioli*», cioè i soldi.

«Esatto. Allora diciamo che lo possiamo... È inutile parlare per telefono, ne parliamo direttamente domani... Gli do un appuntamento a ora di pranzo...»

«Tani, te lo passo e vi mettete d'accordo.»

Il terzo uomo andò al telefono e annunciò a Tani: «Ti ho trovato tutti gli orologi».

Tani gli propose di vedersi l'indomani a pranzo, ma quello deviò sulla sera: «Non è che io sono tutto il tempo... Ci vediamo di sera, e ti faccio vedere tutti i prezzi degli orologi».

«Ecco, perfetto», rispose Tani.

«E tu mi dici quanti ne vuoi, perché ci sono tutti... Qua a Palermo mi sono informato, non si trovano... Bisogna aspettare tre mesi per quelli più scarsi... Non ce n'è neanche se ti fai il sangue, se gli dici: "Te li pago di più"... Non ce l'hanno.»

«Perfetto. Mi dici i prezzi che ci fanno...»

«Ce li fa a prezzo di listino... Tu gli dici quelli che vuoi... Perché ci sono i Daytona d'acciaio, quello d'oro, tutti... Submariner, tutte cose ci sono.»

«Va bene, domani allora decidiamo», concluse Tani convocando l'uomo per la sera successiva a casa sua.

Nella conversazione erano saltate fuori anche le marche degli orologi, ma l'intercettatore, mentre prendeva appunti sul «brogliaccio», non era convinto che si trattasse di merce lecita. Insieme al collega della sala ascolto di Roma si mise a risentire e trascrivere di gran carriera quelle due intercettazioni, e inviò i dialoghi sospetti ai suoi superiori.

Chi era «Tani», con tutta probabilità un diminutivo di Gaetano? Chi era «quello degli orologi», che a un certo punto Scaduto aveva indicato come un suo cugino? Che acquisto stavano trattando, realmente, il mafioso della famiglia di Bagheria e il suo amico?

Quella stessa sera dalla Dia di Roma partì per Palermo l'ordine di organizzare, l'indomani, un appostamento all'aeroporto di Punta Raisi. Se Tani sbarcava con l'aereo delle 10,40 da Milano bisognava mettersi lì, aspettare e identificare il misterioso passeggero tanto interessato all'acquisto di alcuni «orologi».

Il 17 dicembre, alle 13,11, dalla Dia di Palermo venne inviato un fax alla sede di Roma. Era la relazione di servizio – scritta a mano per non perdere tempo, qualora ci fosse stata qualche disposizione da impartire d'urgenza – dagli uomini che all'aeroporto avevano curato l'avvistamento e le ricerche.

«Il predisposto servizio di appostamento presso l'aeroporto di Palermo Punta Raisi ha evidenziato che alle ore 12,15, con volo di linea, è giunto da Milano Sangiorgi Gaetano, nato a Palermo il 26-01-1950. L'individuo, riconosciuto dal personale in servizio, è stato visto allontanarsi recando seco solo una borsa da viaggio.»

Non ci volle molto tempo a scoprire che Sangiorgi abitava nel cuore di Palermo, via Principe di Belmonte 102, la strada-salotto alle spalle del Politeama; che era un medico chirurgo titolare di un centro di analisi cliniche nello stesso palazzo dove viveva; che aveva diverse altre case a Porticello e a Bagheria, verso il mare. E soprattutto che sua moglie era Angela Salvo, figlia di Nino Salvo, uno dei due cugini esattori di Salemi accusati di mafia e imputati al primo maxi-processo.

Nino Salvo era morto di tumore prima della sentenza, Ignazio invece aveva visto la sua condanna «in nome del popolo italiano» arrivare fino al sigillo della Cassazione. Ma il 17 settembre 1992, esattamente tre mesi prima dell'avvistamento di Sangiorgi a Punta Raisi, ne aveva subita un'altra, «in nome del popolo mafioso»: era stato ammazzato nella sua villa sul mare a Santa Flavia, tra Porticello e Bagheria. Un regolamento di conti che sembrava molto simile all'omicidio dell'onorevole Salvo Lima.

La catena si allungava ancora: da Gioè a La Barbera, dai due a Giovanni Scaduto e da Scaduto, adesso, a Tani Sangiorgi, un medico imparentato coi Salvo. Un professionista, forse uno dei «colletti bianchi» al servizio della mafia di cui tante volte s'era sospettato e detto, ma che non era mai stato possibile incastrare. I due mafiosi di Altofonte non si trovavano, ma anche quest'altra pista, soprattutto dopo l'innesto dell'ultimo anello, stava diventando interessante.

Oltre che negli archivi, gli investigatori cercarono notizie su Sangiorgi anche fra i pentiti vecchi e nuovi. Uno di questi, considerato fra i più attendibili, raccontò di Tani come di un «favoreggiatore» che metteva le sue ville a disposizione per la latitanza dei boss. Tani Sangiorgi, un insospettabile, un medico, un dottore.

«E se fosse proprio lui "il dottore" di cui parlano Gioè e La Barbera nelle loro telefonate?» si chiesero gli sbirri.

La risposta poteva arrivare solo da altre intercettazioni: «Dobbiamo continuare ad ascoltare. E sperare che ci vada bene».

Il telefono di Giovanni Scaduto continuò a trasmettere indizi e sospetti. Come la sera del 21 dicembre, alle 20,47, quando chiamò un certo Giuseppe.

«Pronto, ti passo papà», disse a Scaduto, e al telefono venne un altro uomo che disse: «Compare?»

Giovanni Scaduto non capiva: «Pronto, chi è?»

«Compare?»

«Ma chi è?»

«Giovanni, Matteo sono!»

«E tu che ci fai lì?»

Con Matteo, Scaduto parlò a lungo di capretti, visto che il Natale era ormai alle porte.

«Te ne porto qualcuno», promise Matteo, che poi annunciò: «Ti passo il dottore». Con quest'ultimo la conversazione di Giovanni divenne immediatamente brusca, sbrigativa, serrata.

«Pronto», disse il dottore.

«Che cazzo è?... Che cosa vuoi?» fece Scaduto.

«Tu cosa vuoi!»

«È una giornata che ti cerco!»

«Che vuoi, io sono qua, è tutto pronto...» Ma il dottore intendeva discutere di qualcos'altro: «Volevo dirti che ho le cose».

«Le mutande?» domandò Scaduto.

«A casa.»

«Le mutande?»

«Sì», confermò il dottore.

«Spesse?» insisté Scaduto.

«Tu vieni o no?» chiese l'altro.

«Stasera?»

«Non lo so... insomma... Stasera, domani... te le vorrei dare.»

Si diedero appuntamento per il giorno successivo.

Dopo gli «orologi», adesso saltavano fuori le «mutande». Gli agenti della Dia erano sempre più convinti che fosse un linguaggio cifrato.

«Le conversazioni rappresentate», scrissero in un rapporto ai magistrati, «tutte con terminologia artatamente codificata, non potevano interessare nella fattispecie biancheria intima e orologi, ma sono sicuramente riconducibili, a parere di questi uffici, alle sostanze stupefacenti».

Gioè e La Barbera non erano ricomparsi, ma il telefono di Scaduto continuava a trasmettere brani di conversazioni con nomi e riferimenti uguali a quelli che comparivano nei colloqui tra i due presunti mafiosi di Altofonte.

Il 22 dicembre, alle 15,30, Scaduto chiamò il telefonino di un certo Silvio.

«Con chi stai mangiando?» chiese dopo i saluti di rito.

«Solo... Pane e cipolla», rispose Silvio.

«Non ci credo.»

«Sì, vero!»

«Minchia, se sapevo...»

«Che devo fare, mi scoccia salire e scendere. Mi mangio un panino e me ne vado.» Poi Silvio aggiunse: «Ieri non ho capito... quello, all'ultimo, lui mi diceva... perché non passi... una di queste sere... Non ho capito il motivo».

«Chi, *Franco*?» domandò Scaduto.

«*Frizzi*!» disse Silvio.

«Eh, va... perché deve fare il regalino!»

«Infatti, l'ho capito... Mi ha detto: "Passa che ti conviene".»

«Vacci. Andiamoci, scemo!» ammonì Scaduto, che continuò parlando di «regalini di borotalco». E alla fine disse: «Ci vediamo qua in giro».

«*Dai motorini*», propose Silvio.

«Col veterinario sono», rispose Scaduto, che aggiunse: «Ha appuntamento alle cinque... Ha bisogno della Bmw... Quindi che alle cinque me la faccia trovare *dai cavalli*».

«Va bene.»

«E poi se non ci dovessimo vedere, ci vediamo *dai motorini* alle sei.»

«Certo», concluse Silvio, «appena ci vediamo ti devo parlare.»

I due, Scaduto e quel tale di nome Silvio, parlavano come Gioè e La Barbera: *Franco*, *Frizzi*, «ci vediamo *dai motorini*» erano nomi e frasi in codice usate anche dalla coppia di Altofonte. E stavolta s'erano aggiunti altri due riferimenti sospetti: i «regalini di borotalco» e «il veterinario».

Altre tracce su cui lavorare, altre ricerche da fare.

Natale era arrivato, ma per poliziotti, carabinieri e finanzieri che avevano scelto la Dia non c'era tempo per le vacanze. Chi si trovava a Palermo, anche se originario di altre città, doveva rimanere in Sicilia per non perdere eventuali tracce fresche, pronto a scattare, pedinare e osservare al minimo segnale che fosse venuto dai telefoni sotto controllo.

La mafia e l'antimafia erano tornate sulle prime pagine dei giornali per il clamore provocato dall'arresto di Bruno Contrada, avvenuto all'alba del 24 dicembre: polemiche, sospetti, difese e attacchi non contribuivano certo a un clima disteso. La Procura accusava il super-poliziotto di essere al servizio dei boss di Cosa Nostra, il capo della polizia Parisi lo difendeva.

Gli investigatori della Dia impegnati nell'indagine sui latitanti leggevano i giornali, ascoltavano radio e tv con preoccupazione e un po' di smarrimento. Ma se non c'era tempo per andare a casa a festeggiare il Natale, figurarsi se ne rimaneva per stare dietro alle polemiche sulla «mafia dell'antimafia» o sull'«antimafia in mano alla mafia».

Il 25 dicembre 1992, alle 13,45, mentre tutt'Italia sedeva a tavola intorno al panettone, nella sala ascolto del tribunale di Roma i due intercettatori di turno sentirono il segnale di una chiamata dal telefono di Giovanni Scaduto. E anziché gustarsi il pranzo di Natale, accesero il registratore e si misero all'ascolto.

Giovanni aveva telefonato in una casa piena di gente, e cominciò a scambiarsi saluti e auguri con tutti: Anna Maria, Francesco, Tani e Daniele.

«Un mondo di auguri!»

«Grazie, altrettanti a voi!»

Ma con Daniele, Giovanni Scaduto aveva anche altro da dire: «Senti», annunciò, «prima che me lo dimentico, dovresti andare da Oreste oggi, e farti dare la Bmw».

«Ah, ce l'ha lui?» chiese Daniele.

«Sì, il pieno lo fai alla pompa di benzina.»

Daniele voleva dire qualcosa: «Sentimi...» ma Scaduto lo interruppe: «No, fammi finire di parlare, che è un po' più delicato».

«Ah...»

«E tu non hai capito ancora.»

«Dimmi», fece Daniele, disciplinato.

«Alle 7,30 ci vediamo alla pompa di benzina di Termini, tu ed io.»

«Stasera?»

«Domani mattina», precisò Scaduto, «perché io devo andare a seminare quell'unico cespite di 300.000 lire al mese che mi dà mia madre, per mangiare, capisci?»

«Uhm...»

«E io invece alle 10 dovevo essere in un altro posto.»

«Va bene.»

«Alle sette e mezzo», ribadì Scaduto.

«Va bene, ciao.»

Alle 7,30 del mattino, nel giorno di Santo Stefano, mentre gran parte degli italiani era ancora sotto le coperte, il commissario capo Maria Luisa Pellizzari e altri tre investigatori della Dia, a bordo di due macchine camuffate con targhe false di Palermo, erano già da mezz'ora nei pressi della stazione di servizio Agip, lungo l'autostrada, alle porte di Termini Imerese.

Scaduto e quel tal Daniele avevano detto che si sarebbero visti lì. E il primo aveva anche specificato che «la questione era un po' delicata». Per questo s'era deciso di tentare un aggancio e il pedinamento. Dove dovevano andare a quell'ora insolita di un giorno di festa? Perché tanta sollecitudine e tanta circospezione nei discorsi di Scaduto?

«Dottoressa, sono le 7,45 e qui non si vede nessuno», disse «Ciccio», chiamato così per la mole imponente del suo fisico, uno dei poliziotti costretti a passare le feste a Palermo.

«Aspettiamo», rispose il commissario capo.

Aspettarono. Le 8, le 8,15, le 8,30, ma al distributore non arrivarono né Scaduto né la Bmw che doveva portare Daniele. Un'ora e mezzo più tardi gli agenti abbandonarono la posizione «senza che il personale operante riscontrasse la presenza delle persone interessate», riferirono nella relazione.

Ma pochi giorni dopo, nel rapporto inviato ai magistrati per chiedere la proroga delle intercettazioni telefoniche, descrissero il nuovo indiziato comparso all'orizzonte: «Si evidenzia che, da accertamenti esperiti, il Daniele si identifica per De Lisi Daniele, nato a Palermo il 27-09-1957, residente in Porticello, frazione Santa Flavia – Palermo». Seguivano via e numero civico.

Era un altro «colletto bianco», Daniele De Lisi, un veterinario di Santa Flavia, la stessa zona dove c'erano le ville dei Salvo e di Sangiorgi. Un altro spunto investigativo da coltivare. Anche perché, prima di Natale, il suo nome era già emerso nell'indagine.

De Lisi compariva spesso nelle chiamate fatte da Scaduto, sia dal telefono di casa sia dal cellulare finito sotto la lente d'ingrandimento di Filippo, il finanziere che studiava i tabulati Sip. Rapidi accertamenti avevano stabilito che si trattava di un veterinario di trentacinque anni, che abitava a Porticello e lavorava a Santa Flavia, e che possedeva una Mercedes di cui gli investigatori conoscevano il numero di targa.

Il 18 dicembre, un ispettore e un appuntato che giravano per il centro di Palermo alla ricerca di qualche traccia di Gioè e La Barbera avevano notato una Mercedes ferma all'angolo tra piazza Politeama e via Ruggiero Settimo, davanti all'Extrabar, uno dei caffè più frequentati della città.

Un veloce controllo sulla targa portò alla macchina di De Lisi. A bordo non c'era il veterinario, ma un volto che gli investigatori avevano già visto ad Altofonte, al distributore di Gioè: «Il noto mafioso Pullarà Santi, anch'egli oggetto di investigazione da parte di questi uffici», scrissero «gli operanti». I quali rimasero a osservare e poi relazionarono: «Il Pullarà, dopo aver atteso per circa venti minuti, effettuava alcune telefonate dal telefono cellulare in suo possesso, e successivamente si allontanava per ignota località».

Ma nella caccia ai grandi latitanti, a catturare Totò Riina furono altri investigatori.

La fuga del capo incontrastato di Cosa Nostra, che durava da oltre ventitré anni, si concluse la mattina del 15 gennaio 1993. Lo arrestarono i carabinieri del Ros, in piena Palermo, alle 8,30, mentre percorreva viale della Regione Siciliana a bordo di una Citroën Zx guidata dal suo autista personale, Salvatore Biondino.

L'auto del capomafia era seguita e circondata da quelle dei militari, presenti e invisibili come fantasmi nel traffico della città. Quando la Zx si fermò a un semaforo rosso, dalle parti del Motel Agip, il capitano Ultimo, giovane e temerario ufficiale dei carabinieri dall'incorreggibile accento toscano, aprì all'improvviso la portiera di destra.

Salvatore Riina non ebbe il tempo di capire cosa stesse succedendo, e in pochi secondi si ritrovò faccia a terra, con una coperta sulla testa; ancora qualche attimo e l'uomo più ricercato d'Italia non era più un latitante, ma un prigioniero chiuso in un'auto civetta dell'Arma che correva a sirene spiegate verso la caserma Bonsignore.

La foto del boss dei boss con le manette ai polsi, la frangetta scomposta, tracagnotto e spaurito nel suo completo marrone, sotto l'immagine sorridente di Giovanni Falcone e Paolo Borsellino, fece il giro del mondo. Fu la conclusione di una giornata storica e fortunata, anche per la straordinaria coincidenza con l'insediamento del neoprocuratore di Palermo.

Gian Carlo Caselli era atteso al palazzo di giustizia proprio quel venerdì mattina, per cominciare il suo nuovo lavoro. E quando si presentò, col montgomery blu e la chioma bianca, trovò i cronisti che gli chiedevano un commento sul mafioso di Corleone finito in gabbia. Quale migliore regalo si poteva aspettare?

«È un gran giorno, ma il merito va a chi ha lavorato per tanti anni alla cattura di Riina», disse il procuratore.

Il resto delle notizie venne da conferenze stampa e indiscrezioni fatte filtrare in via ufficiosa. Si parlò di pedinamenti durati mesi, di interi quartieri battuti palmo a palmo dai carabinieri del Ros mimetizzati fra i palermitani, mafiosi e non. Ma alla fine l'indicazione decisiva era arrivata dall'ex capomandamento di San Giuseppe Jato Baldassarre «Balduccio» Di Maggio, arrestato pochi giorni prima a Borgomanero, in provincia di Novara.

Appena i carabinieri lo presero, Balduccio decise di collaborare e «vendere» il capo di Cosa Nostra. Secondo quella che poi divenne la versione ufficiale, fu portato in gran segreto a Palermo, guardò alcuni filmati fatti dal Ros in cui riconobbe Biondino, e la mattina del 15 gennaio era in strada con gli uomini di Ultimo, dentro un furgone camuffato, per il riconoscimento dell'obiettivo.

«È lui», disse Di Maggio quando vide Riina, e il boss cadde nella trappola.

I giornalisti si precipitarono a Palermo da tutta Italia, e la sera, dopo ore di lavoro trascorse a raccogliere notizie, scrivere e commentare, si ritrovarono al solito albergo nel centro della città, il Grand Hotel et des Palmes, comunemente chiamato «delle Palme», nell'antico palazzo di via Roma. Senza minimamente immaginare che quella stessa sera, a pochi metri di distanza, in via Principe di Belmonte, altri investigatori continuavano a seguire le tracce di altri latitanti.

«I carabinieri hanno arrestato Riina, e noi dobbiamo esserne contenti», si dissero gli uomini della Dia quel venerdì, cercando di ricacciare indietro l'orgoglio ferito per non essere arrivati primi a mettere le mani sul ricercato numero uno. «Ma di lavoro da fare ce n'è ancora molto, dobbiamo prenderne tanti altri di questi fetenti. Andiamo avanti.»

«Io oggi sono un uomo felice», rispose il vicedirettore De Gennaro a chi quella mattina gli aveva telefonato per stuzzicarlo: «Il pesce grosso l'hanno preso i carabinieri...»

Da Roma arrivò a Palermo l'invito a proseguire senza sosta nell'indagine nata dalla rivelazione di Pino Marchese, come se niente fosse successo. E l'indagine proseguì quella stessa sera.

«Sauro», il viceispettore della Dia chiamato così da pari grado e sottoposti che scherzosamente lo consideravano «esaurito», era uno di quelli che più spesso facevano la spola tra la capitale e l'isola. Trentacinque anni, barba e capelli neri alla maniera di Al Pacino in *Serpico*, la parlata napoletana ostentata ma genuina, partecipava a quasi tutti i «servizi», e venerdì 15 gennaio 1993 stava seguendo le tracce di Giovanni Scaduto.

Lo aspettavano sotto casa del padre, in via Gravina. Intorno alle 19 arrivò Caterina, la moglie di Scaduto, insieme al figlio Salvatore. Ancora qualche minuto ed ecco che dal portone sbucò proprio lui, Giovanni, in compagnia di Gaetano Sangiorgi, il dottore.

Si avviarono a piedi verso via Principe di Belmonte, con un pugno di investigatori al seguito. Arrivati in via Principe di Granatelli, la strada parallela, Scaduto salutò l'amico e s'infilò al numero 37, un moderno palazzo di nove piani. Sangiorgi invece fece ancora qualche passo, fino al portone di casa sua, in via Belmonte 102, incastrato fra le vetrine di due boutique, cinque piani in stile liberty meglio intonati con le pretese eleganti e raffinate della strada.

Gli agenti rimasero ad aspettare, chi seduto ai tavolini dei bar, chi passeggiando e fingendo di guardare le vetrine, mescolati a passanti e avventori di gelaterie e ristoranti. Poco dopo Sangiorgi rispuntò in strada ed entrò nel palazzo dove aveva lasciato Scaduto. Rimase lì per un paio d'ore e, quando ricomparve, sempre solo, salì su una Mercedes e se ne andò.

Il viceispettore Sauro restò con gli altri in attesa di Scaduto, che però non si fece più vedere. Evidentemente trascorreva la notte nel palazzo di via Granatelli, dove abitava una donna indicata come la sua amante, Anna Maria.

Di fatto la coppia viveva lì, ma mentre la donna stava quasi tutto il giorno in casa, Scaduto usciva la mattina e rientrava la sera, spesso tardi. In via Granatelli, comunque, si incontrava con Sangiorgi, e bisognava individuare l'appartamento per provare a mettere la microspia.

Ma anche questa volta il progetto della «cimice» fu abbandonato: Anna Maria non usciva quasi mai e nel palazzo c'era il portiere, un ostacolo in più.

Continuarono gli appostamenti, con Sauro, Pietro, Franco e Peppe a passeggio per le vie del centro, vestiti con un po' più di riguardo rispetto a quando andavano ad Altofonte, dove per mimetizzarsi bastavano jeans e magliette; oppure seduti ai tavolini del bar che stava proprio di fronte al palazzo di Scaduto, anche se era un problema occuparli per troppo tempo dopo aver chiesto un semplice caffè.

Un giorno Sangiorgi arrivò in macchina in via Granatelli, scaricò pacchi e valige. Subito dopo giunse una Renault Clio con Scaduto, Anna Maria e altri bagagli. Tutti e tre entrarono nel palazzo. Mezz'ora più tardi Sangiorgi scese, montò sulla Mercedes e si allontanò. Gli uomini della Dia lo seguirono fino a una casa di Santa Flavia, il borgo dove lavorava il veterinario De Lisi.

Nel timore di essere notati e destare sospetti, davanti al portone di via Granatelli gli agenti lasciarono una telecamera nascosta in un furgoncino, alimentata con la solita batteria della macchina. La ricezione delle immagini avveniva nella stanza di un albergo lì vicino, e ogni mattina, all'arrivo delle cameriere, i due agenti dovevano far sparire tutta l'attrezzatura.

L'occhio nascosto, però, non diede risultati apprezzabili, e dopo qualche giorno – viste anche le difficoltà per cambiare la batteria alla telecamera nel furgone e le spese sostenute per l'albergo – gli investigatori decisero di toglierlo.

Nel frattempo si concentrarono sulla zona di Bagheria, Porticello e Santa Flavia. Lungo quell'asse di strade e di case a pochi metri dal mare gli agenti seguirono per giorni gli strani movimenti di Scaduto, del dottore e del veterinario, i percorsi della Mercedes e della Renault fra un ufficio e un'abitazione, un garage e l'altro, l'ambulatorio di De Lisi e qualche bar.

Scaduto e Sangiorgi incontravano gente, salutavano le persone stringendo mani e baciando guance, parlavano per pochi minuti e poi tornavano a Palermo. Sempre con gli investigatori al seguito. Ma, un giorno di inizio febbraio, il pedinamento di Giovanni Scaduto fu interrotto per cause di forza maggiore.

Franco, il finanziere che aveva cominciato il lavoro studiando le carte topografiche di Altofonte, dopo un po' aveva raggiunto gli altri in Sicilia. Prima non c'era mai stato, e dunque non conosceva affatto Palermo né i paesi circostanti dove i suoi colleghi seguivano le orme dei mafiosi. Faceva parte degli equipaggi, come autista e come supporto per qualsiasi necessità, ma quasi mai riusciva a orientarsi.

Serviva pure da scorta di cibo, Franco. Grande e grosso com'era, aveva bisogno di mangiare spesso, e siccome la mattina si sapeva sempre quando si usciva ma mai quando si sarebbe tornati, Franco entrava in un bar e faceva incetta di Mars e merendine Fiesta che di tanto in tanto ingurgitava. Ma da quelle riserve, nel corso della giornata e a volte anche di notte, finivano per attingere un po' tutti.

«Franco, mi dai una merendina?»

«Eh, prima mi prendete in giro e poi venite a chiedere... Tieni, mangia.»

Una volta Franco se l'erano letteralmente dimenticato, in piazza Politeama. Durante un «servizio», lui che si trovava solo a bordo di un'auto, era rimasto indietro, s'era distaccato dal gruppetto e aveva finito per perdere i suoi colleghi. Li chiamò via radio.

«Ahò, mi sono perso, che devo fare?»

«Vieni in ufficio, ci vediamo lì.»

«Sì, e chi ci sa arrivare?» disse Franco sconfortato.

«Ma dove sei?»

«Mi pare dalle parti del centro.»

«Allora arriva a piazza Politeama, che quella la conoscono tutti, basta che domandi. Ti veniamo a prendere lì, davanti al teatro, appena abbiamo finito il lavoro», lo rassicurarono i colleghi.

Era quasi ora di pranzo, Franco arrivò nella grande piazza, parcheggiò davanti al teatro Politeama e ingoiò il primo Mars. Cominciò l'attesa: un'ora, due, tre. Il brigadiere aspettava fiducioso, ma ormai s'era fatto pomeriggio inoltrato e dei suoi colleghi non si vedeva l'ombra.

«Che faccio, li richiamo?» si chiese, ma subito si diede la risposta: «No, se non vengono significa che sono impegnati, sanno che sto qui e magari gli serve uno che si muova all'improvviso da queste parti. Meglio aspettare».

Passarono altre ore, arrivarono il buio e la sera, Franco era ancora davanti al teatro, solo e senza più merendine. Alla fine decise di telefonare in ufficio. Rispose Pietro, uno dei vicesovrintendenti che la mattina erano usciti con lui.

«Ahò, sò Franco, che devo fare?»

«Come, che devi fare... Ma dove sei?» si stupì Pietro.

«E dove sto? A piazza Politeama, dove mi avete detto di stare.»

«Mannaggia, e chi se lo ricordava? Arriviamo subito.»

Un appuntato si precipitò a recuperare Franco, e quella sera, per farsi perdonare, gli offrirono la cena.

Ma la disavventura più grande doveva ancora capitare a quel finanziere catapultato in Sicilia sulle tracce dei mafiosi latitanti. Con il brigadiere Coppa, un giorno di gennaio, stava seguendo l'auto di Giovanni Scaduto lungo la litoranea che porta a Cefalù.

Pioveva, l'auto di Scaduto correva su quella strada tutta curve, e la Peugeot 205 della Dia, guidata da Franco, faticava a starle dietro. Coppa – che per una volta aveva rinunciato a guidare, lui, un virtuoso del volante che ai tempi dell'antiterrorismo seguiva i sospettati che si muovevano in metropolitana arrivando da una fermata all'altra, con la macchina, prima del treno – spronava il collega: «Dai, dai, frusta i cavalli, frusta i cavalli!»

Scaduto procedeva veloce, a ogni curva scompariva dalla vista, e sul rettilineo successivo ricompariva un po' più lontano. Franco spingeva sull'acceleratore, ma doveva anche lavorare di freno per non finire fuori strada.

A un tratto squillò il telefonino di Coppa: un altro agente chiedeva la posizione. Il brigadiere cercava di spiegare il punto in cui si trovavano, quando all'improvviso si interruppe: la 205 stava andando dritta anziché imboccare la curva.

«Franco, ma che fai?» chiese. «Aspetta un momento, mi sa che stiamo cappottando», gridò nel telefonino, e cadde la linea.

Fu questione di attimi: l'auto della Dia uscì dalla carreggiata, sfiorò un pino, si piegò sul lato sinistro, strisciò sullo sportello e si fermò dentro un fosso. La macchina di Scaduto aveva proseguito senza accorgersi di nulla.

Nel silenzio seguito a quel trambusto si sentì il trillo del telefonino.

«Pronto?»

«Coppa, ma che è successo?»

«Confermo, ci siamo cappottati.»

I soccorsi arrivarono in un quarto d'ora, e Lupo, l'ex assaltatore dei Nocs, trovò Franco sul ciglio della strada, con la sigaretta in una mano e un Mars nell'altra, seduto sconsolato vicino alla Peugeot rovesciata.

Gli uomini della Dia si misero al lavoro per rimettere la 205 sulla strada. Ci riuscirono, e l'auto ora poteva ripartire. Ma aveva il parabrezza completamente distrutto: Lupo si mise alla guida coperto da sciarpa e passamontagna per ripararsi dal vento e da quel poco di pioggia che aveva ripreso a cadere.

Sulla strada per Palermo videro un posto di blocco della polizia stradale.

«E se adesso ci fermano, col vetro sfondato e col passamontagna, che diciamo?» chiese Lupo.

«Tu vai piano e fai finta di niente», rispose Franco.

Lupo andò piano, facendo finta di niente; il poliziotto della stradale li guardò un po' stupito, ma senza fermarli.

La mattina del 10 febbraio, un viceispettore e un brigadiere erano di nuovo in via Principe di Granatelli, sotto la casa dell'amante di Scaduto. Intorno alle 11 comparve la Mercedes del veterinario De Lisi, con a bordo una faccia già nota agli investigatori, l'autista di Gaetano Sangiorgi.

La Mercedes venne seguita fino al benzinaio, poi all'autolavaggio, quindi ancora sotto l'abitazione di Scaduto. Verso le 13 si presentò in strada Sangiorgi, un saluto all'autista e salì a bordo della macchina.

Si avviarono sull'autostrada Palermo-Trapani con gli uomini della Dia alle calcagna. Dopo una settantina di chilometri uscirono dall'autostrada e la ripresero nel senso opposto, direzione Palermo. Fatti altri venticinque chilometri, imboccarono lo svincolo per Fulgatore.

Dopo alcune strane deviazioni presero la strada per Salemi, e il brigadiere che li seguiva annotò: «Giunti all'altezza di un palo dell'alta tensione, svoltavano a sinistra per una strada laterale, e dopo aver percorso alcuni chilometri, entravano con l'autovettura in una villa. Si rappresenta che tale villa è collocata alla fine della strada asfaltata ed è completamente recintata, ha un cascinale ed è dotata verosimilmente di una piscina».

Ecco un altro obiettivo da tenere d'occhio, possibile rifugio di latitanti, o comunque teatro di loschi traffici. Gli accertamenti successivi avrebbero svelato che lì abitava un certo Salvatore, «già più volte segnalato come mafioso e trafficante internazionale di stupefacenti».

Sangiorgi e il suo autista rimasero nella villa per un paio d'ore, poi la Mercedes rispuntò dal cancello e prese la strada per Punta Raisi, fino all'aeroporto. Sangiorgi scese dall'auto, andò alla sala imbarchi, passò il controllo di polizia e salì sull'aereo per Milano-Linate.

A poco più di un mese dalla scomparsa di Gioè e La Barbera dal «buco» di via Gioè, la mappa degli indiziati si allargava sempre più, e sempre più erano i comportamenti sospetti notati a Palermo. Ma i due picciotti di Altofonte sembravano scomparsi nel nulla, e per risalire al centro della ragnatela bisognava ritrovarli a tutti i costi.

VI

Prima del 1987 nessuno a Palermo avrebbe saputo indicare con esattezza via Principe di Belmonte, distinguendola dalle altre traverse di via Ruggiero Settimo, quei cinquecento metri di strada dove batte il cuore della città. Via Belmonte, come dicono sbrigativamente i palermitani, era sempre affollata di automobili, parcheggiate in doppia e in terza fila.

Ma nel 1987, alcuni commercianti del tratto compreso fra via Ruggiero Settimo e via Roma decisero di trasformare questo pezzo di asfalto. Dapprima ottennero la chiusura del traffico, poi la realizzazione di aiuole e panchine, scontrandosi con gli altri commercianti della stessa zona che invece scommettevano sul fatto che i palermitani mai si sarebbero rassegnati a lasciare l'automobile per raggiungere a piedi l'isola pedonale.

In pochi anni, via Principe di Belmonte è diventata «il salottino» della città. I bar hanno messo tavoli all'aperto, nuovi ristoranti e negozi alla moda hanno aperto le loro vetrine, i ragazzini hanno eletto questa strada chiusa al traffico – ma non ai loro motorini – a punto di ritrovo. Qui c'è la più alta densità di trilli di telefonini. Qui i palermitani si danno appuntamento davanti a una granita di caffè. Qui si finisce la sera, quando nel resto della città non c'è altro da fare.

L'intera via Belmonte è lunga e dritta, in fondo si

possono intravedere le luci del porto. Da sempre è stata frequentata dai potenti di Palermo: ai numeri civici bassi, vicino al mare, aveva i suoi uffici l'impresa del conte Arturo Cassina, per quasi cinquant'anni padrone degli appalti di manutenzione ordinaria delle strade di Palermo. E qui, ai tavolini dei bar, si ritrovavano alla fine degli anni Ottanta i dirigenti del Coordinamento antimafia che per un po' di tempo ebbero una forte influenza sulla vita politica della città, soprattutto dopo la furiosa polemica con Leonardo Sciascia sui «professionisti dell'antimafia».

Questa via è diventata così il palcoscenico della città, dove tutti finiscono per passare, prima o poi. Per vedere ed essere visti, ma anche per rimanere anonimi fra tanta gente. Famigliole a spasso, politici, portaborse dei deputati regionali, sbirri e mafiosi. Palermo, insomma: tutto e il contrario di tutto.

A due passi l'Hotel delle Palme, piazza Politeama, i controviali di via Libertà; a poche centinaia di metri il palazzo di giustizia, le università, gli uffici. Palermo in fondo è una città piccola, ma dove è difficile trovare chi non vuole farsi trovare.

Scorrere i nomi sui citofoni è un esercizio istruttivo per capire Palermo: serve a individuare chi sono i ricchi di antico stampo e i nuovi ricchi, notai affermati e professionisti emergenti, chi è al di sopra e chi al di sotto di ogni sospetto.

Sul citofono di un palazzo di via Belmonte, al numero 102, di fianco alla grande insegna al neon verde del bar Collica, c'è anche il nome del dottor Gaetano Sangiorgi, medico analista, «Tani» per gli amici; sulla targhetta accanto compare il «Centro analisi» da lui gestito. Un professionista stimato, ma non al di sopra di ogni sospetto. Uno che frequenta i salotti buoni della città, iscritto ai circoli esclusivi di Mondello, residente in un palazzo dignitoso ed elegante con arredamento di gusto, ma che non disdegna di intrattenere rapporti con i *viddani* di Altofonte.

Certe cose si capiscono subito. E un uomo d'onore deve capire subito quale ruolo vuole recitare: quello della vittima o quello dell'assassino. La campana suona per tutti, prima o poi.

Nell'estate del 1992, la campana suona per Ignazio Salvo. L'ex esattore di Salemi, l'uomo che assieme al cugino Nino ha tenuto saldamente in mano per decenni le sorti dell'economia e della politica regionale, assicurando anche i contatti con Roma, deve morire. Riina ha deciso così. Anche Salvo ha abbandonato gli amici e, quindi, è morto nel cuore degli amici.

Suona la campana corleonese per Ignazio Salvo, e Gaetano Sangiorgi è uno dei primi a sentirne i rintocchi. Tani – per come tutta questa vicenda sarà raccontata da altri mafiosi che ne sono stati protagonisti – è uomo d'onore della famiglia di Salemi dal 1982, affiliato a Cosa Nostra anche in virtù del fatto che è genero di Nino Salvo. Ma per anni è stato tenuto in disparte, a trattare gli affari importanti erano i cugini Nino e Ignazio.

Però il dottore è uomo che sa come vanno le cose del mondo. E sa bene come va il mondo di Cosa Nostra. Quando viene avvicinato da un uomo d'onore interessato ad acquisire notizie su Ignazio Salvo, che Tani chiama confidenzialmente e affettuosamente «zio», comprende al volo che è scoccata l'ora.

Ma non corre a casa ad avvisare lo zio Ignazio, né lo avverte del pericolo. Nemmeno gli viene lo scrupolo di riferire che ha sentito l'eco di quei rintocchi di morte. No, il dottor Sangiorgi, medico analista con studio nel salotto buono di Palermo, si rivolge al suo amico Giovanni Scaduto e cerca di mettersi in contatto con Giovanni Brusca. Regolare, no?

Non appena Brusca viene a sapere che Sangiorgi chiede un incontro di chiarimento, pensa che questa sia una scocciatura. Ignazio Salvo è un uomo morto, ma il fatto che un parente, per giunta uomo d'onore, si metta di mezzo è una complicazione. Brusca riferisce a Totò Riina che Sangiorgi vuole conto e ragione della sentenza capitale.

«Giovà, occupatene tu», taglia corto *zù* Totò.

Brusca sceglie il metodo più diretto.

«Portami Sangiorgi», fa sapere a Scaduto, il quale negli ultimi tempi è stato un po' messo da parte e quindi è felice di potersi rendere utile a Brusca.

Il dottore davanti al *viddano* di San Giuseppe Jato è naturalmente intimorito. La differenza non è data dai vestiti eleganti o dall'aplomb di professionista con appartamento in centro città. La differenza è data dal potere dentro Cosa Nostra.

«Tuo zio ha tradito gli amici. Si è fatto gli affari suoi, senza interessarsi del maxi-processo. C'è un ordine di Riina, c'è poco da discutere», spiega Brusca. Che subito dopo impartisce l'ordine: «Parlami di tuo zio, spiegami i suoi movimenti».

E Sangiorgi? Protesta? No. Fa un tentativo di salvare lo zio? Nemmeno. Accenna a una giustificazione, a una scusa, a un *tanticchia* di decoro, almeno per restarne fuori e non sporcarsi le mani e la coscienza? Macché. È uomo d'onore e sa come vanno le cose.

«Se questo è l'ordine io sono a disposizione», risponde Tani.

Bisogna pur dire che Sangiorgi non ha un amore sconfinato per zio Ignazio. Anche perché dopo la morte di suo suocero Nino, scomparso anni prima in una clinica svizzera, con lo zio sono sorte questioni di eredità, seguite da liti, discussioni. Insomma, la parte del patrimonio di Nino Salvo che è toccata a Tani – anzi, a sua moglie – non lo ha lasciato per nulla soddisfatto.

Forse anche per questo il dottore non fa molto per salvare il caro zio. Tanto Ignazio Salvo ormai è un morto che cammina, pensiamo ai vivi.

Un omicidio facile facile.

Tani Sangiorgi darà «la battuta», cioè metterà a disposizione i luoghi e indicherà il momento adatto per far fuori lo zio Ignazio.

Un lavoretto di tutto riposo per i quattro «bravi ragazzi», addetti all'impresa di pulizie di Totò Riina. Sono ancora e sempre loro: Giovanni Brusca, Leoluca Bagarella, Nino Gioè e Gino La Barbera.

Brusca ha già fatto qualche sopralluogo nell'ufficio di Ignazio Salvo, ma lì l'ex esattore è sempre in compagnia di un'altra persona che non vale la pena ammazzare.

Per fortuna c'è Tani che mette a disposizione la sua villetta a Santa Flavia, vicino all'Hotel Zagarella, sul golfo di Bagheria, proprio accanto a quella in cui Ignazio Salvo sta trascorrendo quest'ultimo scorcio d'estate.

È un settembre bello e solare a Palermo. Mai come in questo periodo il mare ha un colore intenso e profondo. Ma i quattro *viddani* non guardano il mare. Fanno su e giù da Altofonte a Santa Flavia: prima portano un'automobile rubata, che lasciano in un'altra villetta, della mamma di Tani Sangiorgi, a mezzo chilometro dall'Hotel Zagarella; poi, un borsone con un fucile a canna lunga, un kalashnikov e altre armi.

Un omicidio facile facile. Brusca pensa addirittura di sparare a Ignazio Salvo a distanza, dalla villa di Sangiorgi, con il fucile e il mirino. Come nei film.

C'è solo un piccolo problema, ma è cosa da poco. L'Hotel Zagarella è pieno di carabinieri, perché Salvo – che dell'albergone sul mare è proprietario, un albergone dove anni prima è venuto a cena pure Giulio Andreotti – l'ha affittato ad alcuni reparti e agli ufficiali trasferiti in fretta e furia a Palermo dopo le stragi di Capaci e via D'Amelio.

Ma non sarà certo la presenza di qualche carabiniere a fermare i quattro sicari di Riina. Anzi, sarà un piacere in più far fuori Ignazio Salvo che se la fa con gli sbirri praticamente sotto i loro occhi.

Un giorno intero di attesa per ammazzare un uomo.

La mattina del 17 settembre, quando i quattro scendono dalle montagne, il colpo è andato a vuoto. Sapevano che Ignazio Salvo usciva con la sua Mercedes con autista ogni giorno dopo le 9, ma oggi l'ex esattore ha cambiato programma.

Brusca, Bagarella, La Barbera e Gioè aspettano un po' davanti al cancello, poi arriva Sangiorgi – la cui villa comunica attraverso un cancelletto con quella di Ignazio Salvo – e fa sapere che la vittima è uscita da casa prima del tempo.

Vabbè, bisognerà aspettare.

I quattro si rifugiano nella villetta della mamma di Tani. Sangiorgi e Scaduto fanno avanti e indietro per portare notizie, ma anche qualcosa da mangiare, a quei poveri quattro ragazzi che cominciano a scocciarsi di dover aspettare un'intera giornata chiusi dentro una villetta sul mare, a soffocare di caldo: non è il caso di farsi vedere in giro fra i bagnanti che sguazzano in acqua in questa estate palermitana ancora così afosa.

Finalmente, alle otto e mezzo di sera – ormai è buio – il commando si sposta di nuovo verso l'Hotel Zagarella.

Gino La Barbera resta in macchina vicino alla villa di Salvo.

Gioè, Bagarella e Brusca accompagnati da Sangiorgi e Scaduto entrano a casa di Tani. Conoscono bene la zona, l'hanno già esaminata in precedenza. Sanno perfino che dal bagno della casa di Sangiorgi si vede il soggiorno della villa di Ignazio Salvo.

Con le armi in pugno, attraverso il cancelletto che divide le due proprietà, passano nel giardino della residenza dell'ex esattore di Salemi.

Sono in agguato.

Sangiorgi, dalla sua abitazione, tiene d'occhio i movimenti dello zio.

Gino è fuori, aspetta di sentire i colpi, pronto a coprire la fuga degli altri.

Due ore dopo, Ignazio Salvo esce da casa, accompagnando un'ospite verso un'automobile ferma nel giardino.

I tre nascosti fra le siepi intravedono Salvo salutare la donna bionda che sta per entrare in auto – dai giornali verranno a sapere successivamente che è la vedova di Nino Salvo, suocera di Tani.

È il momento.

Bagarella esplode i colpi della sua 44 magnum.

L'ex esattore cade a terra. Gioè gli spara addosso altri colpi con un fucile a canne mozze.

Tutto fatto.

Bisogna andare via, scappare. Subito.

Gino La Barbera, che ha sentito le esplosioni, mette in moto e si avvicina con l'auto al cancello. Aspetta di vederlo aprire, perché Sangiorgi ha indicato perfino dov'è il pulsante. Macché, il pulsante non funziona. Gioè, Bagarella e Brusca sono costretti a scavalcare.

Scappano via, destreggiandosi fra le decine di auto parcheggiate sulla strada che passa sopra allo Zagarella.

Dall'auto rubata scendono Brusca e Bagarella per recuperare la Renault Clio che avevano lasciato lì al mattino.

Gioè e La Barbera proseguono verso lo svincolo di Casteldaccia, dove è ferma la Nissan Patrol di Gino. Hanno portato anche delle tavolette di «diavolina», quelle che servono per accendere la legna dei camini, perché è stato programmato di dar fuoco all'automobile. Ma prima devono aspettare Sangiorgi e Scaduto, ai quali va riconsegnato il borsone con le armi affinché le mettano al sicuro.

Sangiorgi e Scaduto ritardano, non è il caso di farsi notare accanto a un'auto in fiamme. Non appena arrivano i due, Gioè e La Barbera consegnano le armi e ripartono verso Altofonte. Nell'auto usata per l'omicidio sarà ritrovato un bossolo caduto dal fucile che Gioè stava tentando di smontare durante la fuga.

Tornano i giornalisti a Palermo, per scrivere dell'ennesimo funerale di un cadavere eccellente. Descrivono i colori, i profumi, le facce, le assenze molteplici dietro a quella bara: fino a pochi anni prima sarebbe stato un funerale con tanti potenti. Ma ormai Ignazio Salvo era un uomo ufficialmente in disgrazia, uno dei nuovi appestati di Palermo, condannato al maxi-processo per associazione mafiosa.

Un uomo da evitare, anche da morto.

Tani Sangiorgi, come parente della vittima, assume la faccia di circostanza, stringe mani, ringrazia garbatamente per le condoglianze.

Nessuno sospetta di lui. Nessuno pensa che ha permesso l'uccisione dell'ex esattore, parente e vicino di casa, agevolando il lavoro degli assassini. Nessuno può immaginare il suo tradimento.

Ma grazie a questa collaborazione ormai Sangiorgi ha accesso agli uomini potenti di Cosa Nostra.

Per le prime settimane dopo il delitto deve restare ancora in disparte, guardingo e prudente in attesa che si plachino le acque e le prime indagini.

Ma già nell'inverno del 1992 la villetta di Santa Flavia della mamma del dottore, usata dal commando nel giorno del delitto, si apre alle riunioni con Gioè, La Barbera, Bagarella e Brusca. È Tani che si occupa di fare graziosamente da anfitrione, apparecchiando la tavola e facendo trovare roba da mangiare per i «bravi ragazzi» di Totò Riina. Vengono qui quando, per telefono, dicono «ci vediamo *ai motorini*», perché nel garage della villetta sono parcheggiati alcuni ciclomotori della famiglia Sangiorgi.

In questa villetta sarà ospite per alcuni giorni Leoluca Bagarella con sua moglie Vincenzina Marchese. Qui dormirà qualche notte pure Giovanni Brusca. Gioè e La Barbera ci passano intere giornate. Ed è sempre Tani che si sbraccia perché ai ragazzi che hanno ammazzato suo zio non manchi nulla. Perché qui, gli amici di Riina sono come a casa loro.

Inverno di infami e sbirri.

Tanti si «buttano pentiti» in questi ultimi mesi del 1992. A Palermo, a Caltanissetta, a Gela. Ogni giorno una notizia sul «Giornale di Sicilia». Ogni giorno arresti, manette, paginate intere con le foto di uomini sorpresi dai flash della Scientifica all'alba, i capelli ancora arruffati dal risveglio improvviso e dal trasferimento in questura.

Arresti a Palermo, arresti a Milano dove il tam tam della Procura ormai parla sempre più insistentemente della caccia al «cinghialone». È l'inverno di Mani Pulite, le indagini puntano dritte su Bettino Craxi, gli avvisi di garanzia stanno decimando il Psi e la Dc. Il 16 dicembre il segretario del Partito socialista è ufficialmente indagato.

Ma Milano è distante da qui. A Palermo sono altre le

preoccupazioni. Sono i veleni e le verità dei pentiti dell'ultima ora, che non fanno solo i nomi degli uomini d'onore, ma cominciano anche a parlare di collusioni e complicità di poliziotti e magistrati.

Giovedì 3 dicembre, si uccide con un colpo di pistola alla tempia Domenico Signorino. Era pubblico ministero al maxi-processo accanto a Giuseppe Ayala, uno dei sostituti «storici» del pool della Procura che affiancava quello dell'Ufficio istruzione guidato da Giovanni Falcone. Nell'aula bunker aveva chiesto 27 ergastoli e 1700 anni di carcere per i boss, condanne in gran parte confermate in primo grado e poi in Cassazione, proprio all'inizio di questo maledetto '92.

Un pentito palermitano, Gaspare Mutolo, ha fatto il nome di Signorino. Ha detto che è un magistrato «avvicinabile», contiguo alla cosca di Pallavicino, il quartiere dove lo stesso magistrato abita, fra il parco della Favorita e la Piana dei Colli. La notizia è finita in prima pagina sull'«Unità».

Per Signorino è un colpo terribile: per giorni il suo ufficio – ora alla Procura generale – è aperto ai giornalisti. Signorino si difende, ribatte colpo su colpo, respinge le accuse. Ma è amareggiato. Scrivono che è un *bon viveur*, che ama giocare a bridge al circoletto, che frequenta i ritrovi esclusivi di Palermo, che non c'è festa di un certo livello alla quale non sia presente. E questi dettagli, scritti e riletti adesso, suonano per Mimmo Signorino come rimproveri subdoli.

«Dove troverò il coraggio per guardare ogni giorno negli occhi gli uomini della scorta?» si chiede il magistrato.

Ma il tempo di Signorino è già consumato. In un mattino caldo e ventoso di dicembre si spara un colpo di pistola alla tempia, nella sua camera da letto. Lascia un biglietto di scuse ai familiari: «Sono innocente».

La mattina dopo, sui giornali, il ricordo di Signorino è già seguito dalle polemiche sull'uso dei pentiti, sulle fughe di notizie, sulle condanne in piazza. Insomma, la solita storia palermitana di sospetti e veleni.

Il commento di Giovanni Brusca, in uno dei rari momenti di confidenza che concede a Gino La Barbera, è lapidario: «Uno di meno».

Avvicinabile o no, Signorino è sempre un magistrato, e meno ce ne sono meglio è, per Cosa Nostra.

Cade la neve a Piano Battaglia.

I vecchi paesi di pietra sulle Madonie odorano di legna bruciata. Dai camini delle case viene fuori un buon profumo di carne di castrato e salsiccia di maiale. E il vino rosso scorre nelle trattorie come l'acqua dalle fontane agli angoli delle strade.

A Polizzi Generosa i vecchi in piazza indossano ancora *la cappuccia*, un mantello di pesante panno blu, foderato a scacchi rossi all'interno, con un cappuccio per ripararsi dal vento freddo che soffia dalle cime delle Madonie.

Basta scendere di poche decine di chilometri per arrivare al mare di Cefalù. Ma è bello, d'inverno, starsene qua sopra, in queste valli che sembrano un pezzo di Trentino trasportato in Sicilia.

Leoluca Bagarella, che ama la latitanza con molti agi, trascorre parte del periodo natalizio sulle Madonie, proprio nella zona di Piano Battaglia. Da Palermo e da tutta la Sicilia occidentale i turisti salgono fin quassù per godersi una giornata di neve. I più bravi provano a sciare, gli altri si accontentano di rotolarsi sulla neve fino a infradiciarsi tutti gli abiti.

Leoluca Bagarella ha ricevuto per Natale un regalo dall'amico Tani Sangiorgi: un orologio d'oro Cartier.

Il dottore ne aveva comprati cinque: uno per Brusca, uno per Gioè, uno per La Barbera, uno per Bagarella e infine un altro, il più bello e costoso, per Totò Riina, che lo stesso Bagarella provvederà a consegnargli.

Per comprarli s'era rivolto al suo amico Giovanni Scaduto. Ecco perché chiamava continuamente, anche da Milano dove si recava per altri impegni, per portare a termine l'affare. Non sapeva che i poliziotti all'ascolto delle sue telefonate avevano pensato che dietro quell'acquisto si nascondesse un traffico di droga. In realtà, questa volta gli orologi erano veramente orologi.

«Un pensiero per voi», dice Tani Sangiorgi, consegnando i Cartier ai quattro «bravi ragazzi». Nino Gioè lo infila subito al polso, ammirandolo con soddisfazione.

Un piccolo ma costoso segno di omaggio per quelli che hanno ammazzato lo zio, consentendo a Tani di avere più considerazione non solo dentro Cosa Nostra: ora nella famiglia Salvo è rimasto solo ad amministrare i beni.

Sì, la morte dell'ultimo esattore è stata un toccasana per Sangiorgi. Ecco perché quei milioni spesi per questi orologi d'oro sono niente rispetto al beneficio che ne ha avuto Tani.

Ma l'orologio al polso di Totò Riina non è destinato a segnare un tempo molto lungo. Quel Cartier batterà, la mattina del 15 gennaio 1993, l'ora più brutta per il boss. L'ora del suo arresto.

«*Ma cu è chistu?*»

Si chiama Gian Carlo Caselli e viene da Torino. Scende a Palermo per fare il procuratore della Repubblica.

«Questo viene dal Piemonte, non sa con chi ha a che fare», continua a ripetere Bagarella.

«Con le idee del nord che ha, dura quattro giorni precisi», aggiunge Gino La Barbera.

Avrà pure fatto la lotta al terrorismo, ma la Sicilia è un'altra cosa. Eppure il giorno dell'arrivo di Caselli a Palermo è il giorno più nero di Cosa Nostra.

L'appuntamento è fissato davanti al Sigros, un grande magazzino all'ingrosso all'uscita da Palermo, sulla strada per Isola delle Femmine.

Gino La Barbera, con la Y10 di sua sorella, fa da battistrada a Giovanni Brusca fino al luogo dell'incontro. Da lì si sposteranno altrove. È prevista una riunione, un vertice di mafia con la presenza di Totò Riina, attorniato da tutti i boss.

Le 9 di una mattina grigia, cielo coperto e un presentimento di pioggia.

Cinque minuti, dieci, un quarto d'ora.

Al Sigros sono arrivati anche Leoluca Bagarella, Nino Gioè ed Emanuele Brusca, fratello di Giovanni. Manca qualcuno, manca *zù* Totò.

Ma il ritardo, quando ci sono latitanti in giro, non è ammissibile. Gli appuntamenti fra uomini che vivono alla macchia, per le strade e le piazze di Palermo, devono spaccare il minuto.

Qualcosa non va.

Arriva un giovane, Salvatore. Nemmeno scende dall'automobile: «Ci sono problemi, meglio che ve ne andate».

Il gruppo ripercorre tutta la circonvallazione, passa dalla rotonda di viale Lazio ma non nota nulla di strano, il solito traffico caotico di ogni mattina. Arriva a Santa Maria di Gesù, nell'officina di un amico.

Bagarella è agitato.

Spedisce l'amico, in motocicletta, a casa di Salvatore Biondino, l'accompagnatore e autista abituale di Totò Riina, per capire cosa sta succedendo. Quello arriva lì e vede uno strano movimento di persone. Torna indietro.

Tocca allora a Gino La Barbera, che è incensurato, andare da Biondino per raccogliere informazioni dettagliate. Ma non entra nemmeno in casa: la madre di Biondino gli fa cenno da lontano di girare alla larga.

Restano barricati dentro quell'officina per oltre due ore, mentre l'apprensione cresce. Chiamano altri amici, ma nessuno sa niente di preciso. Gino ha un'idea: dal suo telefonino compone il numero della Sip che trasmette il notiziario aggiornato.

Resta immobile con il telefono all'orecchio, la voce registrata ripete la notizia più importante della giornata: «Arrestato Salvatore Riina».

Senza una parola Gino passa il cellulare a Bagarella.

«Minchia.»

Restano ammutoliti.

Ma lo shock dura pochi minuti. Bisogna organizzare le contromisure. Brusca, superato il primo scoramento, è quasi sollevato: «Se aspettavano qualche minuto potevano prenderci tutti». Sarebbe bastato seguire Riina per arrivare alla riunione dei vertici di Cosa Nostra.

Bagarella è preoccupato per sua sorella Ninetta, moglie di *zù* Totò e sua compagna di latitanza da ventitré anni: deve trovare un sistema per mettersi in contatto con lei, per capire se è stata fermata, se ha bisogno di qualcosa.

Ma Luchino si rende subito conto che gli sbirri non sono entrati nella casa dell'Uditore dove Riina, sua moglie e i tre figli vivevano da clandestini. Nei due giorni successivi all'arresto del capo di Cosa Nostra, da quella casa scomparirà ogni cosa: oggetti, documenti, mobili. Gli uomini d'onore si preoccupano addirittura di pitturare le pareti, perché Bagarella teme che la Scientifica possa andare a cercare le impronte digitali di qualcuno.

Spettano a Gino La Barbera l'onore e l'onere di accompagnare Ninetta e i suoi figli alla stazione di Palermo, dove la signora Bagarella in Riina prende un taxi per andare fino a Corleone, in via Scorsone.

Zù Totò è in carcere, i suoi familiari possono tornare nel paese d'origine. È il posto più sicuro, anche per dimostrare a tutti che i parenti di Riina non scappano. Anzi.

Attenti. «*Accura, picciotti, accura*».

Leoluca Bagarella è come tramortito. Ha paura. Dice a tutti di stare attenti, continua a muoversi per Palermo e per i paesi ad alta fedeltà corleonese, ma con massima prudenza.

Brusca e Bagarella decidono addirittura di non viaggiare più assieme, di incontrarsi il meno possibile. Per prudenza, ma anche perché dopo la caduta dello *zù* Totò stanno venendo fuori i contrasti fra i due.

Sta parlando Balduccio Di Maggio, quello che ha fatto arrestare Riina, uno che sa tante cose. Dopo la cattura del boss, la notizia del suo pentimento è di dominio pubblico.

Gioè si sente tranquillo: Di Maggio sa poco di lui.

Ma anche Gino La Barbera, che invece ha conosciuto bene Balduccio, continua ad andare su e giù per l'Italia, per seguire i lavori della sua impresa al nord, usando i suoi documenti regolari.

Dentro Cosa Nostra, però, c'è grande rumore.

Tutti sperano che Di Maggio si limiti ad accusare Riina e, al massimo, Giovanni Brusca con il quale è ancora aperto l'attrito che ha costretto Balduccio a scappare in Piemonte dove è stato arrestato dai carabinieri, ai quali si è praticamente consegnato.

E Brusca deve cominciare a guardarsi anche dai suoi amici.

Prima di Natale, Riina gli aveva dato l'incarico di andare a Novara, dove sapeva che s'era trasferito l'uomo d'onore di San Giuseppe Jato, per ammazzarlo.

C'erano varie ragioni per far fuori Di Maggio.

Non solo perché era caduto in disgrazia tra i corleonesi, ma anche perché aveva eseguito un omicidio con Giuseppe Marchese, il quale, adesso che s'era «fatto pentito», con le sue rivelazioni rischiava di tirarlo dentro: a quel punto Balduccio poteva decidere di parlare.

«Insomma, togliamoci questo pensiero. Per non sapere né leggere né scrivere, vediamo di ammazzarlo», aveva sentenziato Riina.

Brusca aveva trovato un appoggio e una base logistica a Novara. Ma la sua missione di morte doveva proseguire per Portofino e la Costa Azzurra.

Visto che bisognava salire al nord per ammazzare Di Maggio, il viaggio poteva servire per togliersi qualche altro sassolino dalle scarpe: nella lista dei condannati a morte c'erano pure Alfredo Bono, che svernava a Portofino, e Michele Zaza, il camorrista affiliato a Cosa Nostra stabilitosi sulla Costa Azzurra.

Un'unica trasferta per tre omicidi.

Ma Brusca aveva perso tempo. Aveva fatto passare le vacanze di Natale. Insomma, se l'era presa un po' comoda.

«Cosa dobbiamo fare?» chiedeva La Barbera. «Dimmelo, così mi organizzo.»

«Non ti preoccupare, dopo Natale ci pensiamo.»

Ma Balduccio aveva sentito puzza di bruciato e dopo Natale si era «buttato pentito». Per colpa di Brusca, *zù* Totò ora è a Pianosa.

Bagarella non parla. Non dice niente di tutto questo a Brusca, ma tutti sanno che prima o poi questa colpa – colpa grave – verrà fatta pesare.

Anche Brusca lo sa e si muove circospetto, mostrando

maggior rispetto per Bagarella. Almeno in questi primi momenti.

Ormai Luchino è uno degli ultimi corleonesi in libertà. E ha ricevuto perfino la benedizione di Bernardo Provenzano. È andato a incontrare l'altro latitante illustre di Corleone per avere lumi e rassicurazioni ora che è venuta meno la guida di Riina. Da quell'incontro torna rincuorato e rassicurato. Pronuncerà solo una frase, che riassume il senso del suo colloquio con *Binnu* Provenzano: «Fino a quando c'è l'ultimo corleonese fuori, continuerà tutto come prima».

«*'Stu curnutu, ci ha scassato la minchia.*»

Ogni sera, appena Maurizio Costanzo alza il sipario del suo show televisivo dal teatro Parioli, a Leoluca Bagarella sale il sangue agli occhi. Non l'ha digerita proprio la sparata fatta da Costanzo subito dopo l'arresto di suo cognato Totò Riina.

La frase l'hanno sentita tutti. Davanti alla tv, oltre a Bagarella, c'erano anche Nino Gioè, Gino La Barbera e Giovanni Brusca, e sono rimasti indignati alle parole entusiastiche del conduttore: «Se avessi l'abitudine di bere, questa sera mi ubriacherei per la felicità».

Ecco perché decidono che a questo giornalista gliela devono far pagare. Forse non proprio un omicidio, ma qualcosa di eclatante che abbia un duplice risultato: lanciare un messaggio a Maurizio Costanzo e fare intendere a tutti che Cosa Nostra può colpire anche al di fuori della Sicilia. Un attentato, magari non mortale, da realizzare a Roma.

Sono tutti d'accordo. Gioè riceve l'incarico da Bagarella: «Nino, pensaci tu. Parlane con i catanesi».

Gioè va a Catania, dove ha un buon contatto con alcuni uomini d'onore della cosca di Nitto Santapaola, e in particolare con Pulvirenti. È abbastanza frequente che, per alcuni lavori, palermitani e catanesi si scambino favori reciproci. In questo caso, i catanesi hanno l'appoggio giusto a Roma e saranno loro a occuparsi dell'attentato a Costanzo.

Passano le settimane e non succede niente, finché Giovanni Brusca chiede a Nino: «Che fine ha fatto la questione di Costanzo?»

«Pulvirenti mi ha detto che la cosa si poteva fare», replica Nino. E quando un uomo d'onore dice a un corleonese che la «cosa si può fare», allora significa che deve essere fatta.

VII

«Mi serve l'attacco per un telefono col viva voce», aveva detto La Barbera.

Una delle ultime tracce lasciate da Gino, dopo essere scomparso da via Gioè e dalle rotte degli uomini della Dia, erano le telefonate con un rivenditore di auto palermitano. L'«industriale» di Altofonte aveva la passione dei fuoristrada, e s'era messo in testa di cambiare la vecchia Nissan Patrol con un Terrano della stessa marca.

Ma al concessionario della fabbrica giapponese aveva chiesto un optional in più: la possibilità di applicare un telefono con il sistema «viva voce», in modo da poter guidare e parlare senza problemi.

Gli agenti dell'Antimafia avevano intercettato le conversazioni fra La Barbera e la Lp auto e, venuti a sapere della trattativa per il Terrano, avevano pensato di «visitare» il mezzo prima che arrivasse al presunto mafioso, in modo da piazzarci una microspia.

Da altri colloqui carpiti dalla sala intercettazioni di Roma, inoltre, s'era intuito che Gino e Nino avevano abbandonato il «buco» di via Gioè non perché insospettiti dalle indagini della Dia, ma per altri timori che nulla avevano a che vedere con quell'inchiesta: non era stata la Dia a richiedere il furgone all'Eas, ma forse qualche altro apparato investigativo, e comunque non per controllare i picciotti di Altofonte.

Dunque si poteva ritentare, ma anche il progetto della «cimice» in macchina sfumò. In ogni caso, il contatto di La Barbera con l'autosalone scelto per l'acquisto del nuovo fuoristrada di lì a poco si sarebbe rivelato ugualmente utile.

La sera del 15 febbraio, un lunedì, il viceispettore Peppe e il vicesovrintendente Pietro stavano facendo un giro di perlustrazione per le strade di Palermo, nella zona della Favorita, vicino allo stadio, quando notarono un Nissan Terrano azzurro metallizzato. Sul portellone posteriore spiccava un adesivo della Lp auto.

Il fuoristrada era parcheggiato davanti alla pizzeria Forst, in via Del Fante, un locale vasto e sempre affollato, frequentato anche dagli uomini delle forze dell'ordine alloggiati alle Tre Torri, un enorme residence nella stessa strada, requisito e trasformato in una grande caserma. Proprio in quel complesso erano stati ricavati gli uffici della Dia palermitana, la «base logistica» dell'indagine su Gioè e La Barbera.

I due poliziotti, memori dei contatti fra La Barbera e il rivenditore di auto per quel tipo di fuoristrada, decisero di andare a dare un'occhiata.

Pietro entrò nella pizzeria, e a un tavolo sistemato in fondo alla sala, vicino alla toilette, gli sembrò di riconoscere Gino seduto in compagnia di Nino Gioè e altre due persone, mai viste prima.

Per essere certo attraversò tutto il locale, fino ai bagni, e quando passò davanti all'ultimo tavolo non ebbe più dubbi: finalmente Gioè e La Barbera erano stati riagganciati, dopo settimane e settimane di buio.

Erano quasi le nove, Pietro uscì e avvisò Peppe, il quale via radio diede la notizia agli altri colleghi. Subito dopo rientrarono tutti e due, ordinando birra e panini coi würstel da consumare al banco. Tentarono di ascoltare i discorsi che si intrecciavano al tavolo dei presunti mafiosi, ma il rumore di fondo era più forte delle loro voci e non capirono nulla.

Finita quella specie di cena, mentre Gioè e La Barbera ancora armeggiavano intorno alle pizze, i due poliziotti uscirono di nuovo e si misero ad aspettare fuori. Gli altri agenti convocati da Peppe erano già sul posto, nascosti nell'oscurità della sera palermitana, pronti a seguire daccapo le mosse dei due picciotti.

Trascorsero altre due ore prima che i quattro finissero di cenare, pagassero il conto e lasciassero la pizzeria. In strada si divisero: La Barbera e uno dei due sconosciuti sul Terrano, Gioè e l'altro su una Y10. Gli investigatori seguirono le due auto: il Terrano, con tre auto della Dia alle calcagna, prese la strada verso la periferia est della città; la Y10, tallonata da altre due macchine, salì fino ad Altofonte.

Gioè si fece lasciare dall'amico vicino al distributore IP, poi l'auto proseguì verso il paese e il pedinamento venne abbandonato. Invano gli inseguitori cercarono ad Altofonte la Renault Clio di Nino, per vedere dov'era parcheggiata e dove il suo proprietario trascorresse la notte: della macchina col fanalino rotto non c'era traccia.

Più fruttuoso fu il lavoro degli agenti che seguivano il fuoristrada di Gino. Per le strade di Palermo il pedinamento era meno complicato che fuori città. La guida del corteo di sbirri si alternava di continuo, per non dare la sensazione al pedinato di avere dietro sempre la stessa auto, e quindi insospettirlo.

Arrivati a un semaforo rosso, per esempio, l'equipaggio della prima auto avvisava via radio quello della seconda, e al momento di ripartire si accostava a destra o cambiava direzione, in modo da lasciare l'altra macchina dietro a La Barbera. La prima si rimetteva in coda; dopo un po' il secondo equipaggio faceva la stessa cosa con il terzo, e così via.

Altro accorgimento usato dagli equipaggi era che solo l'autista fosse visibile da fuori; il secondo agente si sdraiava sui sedili posteriori, e da quella posizione comunicava con gli altri equipaggi ripetendo ciò che diceva il guidatore. Un'auto con una sola persona a bordo desta minori sospetti, perché si sa che gli sbirri vanno quasi sempre in due.

Inoltre in questo modo ci si poteva alternare alla guida, così che se qualcuno avesse osservato la macchina per verificare se era seguito non avrebbe visto la stessa faccia.

Anche quella sera, come spesso era accaduto in passato, le radio fecero i capricci, per via dei «ponti» che non funzionavano bene. Per fortuna qualche agente mise a disposizione il suo telefonino personale, sennò c'era il rischio di perdere nuovamente le tracce del Terrano.

«Ahò», chiese Ciccio al collega che guidava, mentre dal suo cellulare dettava a un altro equipaggio i movimenti di La Barbera, «l'ultima bolletta è di 800.000 lire, secondo te qualcuno me li ridarà 'sti soldi?»

«Tu intanto paga, poi si vede», sorrise l'altro.

Senza accorgersi di nulla, La Barbera condusse i suoi inseguitori fino a via Giovan Battista Ughetti, una strada alle spalle dell'Ospedale Civico, a poca distanza dall'università. Giunto davanti al numero 17, aprì il cancello elettrico senza scendere dall'auto, con un telecomando, proprio come faceva in via Gioè, e si infilò nel piazzale che separava due palazzi di nove piani ciascuno, due torri gemelle che, nello squallido grigiore di quel quartiere, svettavano come grattacieli, soffocando le palme sopravvissute al cemento.

Quando il Terrano si fermò, le macchine della Dia si allargarono fino a una certa distanza per non farsi scoprire, lasciando sempre la possibilità a uno degli equipaggi di osservare la scena. Per quella sera gli agenti decisero di mollare La Barbera davanti al cancello nero, ma la mattina seguente, poco dopo l'alba, erano di nuovo lì, a scrutare la zona e accumulare altri indizi.

Scavalcarono il cancello, perlustrarono il piazzale, ma il Terrano non c'era più. Parcheggiata fra le auto degli altri condomini, invece, videro la Renault di Nino Gioè, quella che due mesi e mezzo prima li aveva condotti al «buco» e che i loro colleghi avevano cercato invano, la sera prima, ad Altofonte.

«Se c'è la macchina, prima o poi deve comparire anche il proprietario», disse il viceispettore Sauro.

L'auto fu piantonata per tutto il giorno, con gli agenti che gironzolavano o si nascondevano in modo da farsi notare il meno possibile, in attesa che Gioè venisse a riprendersela. Ma il mafioso non si fece vedere.

Comparve solo a tarda sera, alle 23,40, insieme a La Barbera, a bordo del Terrano azzurro. Sotto gli occhi del gruppetto di investigatori che da più di ventiquattr'ore non avevano mai perso di vista il comprensorio di via Ughetti, i due mafiosi oltrepassarono il cancello elettrico, parcheggiarono il fuoristrada sul piazzale e s'infilarono nella seconda torre, quella più distante dalla strada.

Dunque era lì che la coppia trascorreva la notte, era quello il nuovo «buco» in cui si rifugiavano i due latitanti volontari. Non più in una villetta di periferia con pretese alto-borghesi, ma in un anonimo palazzone popolare, una sorta di alveare coi terrazzini minuscoli e i panni stesi alle finestre, in piena città.

Forse era arrivata la volta buona per piazzare quella benedetta microspia, l'idea fissa di De Gennaro, Micalizio, Di Petrillo e Gratteri. Ma mancavano ancora troppi elementi per passare all'azione.

Innanzitutto bisognava individuare l'appartamento di Gioè e La Barbera. Erano entrati nel secondo palazzo, ma era pur sempre un colosso di nove piani con quattro abitazioni per ogni livello; il che significava che i due mafiosi stavano in uno fra quaranta mini-appartamenti, considerando il piano terra.

Un rapido e quanto più possibile anonimo controllo al catasto permise di accertare che le case venivano affittate per periodi quasi sempre brevi, soprattutto a studenti fuori sede, tramite un'agenzia immobiliare alla quale era semplicemente impensabile rivolgersi: troppo rischioso, non si poteva mettere a repentaglio un'indagine di mesi che forse stava arrivando a un punto di svolta.

«Ragazzi, qui bisogna inventarsi qualcosa per arrivare all'appartamento», spronò il vicequestore Gratteri durante una sua «discesa» a Palermo. Nel frattempo, dai pedinamenti in città finalmente ripresi, arrivavano altre informazioni.

Mercoledì 17 febbraio, due giorni dopo la scoperta di via Ughetti, quattro uomini della Dia controllavano i movimenti in via Principe di Belmonte. Stavano lì per verificare le mosse di Scaduto e Sangiorgi, che ormai erano entrati a pieno titolo nell'inchiesta, quando all'improvviso, poco dopo le 13, nella strada-salotto comparvero Gioè e La Barbera.

I due si sedettero a un tavolino del bar Collica, a pochi metri dalla casa di Sangiorgi, e qualche minuto più tardi ecco spuntare il dottore e il suo amico Scaduto, che raggiunsero Gioè e La Barbera. Un saluto, brevissime chiacchiere e poi arrivederci. Nino e Gino se ne andarono, lasciando agli altri due il conto da pagare.

Gli investigatori si divisero, un paio si mossero al seguito dei picciotti di Altofonte, che comunque non andarono lontano. S'era fatta ora di pranzo, Nino e Gino decisero di mangiare qualcosa. In via Emerico Amari, la strada che da piazza Politeama scende verso il mare, entrarono all'osteria Lo Bianco, un locale all'antica con le tovaglie di plastica, l'oste rotondo e alla parete un'immagine di san Giuseppe con Gesù bambino in braccio.

Pranzarono velocemente, poi si spostarono in via Ruggiero Settimo, al bar Pinguino, per un caffè. Da lì, senza ripassare per via Belmonte, salirono sulla Clio di Gioè e si allontanarono dal centro; gli agenti li tallonarono fino all'imbocco dello scorrimento veloce che porta ad Altofonte e, quando fu chiaro che sarebbero andati al paese, li abbandonarono.

Quelli rimasti a controllare Sangiorgi e Scaduto, invece, ebbero un pomeriggio più movimentato e parecchi particolari da annotare sui loro taccuini. Poco dopo le 16, Tani e Giovanni si incontrarono con «uno sconosciuto dall'apparente età di 35-40 anni, altezza 1,75 circa», e con lui entrarono in un'agenzia di assicurazioni.

Più tardi Scaduto fu visto mentre «conversava animatamente con un uomo di anni 30 circa, carnagione scura, altezza 1,70 circa». E un terzo sconosciuto apparve in piazza Politeama, quando fece salire sulla sua Opel Corsa Tani e Giovanni. Li accompagnò fino a una concessionaria della Lancia, dove Sangiorgi e Scaduto lo salutarono, entrarono nell'autosalone e ne uscirono a bordo di una Delta.

Tornati in centro, ai due si unì Anna Maria, l'amante di Giovanni. Raggiunsero Porticello e poi Casteldaccia, dove si accodò una Fiat Uno color canna di fucile.

«A causa della persistente presenza degli operanti e dello scarso traffico veicolare», relazionarono a sera gli agenti che li pedinavano, «il servizio veniva interrotto per non comprometterne il buon esito, anche in considerazione del fatto che i medesimi si inoltravano per strade interne al paese.»

Gli agenti rientrarono in ufficio con una gran mole di lavoro da svolgere: altre persone da identificare, nuove targhe di auto da controllare, indirizzi da verificare. Quelli addetti a seguire le mosse di Gioè e La Barbera, invece, erano tornati in via Ughetti, e lì, alle 23,20, videro arrivare i due presunti mafiosi. I quali mostrarono di non fidarsi troppo del loro nuovo rifugio, e vollero vedere se qualcuno li stava seguendo.

«È doveroso rappresentare», scrissero gli investigatori nella relazione sui movimenti di Nino e Gino, «che nell'occasione, prima di accedere all'interno del civico 17, effettuavano con il fuoristrada inusitate e sospette manovre.»

Nei giorni successivi, altri appostamenti e pedinamenti misero in luce i contatti quasi quotidiani fra la coppia Scaduto-Sangiorgi e la coppia Gioè-La Barbera, con qualche «inserimento» di Santino Pullarà e di «Mico» Farinella.

Il 23 febbraio Nino fu seguito a casa di Pullarà, dov'era andato con il Terrano di Gino; ne uscì dopo pochi minuti e si spostò verso il Motel Agip, sulla circonvallazione, dove lo stava aspettando La Barbera a bordo di una Fiat Ritmo.

Gli agenti lo videro consegnare a Gino una «busta di medie dimensioni solitamente usata come custodia documenti», dopodiché ognuno se ne andò per la sua strada: Gioè si presentò al salone della Renault di cui era titolare un cugino dei fratelli Graviano, «indiziati mafiosi e in atto latitanti»; La Barbera proseguì verso Altofonte, a bordo di quella Ritmo che risultò intestata a un certo Salvatore Bentivegna, compaesano di Gino e Nino.

Nelle stesse ore, la coppia di agenti addetta a Scaduto

notò l'«obiettivo» in via Principe di Granatelli, mentre caricava in macchina alcune buste di plastica, di quelle usate per la spesa. Poi andò via con Anna Maria.

Scaduto e la sua donna furono seguiti fino allo svincolo autostradale di Villabate, dove gli investigatori li videro prendere la direzione per Catania. Ma in quel punto, «causa avaria del mezzo di servizio, venivano persi di vista».

«Avete individuato l'appartamento di via Ughetti?» chiedevano da Roma, con insistenza, De Gennaro e Micalizio.

«Non ancora, ma ci stiamo avvicinando», rispondevano da Palermo Gratteri e la dottoressa Pellizzari.

Da giorni, ormai, un pugno di uomini girava intorno alle due torri gemelle per trovare il modo di sapere in quale abitazione si ritiravano, la sera, Gioè e La Barbera. Appena la coppia usciva, di solito di primo mattino, gli agenti si mettevano in moto per carpire informazioni e notizie. Ma il grosso del lavoro si svolgeva dopo l'imbrunire, per evitare di essere notati.

Le planimetrie acquisite al catasto insieme a quelle di tanti altri condominii della zona, un sotterfugio che doveva servire a non suscitare sospetti, avevano dato un quadro completo della struttura del palazzo e dei quattro miniappartamenti (ingresso-salotto, camera da letto, angolo cottura e bagno) che si affacciavano su ogni pianerottolo. Ma c'era ancora da scoprire a quale livello salivano Nino e Gino, al loro rientro, prima di capire quale porta aprissero.

Era ovvio che la sera, nel deserto più totale, non si potevano seguire fin dentro il palazzo. Qualcuno suggerì di fingere la rottura di una busta della spesa, poco prima dell'arrivo di uno dei due, in modo da imbrattare, per esempio di farina, il pavimento dell'ascensore. Se Gioè o La Barbera fossero saliti subito dopo, l'avrebbero inevitabilmente calpestata, e non sarebbe stato difficile seguire le impronte delle scarpe. Ma il piano-Pollicino fu scartato quasi subito: troppo macchinoso, poteva destare sospetti.

Altra proposta, altro metodo: «Stiamo attenti alle luci che si accendono dopo che li abbiamo visti salire, e poi dalle finestre individuiamo l'appartamento».

Un sistema facile a dirsi ma difficile da mettere in pratica. Perché per guardare le finestre bisognava appostarsi non sulla strada – da dove il secondo palazzo, quello in cui salivano Gioè e La Barbera, non si vedeva quasi per niente – ma nel cortile interno che separava le due torri e dove c'erano le macchine parcheggiate; uno spazio ristretto, troppo visibile ai due mafiosi e agli altri inquilini.

Già, gli altri inquilini. Chi erano? Che agganci potevano avere con la coppia pedinata o col resto del mondo di Cosa Nostra? Ci si poteva fidare o tra loro c'era qualcuno pronto a dare l'allarme al minimo sentore di sbirro?

Questa era un'altra indagine da fare, e ci pensò Antonio, uno dei vicesovrintendenti assegnati all'inchiesta. Usò un metodo rapido, piuttosto empirico e concreto, ché non c'era tempo da perdere né modo di fare accertamenti dettagliati su ogni abitante del palazzo.

Una mattina, dopo che Gioè e La Barbera erano usciti, Antonio indossò giacca e pantaloni scuri, si mise un colletto di plastica bianca, imbracciò un messale e un pacco di santini, assunse un'aria sufficientemente serafica, ed eccolo trasformato in un insospettabile prete, di quelli che ogni tanto battono interi palazzi per invitare i fedeli a partecipare alle iniziative della parrocchia.

Cominciò le sue visite dall'ultimo piano, scendendo a piedi e bussando a tutte le porte. Lo scopo era quello di farsi aprire, guardare chi abitava negli appartamenti e cercare di capire se c'erano altri soggetti equivoci, o anche solo sospettosi, oppure se si poteva contare sull'indifferenza dei condomini.

«Buongiorno, conosce la nostra parrocchia?» chiedeva offrendo santini a ogni faccia che compariva dietro le porte appena socchiuse.

Ma poté farlo poche volte, perché anche questa iniziativa confermò che il palazzo di via Ughetti di giorno era quasi disabitato. C'erano un paio di famiglie, qualche studente rimasto in casa, ma per il resto quella specie di torre svolgeva la funzione di dormitorio.

Le persone e gli appartamenti che il poliziotto riuscì a vedere, comunque, non destarono sospetti né sembrarono in grado di creare problemi. E venne fuori un elenco di abitazioni in cui certamente non c'erano Gioè e La Barbera.

«Non c'è altro da fare, dobbiamo insistere e stare attenti alle luci quando quei due tornano a casa», si dissero gli agenti la sera, in ufficio, durante la quotidiana riunione in stile semi-assembleare che si ripeteva ormai da settimane.

Da quando avevano riagganciato Gioè e La Barbera, l'entusiasmo s'era riacceso, quasi ogni giorno l'indagine registrava indizi ed elementi nuovi, che si andavano ad aggiungere agli altri e ingrandivano il mosaico. Gli investigatori sentivano di essere vicini al risultato finale, alla possibilità di sistemare quella microspia che avrebbe aperto nuovi orizzonti e li avrebbe potuti portare alla cattura di qualche latitante importante, Brusca o Bagarella che fosse. Ma continuava a mancare il tassello più importante, l'identificazione esatta dell'appartamento.

Finché, una sera di fine febbraio, il vicesovrintendente Ciccio e un altro poliziotto, uno degli assistenti che da quasi dieci giorni viveva tra l'asfalto, il cemento e le lamiere di via Ughetti, decisero di giocare la carta dell'altro palazzo, la torre gemella del condominio.

«Quando li vediamo arrivare, saliamo in cima al palazzo di fronte, e dall'alto cerchiamo di capire con esattezza quale luce si accende», spiegò Ciccio.

«Sperando che l'appartamento si affacci dalla nostra parte; se dà sul lato opposto, da lì non vediamo niente», disse l'assistente.

«Certo, ma se non si accende nessuna luce, almeno escludiamo tutta la parte di qua; sarebbe già un risultato», replicò Ciccio.

«D'accordo.»

Quando Nino e Gino arrivarono, a bordo della Nissan Terrano, s'era fatto già buio. Il piano scattò all'istante.

I due s'infilarono nel secondo portone. Ciccio e l'assistente, che già si trovavano all'interno del primo edificio, vennero avvertiti via radio dai colleghi, e si precipitarono all'ultimo piano per uscire sul terrazzo condominiale e guardare verso il palazzo di fronte.

Trovarono la porta chiusa e dovettero scassinare la serratura in tutta fretta. In un minuto furono sul terrazzo. Presero i binocoli e si misero a scrutare l'altro edificio.

La finestra dell'ultimo piano, un grande abbaino incastonato fra le tegole del tetto, era già illuminata. Poco dopo, davanti al vetro sfrecciò un'ombra, questione di attimi.

Ancora qualche secondo, e l'ombra ritornò verso la finestra, aprì il vetro e s'illuminò a sua volta: sotto lo sguardo attento dei due poliziotti, quella figura scura prese le sembianze di Antonino Gioè che s'era affacciato, aveva guardato in basso, nel cortile, e si stava ritraendo. Gioè richiuse la finestra e ridivenne un'ombra.

L'avevano individuato, finalmente, l'appartamento-rifugio dei due mafiosi di Altofonte, clandestini per loro scelta.

Ciccio e l'assistente scesero e riferirono agli altri l'esito della loro «missione». Attraverso le planimetrie, in ufficio, fu stabilito che la finestra dalla quale Gioè s'era affacciato era quella della mansarda, nono piano, interno 38.

Ma Sauro, il giorno dopo, volle fare un ulteriore verifica. Dopo che Gioè e La Barbera furono usciti, salì all'ultimo piano e infilò uno stuzzicadenti fra la porta e lo stipite dell'interno 38, a pochi centimetri dal pavimento.

«Adesso aspettiamo che rientrano, e se troviamo lo stecchino a terra vuol dire che l'appartamento è proprio questo», spiegò.

Andò esattamente così, e, per quella sera, non restò che stilare il rapporto da inviare a Roma.

La scoperta dell'appartamento non fu l'unica novità di quel 25 febbraio, giovedì, festa di san Cesario.

Gli investigatori addetti alla sorveglianza di via Ughetti si erano appostati fin dalle 8 del mattino per seguire le mosse di Gioè e La Barbera. Quel giorno, però, i due se l'erano presa comoda, e per molte ore erano rimasti in casa, il Terrano e la Renault Clio parcheggiati nel cortile.

Uscirono solo dopo pranzo, intorno alle 14,30, salirono a bordo del fuoristrada e presero la direzione di viale della Regione Siciliana. Arrivarono al bar Baby Luna, si fermarono a bere un caffè. Poi ripartirono verso la zona di Villagrazia, dove c'era la casa di Santino Pullarà. Una sosta di venti minuti circa, ed eccoli di nuovo in strada, sempre con un paio di macchine della Dia al seguito.

Gli agenti li videro fermarsi a una stazione di servizio, poi all'officina di un elettrauto, quindi proseguirono verso Brancaccio, fino a un rivenditore di gomme Pirelli. Spostamenti continui e fermate sempre brevi, dieci o quindici minuti al massimo, di cui non si riusciva a cogliere il significato, ma che gli sbirri annotavano con precisione, all'insaputa dei due fuggiaschi.

Quella specie di scorribanda per le vie di Palermo continuò in corso dei Mille, in un negozio di giocattoli dove Gioè e La Barbera entrarono e fecero acquisti. Uscirono con tre o quattro pacchi in mano, li caricarono in macchina e tornarono in via Ughetti.

Alle 19,30 Nino e Gino comparvero di nuovo sul piazzale, salirono sul Terrano e raggiunsero una strada all'imbocco dello scorrimento veloce. Qui si incontrarono con un uomo a bordo di una Fiat Uno, al quale consegnarono gli acquisti fatti poco prima. La Uno si allontanò in direzione di Altofonte, mentre il Terrano di La Barbera proseguì verso il centro della città.

Arrivarono in piazza Monte di Pietà, nella città vecchia, e si fermarono davanti al negozio di materassi Enea. Nino scese ed entrò, e tornò dopo dieci minuti. L'auto ripartì e parcheggiò dalle parti del teatro Massimo. Stavolta scesero sia Gioè sia La Barbera, e andarono a piedi fino a una pizzeria lì vicino, la Taverna di John.

A quel punto, gli inseguitori chiamarono in ufficio, dove c'era il commissario Pellizzari, in quei giorni a Palermo.

«Dottoressa, ci serve il suo aiuto. I due sono entrati in un ristorante, dovremmo entrare anche noi, ma è meglio che lo facciano un uomo e una donna», disse il vicesovrintendente Pietro.

«Va bene, arrivo», rispose il commissario capo. E mentre raggiungeva il centro della città pensò – un po' perplessa e un po' divertita – al fatto che ogni volta che serviva una donna da affiancare a un uomo chiamavano lei, e che se qualcuno l'avesse riconosciuta chissà che cosa avrebbe pensato della sua moralità.

Arrivata alla Taverna di John, il commissario Pellizzari entrò nel locale in compagnia di un poliziotto. Dovevano sembrare due fidanzati, e in queste occasioni c'era sempre il problema di darsi del «tu»; cosa non semplice visto che gli agenti erano abituati a darle del «lei» e a chiamarla «capo». Ma quella sera riuscì tutto con una certa naturalezza.

La bionda poliziotta e il «fidanzato» di turno si sedettero al tavolo libero più vicino a Gioè e La Barbera, tentando di ascoltare quello che si dicevano ma dovendo nello stesso tempo parlare fra loro, per non farsi notare.

Ordinarono due pizze, mentre i due mafiosi stavano già finendo le loro, in quel locale pieno di gente e di voci, dove su una parete campeggiavano le foto di Giuseppe Montana, il poliziotto che dava la caccia ai latitanti, e del capo della Squadra mobile Ninni Cassarà, ammazzati tutti e due dai killer di Cosa Nostra nell'estate del 1985, quasi tredici anni prima. Chissà se c'entravano pure Gioè e La Barbera, in quegli omicidi.

Le pizze richieste dal commissario Pellizzari erano appena arrivate al tavolo, quando Nino e Gino pagarono il conto e fecero per andarsene. I due poliziotti si alzarono di scatto e si diressero verso la cassa. Il cameriere li raggiunse: «Ma non avete mangiato quasi niente, qualcosa non va?»

«No, assolutamente, la pizza è buonissima, ma ci siamo ricordati di un impegno urgente e purtroppo dobbiamo scappare», spiegò la dottoressa Pellizzari.

Appena furono in strada, il poliziotto che faceva la parte del fidanzato tornò a rivolgersi con il «lei» al suo superiore. Bisognava seguire Gioè e La Barbera, e il «capo» decise di partecipare al pedinamento insieme agli altri ragazzi.

A piedi, la coppia di mafiosi raggiunse via Principe di Belmonte e s'incontrò con Gaetano Sangiorgi. Il dottore li fece accomodare sulla sua Mercedes e li accompagnò fin dove La Barbera aveva lasciato il Terrano. Gino scese, si mise al volante del fuoristrada e si accodò alla Mercedes su cui erano rimasti Sangiorgi e Gioè. Dietro di loro, a debita distanza, le macchine della Dia.

Il piccolo corteo raggiunse la zona di Villagrazia, e qui i presunti mafiosi furono persi di vista. Dopo un po', ecco riapparire la Mercedes di Sangiorgi, vuota, parcheggiata lungo il marciapiede. Gli inseguitori continuarono a cercare, finché non incrociarono di nuovo il Terrano di La Barbera; ma a bordo c'erano solo Gino e Nino, Tani Sangiorgi era scomparso.

Il commissario Pellizzari, a bordo di una delle auto dei poliziotti, decise di aggiornare Gratteri, a Roma, su ciò che stava accadendo. Ma il suo telefono cellulare era scarico, e così utilizzò quello personale dell'autista.

«Pronto, Franco, stiamo dietro ai due che adesso stanno andando verso Bagheria», fece in tempo a dire la poliziotta prima che cadesse la linea.

Tentò di nuovo: «Ti sto chiamando dal cellulare dell'autista, perché il mio è scarico. Sono usciti da una pizzeria del centro... Pronto... Pronto...» Niente da fare, la comunicazione si era di nuovo interrotta.

Poco dopo il telefonino squillò e rispose la dottoressa Pellizzari, sicura che fosse Gratteri.

«Pronto», disse il commissario donna, ma dall'altra parte udì la voce stupita di un'altra donna che chiedeva seccata: «Chi è?»

Nella macchina lanciata all'inseguimento dei due mafiosi scesero gelo e imbarazzo: era la moglie dell'autista, la quale non sembrava per niente contenta che al cellulare del marito rispondesse una donna.

«Signora, sono la dottoressa Pellizzari, siamo in servizio», provò a spiegare il commissario capo, ma alla moglie non bastò. Si fece passare il marito: «Chi mi ha risposto? Dove sei?»

«Cara, era il capo... Stiamo lavorando...»

«Ah sì? A quest'ora di notte state lavorando?»

«Ma certo, lascia che ti spieghi...»

Intervenne di nuovo la Pellizzari, e a fatica la moglie si convinse che il marito stava davvero inseguendo dei sospetti mafiosi in compagnia del suo superiore.

Il pedinamento proseguì. Gioè e La Barbera raggiunsero via Maresciallo Pecori Giraldi, una strada fitta di palazzi accatastati uno sull'altro, nella zona Sperone-Brancaccio. Nino e Gino furono visti entrare, «con fare circospetto», nel portone al numero 56.

Rimasero dentro poco più di un'ora, e all'uscita furono tallonati da alcuni agenti fino a via Ughetti. Ormai era quasi mezzanotte, ma il commissario Pellizzari decise di continuare a sorvegliare il palazzo di via Pecori Giraldi. Cinque minuti dopo che Gioè e La Barbera se n'erano andati, dallo stesso portone uscirono cinque uomini, che si distribuirono in tre macchine.

Due furono perse di vista, ma la terza, una Fiat Uno che risulterà intestata a una certa La Barbera Maria, venne seguita fino a via Sperone 30, «dove terminava la sua corsa».

Quando tutti gli agenti si ritrovarono in ufficio era notte fonda, ma il lavoro non era ancora finito. Ciascuno si mise a una macchina da scrivere per stilare il proprio pezzo di relazione. Attraverso l'archivio furono raccolte altre notizie sugli appartamenti di via Pecori Giraldi e via Sperone.

«È d'uopo evidenziare», scrissero gli agenti, «che lo stabile di via Maresciallo Pecori Giraldi di cui infra, in passato e precisamente in data 7 luglio 1979, è stato oggetto di interessante operazione di polizia. Infatti, al primo piano, presso l'allora abitazione del noto Marchese Antonino, di Vincenzo e di Drago Giuseppa, venivano rinvenute diverse armi con relativo munizionamento, nonché copiosa partita di cocaina. Nell'occasione veniva tratto in arresto, unitamente al Marchese Antonino, lo stesso Gioè Antonino.»

Dunque Gioè continuava a frequentare le stesse case di quattordici anni prima, già utilizzate – e probabilmente ancora in uso – come basi per i traffici illeciti di Cosa Nostra.

E su via Sperone gli uomini della Dia annotarono: «In tale sito risulta abitare certa Cristiano Rosaria da Piana degli Albanesi, la quale, due anni or sono, dava alla luce un figlio seguito alla relazione intrattenuta con il latitante mafioso Brusca Giovanni, da San Giuseppe Jato».

Chissà se tra quei cinque uomini che erano stati visti uscire dalla casa di via Pecori Giraldi, senza essere riconosciuti, c'era anche Giovanni Brusca. Un dato, in ogni caso, appariva certo: la catena che univa Nino Gioè e Gino La Barbera alla mafia era sempre più lunga e sempre più salda. E quasi sicuramente portava ai latitanti che avevano organizzato e messo in atto le stragi di Capaci e via D'Amelio.

Nell'appartamento di via Ughetti, da qualche giorno, i due mafiosi di Altofonte si presentavano con altri personaggi, sconosciuti agli uomini della Dia, ma con ogni probabilità inseriti nell'organizzazione di Cosa Nostra. Lo si capiva dagli accorgimenti che i due prendevano prima di salire nella mansarda, soprattutto quando erano in compagnia.

A parte i contatti con le famiglie in paese e con le

ragazze – Gioè continuava la sua relazione con Giovanna, divenuta più complicata da quando lei era ritornata ad Altofonte; La Barbera seguitava a frequentarne più d'una –, le giornate di Nino e Gino si consumavano quasi esclusivamente in incontri e colloqui con altri uomini d'onore, o comunque legati all'organizzazione e ai traffici di Cosa Nostra. Fossero Scaduto, Sangiorgi, De Lisi, Pullarà, Farinella o altri.

In via Ughetti non c'era un telefono da intercettare, ma altri apparecchi continuavano a fornire elementi utili all'indagine. Il 26 febbraio, il telefono di Pullarà informò che per quella sera era stato fissato un appuntamento con altre dodici persone al ristorante Friends' di via Brunelleschi, un locale elegante e con cucina sofisticata, al pianterreno di uno dei palazzoni del quartiere Michelangelo, nella zona nuova di Palermo.

Alle 20,45, quando gli uomini della Dia, non invitati, arrivarono al ristorante per controllare i presenti, i tredici erano già a tavola, incuranti della superstizione che sconsiglia di riunire un tale numero di convitati intorno allo stesso desco. Fuori dal locale c'erano la Fiat Uno di Pullarà e il Terrano di La Barbera, parcheggiati accanto a una Renault Espace.

La cena andò avanti fin oltre le 23, quando ciascuno dei partecipanti tornò a casa propria, sotto il controllo invisibile degli investigatori antimafia. Solo Pullarà Santi – che come tutti gli altri indiziati veniva chiamato così dagli agenti, prima col cognome e poi con il nome, anche nei discorsi fra loro tanta era l'abitudine a stendere rapporti e relazioni di servizio dove questa è la regola – fu visto attardarsi a conversare per alcuni minuti con «un uomo di anni 40 circa, corporatura robusta, inforcante occhiali da vista».

Quello stesso giorno, dall'ufficio del centro Dia di

Roma, il tenente colonnello Di Petrillo aveva fatto partire per la Procura di Palermo, Direzione distrettuale antimafia, sostituto procuratore Giuseppe Pignatone, la richiesta ufficiale di autorizzazione per la tanto sospirata intercettazione ambientale.

L'ufficiale ripercorreva, in sintesi, l'indagine avviata con le indicazioni di Pino Marchese, sottolineava la latitanza volontaria di Gioè, La Barbera e Scaduto, rivelava la scoperta della mansarda-covo di via Giovan Battista Ughetti.

«È da segnalare», scrisse Di Petrillo, «l'estrema circospezione con la quale sia Gioè che La Barbera usano recarsi in tale luogo, tanto che, prima di accedere nel cortile antistante il palazzo, effettuano vari giri di ricognizione nella zona miranti all'individuazione di eventuali autovetture o personaggi sospetti. Tali precauzioni risultano notevolmente accentuate quando con loro sono presenti altre persone.»

Le conclusioni arrivavano poche righe più avanti: «Alla luce di quanto sopra esposto e dei sempre più frequenti contatti accertati negli ultimi giorni tra i predetti e il noto Pullarà Santi, personaggio indicato come elemento di collegamento con il latitante Bagarella Leoluca, si chiede alla Signoria Vostra l'autorizzazione con procedura d'urgenza ad effettuare, nell'attuale dimora di Gioè Antonino e La Barbera Gioacchino, intercettazione di conversazioni tra presenti, per la durata prevista dalla legge».

Dell'installazione della microspia, specificò il capocentro Dia, si sarebbero occupati gli ufficiali di polizia giudiziaria del suo ufficio, e l'ascolto sarebbe avvenuto «in luogo ritenuto idoneo alle esigenze tecniche», senza aggiungere altri particolari.

Adesso mancava solo qualche firma per ricevere l'autorizzazione. Non rimaneva che aspettare. Ma bisognava fare in fretta, perché i due indiziati si mostravano sospettosi, e come si erano dileguati una volta potevano farlo una seconda. Per questo Di Petrillo aveva sottolineato, nella sua richiesta, la necessità della procedura d'urgenza.

VIII

Che inverno, a Palermo. Inverno strano, freddo, pazzo e inquieto.

Nulla, dopo la cattura di Totò Riina, può essere uguale a prima. Il terreno di Cosa Nostra trema come gelatina scossa. La città si contorce nei suoi mali di sempre, ma con i segni rossi delle stragi sulla pelle, solo in parte curati dall'arresto del capo dei capi. Palermo digerisce tutto, o quasi. Si moltiplicano le iniziative antimafia, e si moltiplicano le polemiche per l'arresto di Bruno Contrada, il super-poliziotto accusato di collusioni con la mafia.

Che giorni, questi del 1993. Ogni cosa, ogni fatto è accompagnato da mille voci, concordi o dissonanti. Palermo, come sempre, si consuma e si divide su tutto, in modo che alla fine non resti quasi nulla, nella disgregazione che riduce a sabbia qualsiasi cosa.

C'è chi compone un *Requiem per le vittime della mafia*, come quei giovani musicisti che hanno adattato un testo dello scrittore Vincenzo Consolo. Ma arriva subito il sospetto: cosa c'è sotto? Già, cosa c'è sotto. Il Palermo Calcio arranca per risalire in B, l'allenatore Orazi invita alla calma: «Può ancora succedere di tutto». Di tutto, appunto.

Nevica su Palermo, nei primi giorni di marzo: il che provoca sempre un po' di stupore se non sconcerto. Il vento soffia a cento chilometri all'ora, temperature minime fra i 3 e i 5 gradi. Gli aliscafi per le isole sono fermi in porto. Le vette delle Madonie sono bianche, ma in città manca l'acqua: in rete, a giorni alterni, scorrono 1880 litri al secondo, il minimo storico.

Nevica e piove, ma interi quartieri restano a secco. Rischia la crisi la giunta di pentapartito del socialista Manlio Orobello; a Palazzo delle Aquile le sedute del consiglio comunale vanno a vuoto perché tutti sono chiusi nelle sedi dei partiti a discutere sulle mosse da fare o da non fare.

Totò Riina appare per la prima volta in tv, per un processo, e lancia messaggi, occhiate, parole. Uno show, insomma. E ancora una volta, polemiche.

Posti tutti occupati al cimitero dei Rotoli, non c'è spazio per altre tombe; la Procura apre un'inchiesta. I giornali grondano di avvisi di garanzia, arresti, richieste di autorizzazioni a procedere. Succede, a Milano.

A Palermo i fatti sono altri. In un paese a cinquanta chilometri è stato seppellito uno morto per infarto, così avevano detto la famiglia e il medico. Ma quando è stato riesumato il corpo l'hanno trovato crivellato di proiettili. Morte naturale per eccesso di piombo. Succede, in Sicilia.

I cronisti si chiedono: Bernardo Provenzano, braccio destro di Riina, è vivo o morto? I magistrati della Procura, grazie ai nuovi pentiti, ricostruiscono l'ultimo decennio di sangue. Dagli archivi si rispolverano pure le foto della A112 con i cadaveri di Carlo Alberto Dalla Chiesa e sua moglie Emanuela. Archeologia mafiosa.

Ogni giorno la città è bloccata da un corteo. Traffico, naturalmente, nel caos. Gli operai degli appalti di manutenzione, gli ex detenuti riuniti in cooperativa, gli edili, gli autisti dell'Amat. «La-vo-ro, la-vo-ro, la-vo-ro», scandiscono gli slogan. La polizia interviene e si arriva allo scontro fisico: sul terreno restano vasi spaccati e auto rovesciate in piazza Pretoria, sotto il municipio.

Una bomba fa saltare un magazzino di abbigliamento

in via Lincoln. Un furgone parcheggiato lì davanti viene sbalzato di dieci metri. I proprietari del negozio dichiarano: «Non abbiamo mai ricevuto richieste di pizzo». Succede, a Palermo.

Nei cinema danno *Gli spietati*, *Sommersby*, *Il grande cocomero* e *Guardia del corpo*, vanno forte Clint Eastwood, Richard Gere, Sergio Castellitto e Kevin Costner.

Il teatro Massimo è chiuso: il «Giornale di Sicilia» apre una campagna per la sua riapertura e conta i giorni. Ne sono trascorsi 459 da quando ha avviato l'iniziativa. Diciannove anni da quando il teatro ha chiuso i battenti, giusto per dei piccoli lavori di manutenzione mai conclusi. Il maestro Sviatoslav Richter annuncia con un'inserzione sul giornale che si è ristabilito dal piccolo incidente che lo ha costretto a spostare la serata, sarà quindi in scena al teatro Golden per eseguire Bach, Beethoven e Schubert.

Tutto va bene, a Palermo. In fondo, la vita prosegue. Alla messa di suffragio per Salvo Lima, a un anno dal delitto, padre Fiasconaro ricorda l'eurodeputato nella sua omelia: «Faceva del bene. Una persona che si mette veramente a disposizione degli altri è da sottolineare: non vediamo solo la parte negativa».

Tutto va bene, ogni giorno ci sono arresti: per mafia, per droga, per rapina, per tangenti. Ma tutto va bene. La signora Antonietta, impiegata postale, mette al mondo quattro gemelli, al reparto di Ostetricia dell'Ospedale Civico. I tre maschietti pesano un chilo e mezzo ciascuno; la femminuccia, appena un chilo e cento. Stanno tutti abbastanza bene, anche il papà.

Quattro ragazzini di sedici anni, sorpresi a rubare in una villa di Sferracavallo, finiscono in cella. Stanno meno bene di prima.

Alle spalle dell'Ospedale Civico, dove sono nati i quattro gemelli della signora Antonietta, si allunga via Giovan Battista Ughetti. Strada di palazzi nuovi e anonimi. Automobili parcheggiate fitte lungo e sopra i marciapiedi, insegne al neon sui negozi che offrono prodotti per la casa, pane caldo, capi d'abbigliamento a prezzi scontati.

Via Ughetti si perde verso i campi che costeggiano il fiume Oreto, un rivo di acqua fognaria così smorto e maleodorante che è difficile promuoverlo nella categoria dei fiumi. Ma a Palermo lo chiamano così. Lungo le sue acque, ormai incassate in un canale di cemento, si alzano catapecchie di legno e lamiera a guardia di orti irrigati con quel liquame.

I palazzi del lato sinistro di via Ughetti, sul retro, si aprono alla vista del cimitero di Santo Spirito: e, al tramonto, è struggente e spaventoso assistere al moltiplicarsi dei lumini che tremano all'ombra della sera.

È quello che viene chiamato un «rione popolare», quando non se ne vogliono offendere i residenti. Insediamenti edilizi recenti, palazzi nuovi, né belli né brutti, per coppie giovani, anziani soli, studenti e lavoratori fuori sede. Per molti che arrivano a Palermo dalle province occidentali della Sicilia per frequentare l'università, questa zona è l'approdo dei primi tempi, quando il resto della città è ancora tutto da scoprire.

Interi palazzi sono divisi in mini-appartamenti («Si loca: balconato, arredato, solo a studenti», recitano i cartelli esposti), affittati con contratti annuali a fuori sede. Per i proprietari è una manna: poche discussioni sul costo, meno ancora quando è l'ora di buttar fuori i giovani inquilini. L'unico problema è se sono troppo vivaci e, a forza di feste e nottate fra amici, riducono tutto a pezzi.

Qui le luci delle ambulanze che entrano al pronto soccorso del Civico squarciano la notte più e più volte.

Qui, di sera, è facile trovare gruppi di ragazze e ragazzi che si spostano a piedi da un palazzo all'altro per incontrarsi. Qui è facile passare inosservati perché nessuno sa chi abita accanto: nessuno si stupisce se un appartamento viene affittato per sei mesi o un anno. Nessuno si incuriosisce se le luci restano accese fino all'alba e le serrande sempre abbassate durante il giorno.

Da queste parti è normale che da una porta escano al mattino due, tre, quattro persone tutte dello stesso sesso. Qui nessuno è veramente di Palermo: tutti immigrati dalla provincia, con inflessioni e cadenze dialettali che riecheggiano diverse provenienze.

Le scelte di Nino Gioè e Gino La Barbera non sono mai casuali. Anche questa volta – come fu per via Gioè – hanno trovato un buon posto per mimetizzarsi. Attraverso un'agenzia immobiliare di via Ruggiero Settimo, e presentando un documento falso, hanno affittato l'appartamento al nono e ultimo piano di una delle due torri gemelle, quella più interna rispetto alla strada.

Un salottino e una camera da letto più servizi su due livelli, arredati coi mobili fatti in serie e senza pretese, ma con tutto ciò che serve. In soggiorno un tavolo, due sedie e un divano a fiori, dove può dormire un eventuale ospite; nel sottotetto due letti separati da un comodino, un armadio a tre ante più i cassetti per la biancheria, lo spazio per un piccolo televisore.

Hanno considerato pure la comodità del parcheggio, anche qui c'è un cancello elettrico radiocomandato che permette di arrivare fin sotto il portone con l'automobile. Sanno bene che in questo condominio nessuno farà molte domande. Sanno bene che nessuno si interrogherà se c'è un viavai di uomini e donne. Sanno perfettamente che nessuno potrà mai sospettare di loro: li scambieranno forse per impiegati in trasferta, per studenti fuoricorso e un po' attempati. Li prenderanno per qualunque cosa tranne per ciò che sono realmente: uomini d'onore di Altofonte.

Ci sono quartieri chiusi come ghetti. Isole dentro la città, per usare la definizione di Leonardo Sciascia che vedeva la Sicilia come un sistema di isole: l'isola-provincia, l'isola-città, l'isola-quartiere, l'isola-famiglia e, infine, isola dentro tutte le altre, l'isola-individuo siciliano.

I quartieri con l'identità più forte e riconoscibile non sempre sono quelli più vecchi. Certo, c'è la Kalsa, c'è la Vucciria con il suo mercato, c'è il Capo. Ma anche spostandosi al di fuori dei 250 ettari del centro antico della città, spartiti dalla ferrea geometria dei Quattro Canti, ci sono altri quartieri – un tempo borgate – che hanno precise identità, e nomi dal sapore esotico: Arenella, Acqua dei Corsari, Guadagna, Altarello, Ciaculli, Villagrazia, Zisa, Danisinni.

Nessun palermitano si accontenta di sapere che qualcun altro è *soltanto* di Palermo: per saperne di più bisogna conoscerne la provenienza esatta. Per saperne di più sul pedigree, sui carati di *palermitudine*, per conoscerne l'esatta denominazione d'origine; anche, ma non solo, dal punto di vista della mafiosità, quindi dell'affidabilità.

Chi viene dallo Zen, dal Cep, da Borgo Nuovo non può vantare quarti di nobiltà mafiosa. Semmai, può esibire storie di famiglie disagiate, di nuovi tormenti metropolitani innestati su povertà ataviche. Lì, nei quartieri di recente espansione, non si troveranno mai grandi boss di Cosa Nostra.

Bisogna andare altrove: all'Uditore, a Passo di Rigano, alla Noce, a Partanna Mondello o a Pallavicino per ricostruire – a volte grazie a un cognome – il ceppo genealogico di un palermitano.

Anche quando non si parla di mafia, la provenienza

fornisce informazioni utili sui caratteri, sull'origine marinara o campagnola, sullo stato sociale, sui luoghi e le persone frequentate. Perfino gli accenti cambiano, da quartiere a quartiere, e basta sentire le *e* particolarmente larghe e strascicate per riconoscere gli *ausitani*, gli abitanti della Kalsa, che in palermitano stretto diventa *Havusa*.

E poi ci sono quartieri indistinti, aperti a ogni conquista, senza tradizioni e storia, ma solo quella recentissima e triste del sacco di Palermo: i quartieri-bene di via Lazio, viale Strasburgo, via dei Nebrodi, via Autonomia Siciliana, viale delle Alpi. Palazzoni a dieci piani, eretti a metà degli anni Sessanta da costruttori mafiosi o non mafiosi, ma tutti uniti nel dare risposte ai siciliani che dai paesi e dalle campagne accorrevano nella capitale dell'isola per affollare gli uffici pubblici, e soprattutto quelli della Regione.

Venivano dalla provincia e si lasciavano dietro paesi polverosi, case vecchie, strade di pietra: in città, alla soglia di un nuovo benessere, volevano appartamenti al settimo piano, ascensori, videocitofoni, scale di marmo, portieri in livrea per sentirsi ricchi e diversi, per stupire i parenti in visita che mai, fino ad allora, avevano visto case così alte, tanto che a sporgersi dai balconi girava la testa.

I nuovi palermitani volevano tutto questo, e Cosa Nostra, con il suo cemento, riuscì a soddisfare la domanda, distruggendo definitivamente gli agrumeti più verdi della Conca d'oro.

Saranno pure *viddani* di Altofonte, Gioè e La Barbera, ma conoscono benissimo Palermo. Sanno che questo quartiere ibrido, chiuso tra due ospedali, un cimitero e un fiume, garantisce anonimato e discrezione. Certamente non sanno, come tanti altri, che il dottor Giovan Battista Ughetti – a cui questa strada è dedicata – era luminare di anatomia patologica a Catania all'inizio del secolo, autore con uno pseudonimo di libri accattivanti: *Il mondo senza donne*, *Amarezze della vita*. Titoli quanto mai appropriati a questa vita da clandestini in via Ughetti, condivisa prevalentemente fra uomini, dietro la porta dell'interno 38, tranne quando c'è qualche affare da sbrigare. E in questi primi mesi del 1993, Nino e Gino non sanno ancora quali amarezze riserba la loro vita.

Per il momento, nella tana al nono piano di un anonimo edificio bianco, i giorni sono scanditi dai fatti piccoli e grandi comuni a tutti gli impiegati: d'altronde, non sono Nino e Gino impiegati a tempo pieno nell'azienda Cosa Nostra? Anzi, qualcosa di più, «quadri intermedi» si potrebbe dire. Funzionari di discreto livello che hanno accesso agli uomini che prendono le decisioni.

Chiusi là dentro, in quella mansardina della scala B del civico 17, non è che facciano proprio una vita brillante. A volte mangiano in piedi, una pizza, un panino, una birra. Poi, di notte, le lunghe chiacchierate a letto, nella stessa stanza, come compagni di collegio. O di caserma. E al mattino, le battute che rivelano un'intimità forzatamente condivisa, un po' da studenti e un po' da militari. Gino ogni mattina conta quanti capelli perde Gioè: «Guarda, li lasci tutti sul cuscino».

Ci sono gli spaghetti aglio e olio improvvisati, il televisore sempre acceso, la radiosveglia puntata alle sette e mezzo del mattino. Ci sono le giornate passate a parlare delle cose di Cosa Nostra, assieme ad altri uomini d'onore che passano ore e ore con Nino e Gino.

I discorsi da maschi, i racconti di Gioè che si vanta del suo week-end ad Agrigento, per la festa del Mandorlo in Fiore, a base di cibo e di sesso. Ma ci sono anche le conversazioni da «salotto», che Nino ama fare soprattutto col suo amico Vito, uno dei pochi che hanno accesso in via Ughetti. C'è fra loro un'affinità culturale: parlano spesso di musica lirica, di quadri, di cinema.

«L'altra sera me ne sono andato al cinema con mia moglie», esordisce Nino, davanti alla tv accesa.

E Vito: «Io pure».

«Siamo andati al coso, al King...»

«Ah, ti sei andato a vedere, come si chiama... *Sommersby*. Minchia, siamo andati a vedere gli stessi film.»

«Te lo sei visto questo film?» chiede Nino.

«Sono andato a vederlo sabato. Ieri pomeriggio, invece, siccome a mia moglie piace assai il cinema, gli dissi: andiamo a vedere *Il grande cocomero.*»

«Dove lo fanno?»

«Al Jolly.»

«*Il grande cocomero*?» fa Gioè.

«*Il grande cocomero* è la storia di un medico di psichiatria infantile. È una storia vera, di una bambina che ha delle crisi epilettiche... e la mettono a studiare...»

«Film drammatici...»

«Sì, film drammatico, però divertente. Una cosa fatta bene.»

Era piaciuta anche a Nino e Gino la «sceneggiata» di Totò Riina, come loro stessi la chiamavano. Certo, rivederlo in tv, dietro alle sbarre dell'aula bunker, è una triste emozione. Ma è pure uno spettacolo.

Dopo l'arresto, di Riina circolava solo una foto, lui con il suo faccione tondo e dimesso, in piedi sotto l'immagine di Giovanni Falcone e Paolo Borsellino. Ora, la mattina di lunedì 2 marzo, il boss torna a Palermo. Ha la stessa maglietta verde che indossava il giorno della cattura, quando entra nell'aula blindata dove si celebra il processo per i delitti politici, gli omicidi di Michele Reina, Piersanti Mattarella e Pio La Torre.

Zù Totò è imputato, come in molti altri procedimenti, in qualità prima di componente e poi di amministratore unico della commissione di Cosa Nostra. Attorno all'aula bunker sono schierati trecento militari, decine di mezzi corazzati, uomini armati di fucili mitragliatori in assetto da guerra.

Riina smentisce subito, solo con la sua presenza, le voci che lo danno per malato e debole. È sfavillante, gli occhietti brillano di furbizia maligna, l'accento è duro e greve come quello dei siciliani dell'interno, la grammatica zoppicante. Ma le sue parole suonano immediatamente come un messaggio verso il popolo di Cosa Nostra. Il capo ripete, davanti alle tv di mezzo mondo, quali sono gli obiettivi e i nemici da abbattere.

«Mi chiamo Riina Salvatore fu Giovanni, nato a Corleone il 16 novembre del 1930», esordisce.

«Lei è imputato degli omicidi del presidente della Regione Mattarella, del segretario del Pci La Torre, dell'ex segretario della Dc Reina. Intende rispondere, vuole difendersi?» chiede il presidente della Corte d'assise, Gioacchino Agnello.

«Certo, presidente. E allora perché sono qui?»

«Lei, fin dal 1973, avrebbe fatto parte della cosiddetta "commissione", con posizioni di prestigio. Così almeno dicono i collaboratori di giustizia che l'hanno accusata: Tommaso Buscetta, Salvatore Contorno, Antonino Calderone, Francesco Marino Mannoia, Vincenzo Marsala che hanno attribuito alla "commissione" la decisione di uccidere Mattarella, La Torre e Reina...»

Riina lo interrompe: «Signor presidente, io non so come voi li chiamate, ma io preferisco continuare a chiamarli pentiti. Sono tutti uguali. Io sono un analfabeta, *un quinta elementare*, però mi ricordo che una volta arrivavano le lettere anonime e venivano cestinate. Allora sono spuntati i pentiti. Che fanno i pentiti? Accusano, accusano. Ma io non ho fatto associazione con nessuno e neanche loro hanno fatto associazione con me. La verità è che sono gestiti da chi ha il comando di gestirli. In modo tale che quello che dice uno, dicono tutti. Vanno a braccetto. Oggi basta firmare un verbale per uscire dal carcere, prendono soldi e ville. Ogni volta che hanno parlato di Riina si è alzata la pagella, hanno preso più soldi. Tutti cercano di pentirsi accusando degli innocenti. Devono portare prove e riscontri, si dice, ma tutti lanciano le stesse accuse. E che vuol dire? Bisogna vedere chi li gestisce e perché lo fa».

Il presidente riprende la parola: «Lei conosce coloro che la accusano: Buscetta, Contorno e altri?»

«No, ma vorrei che mi mettesse a confronto con loro. Vediamo se ripetono: questo me lo disse Bontade, questo me lo disse Badalamenti. Buscetta dice un sacco di fandonie. Tutti i pentiti dicono *bugiarderie*. Loro sono quelli che hanno fatto arrestare pezzi grossi della politica, sono quelli che hanno provocato i suicidi dell'avvocato Montana, del giudice Signorino.»

«Lei nega di avere ordinato i delitti politici?»

«Io non ho mai fatto politica. Queste sono cose politiche. Che interesse potevo avere a uccidere Mattarella e gli altri? Che, dovevo prendere il posto di La Torre, io? Bisogna cercarli altrove, i colpevoli. Io sono solo un povero agricoltore. Hanno fatto di me un parafulmine. Ma dove ci siamo incontrati, io e i pentiti? Quando siamo stati assieme? Non potevo essere solo: avremmo dovuto essere in tanti per quei delitti. Nel maxi-ter sono stato assolto, nel primo maxi-processo ho avuto l'ergastolo. Eppure ero accusato sempre dagli stessi pentiti.»

«È mai stato a Corleone negli anni della sua latitanza?»

«No, io non ero latitante. Io prendevo aerei, treni, autobus e nessuno mi ha mai cercato.»

«Ma a Corleone c'è stato?»

«No, tanto è vero che i miei figli non conoscono il paese.»

«Conosce Michele Greco?»

«No.»

«Conosce Provenzano?»

«So che è un mio compaesano, ma non lo conosco.»

«Conosce Bernardo Brusca?»

«No.»

«Pippo Calò, Nenè Geraci, Francesco Madonia?...»

«No, signor presidente, non conosco nessuno.»

L'avvocato Crescimanno, difensore di parte civile, chiede: «Dov'era nel '79?»

«E che ne so?» dice Riina continuando nel suo show. «Se io le chiedo dov'era lei nel '79, forse lei se lo ricorda? Per tutti questi anni ho lavorato per un'impresa edile, a Trapani. Prima mi davano 300.000 lire a settimana, poi 400.000. Degli omicidi La Torre, Mattarella e Reina ho saputo dalla televisione. La mia vita è stata solo casa, lavoro, famiglia e chiesa.»

«Ha mai sentito parlare dell'organizzazione chiamata Cosa Nostra?»

«Non ho frequentato nessuna organizzazione. Ho letto qualcosa sui giornali, ho sentito la tv.»

«Ha mai conosciuto Baldassarre Di Maggio?»

«Non conosco nessun Di Maggio.»

«E Buscetta?»

«Mai visto.»

«E Contorno, Calderone?»

«Nemmeno.»

«E Gaspare Mutolo?»

«Lui sì. In carcere, forse nel '66. Ricordo che era un

povero ladruncolo di giornata. La madre era in manicomio, poverina. Posso chiedere un confronto con Mutolo?»

«Conosce Bagarella?»

«Non lo conosco.»

«E Giovanni Drago?»

«Nemmeno lui.»

«Perché, secondo lei, i pentiti dovrebbero accusarla?»

«Io per l'Italia sono il nuovo Tortora. Ricorda il processo di Napoli? Poi il povero Tortora è stato assolto, ma venti pentiti lo hanno fatto morire di crepacuore.»

«Ma perché avrebbero deciso di accusare uno sconosciuto?»

«Può darsi che chi gestisce i pentiti abbia deciso così. Una volta il pentito Marsala disse a un giudice che mi vide partecipare a una riunione in campagna. Quando il presidente gli chiese quanto fossi alto, rispose: uno e settantacinque. Mi guardi, io sono alto un metro e sessanta. Si può sbagliare di quindici centimetri?»

La sceneggiata del boss si ripeterà ancora nei giorni successivi e sarà di nuovo densa di battute aggressive, irriverenti, sardoniche sempre e soltanto contro i pentiti. Fin quando non si comincerà a dire che al capo di Cosa Nostra è stato offerto un palcoscenico per comunicare all'esterno, e i magistrati ribatteranno seccamente per mettere a tacere i messaggi di Riina.

Anche Nino e Gino seguono in tv le ultime prodezze del loro capo. Le commentano fra loro, indignandosi perché vogliono mettere il bavaglio al corleonese e perché il pubblico ministero, Vittorio Teresi, lo ha apostrofato pesantemente: «Il suo comportamento è intollerabile».

«Minchia, dice che facevano come i cornuti l'altro

giorno con lo *zù* Totò. Lo sai tu?» chiede Nino, una notte, prima di spegnere la luce per andare a dormire.

«Minchia, come un cornuto faceva lui», risponde Gino. «Ma che minchia di discorsi sono? Perciò, un *cristiano* neanche può dire niente? Uno si deve difendere... Cornuti sono.» E riferendosi al pubblico ministero: «Ma che cosa sta dicendo questo? Lui non può dire al presidente quello che deve fare... Ma che minchia di discorsi sono?»

«Quando fanno in questa maniera ci sarebbe da tirare una bomba a qualcuno», taglia corto Gioè. Buonanotte.

Il palermitano è *manciatario*, parola che in dialetto non esprime solo il gusto per la tavola. C'è qualcosa di più: implica un amore per il cibo che ha quasi i connotati dell'ossessione.

Il palermitano predilige i pranzi domenicali che si prolungano fino al tardo pomeriggio. Interi agglomerati familiari si spostano, approfittando di un giorno festivo, di una ricorrenza, di una cerimonia, per sedere al tavolo di un ristorante.

A Sferracavallo, a Porticello, a Mondello se è tempo di ricci di mare – mangiati crudi, col pane –, o fino a Trapani e San Vito Lo Capo per il cuscus col pesce. Oppure a Ganci, Petralia, Isnello nell'autunno che offre costate e salsicce di maiale. A Cerda d'inverno, per mangiare pasta con ricotta e carciofi, carciofini spinosi arrostiti e carne di castrato.

La tavola, per il palermitano, è un rito che comincia al momento di fare la spesa. Ogni prodotto ha la sua denominazione d'origine, garanzia della qualità migliore per ciascun ramo alimentare: i cannoli di Piana degli Albanesi, il caciocavallo di Ragusa, i fichi d'India di Santa Margherita Belice, il gelato al Foro Italico, la carne alla Vucciria, il pesce al Capo, patate, carciofi e peperoni già arrostiti a

Borgo Vecchio. E poi il pane caldo, due volte al giorno – mattina e pomeriggio – e la domenica nei banchetti degli abusivi o al panificio del Borgo che offrono il take-away alla palermitana, da dentro l'auto ferma in tripla fila col finestrino abbassato. Ciascuna pasticceria ha la sua specialità: crema di ricotta da Macrì, mousse al mandarino da Costa, gelo di mellone al Rosanero.

Ma il palermitano è ancor più *manciatario* perché non sa rinunciare ai cibi unti e fritti che sono il trionfo della cucina popolare da strada. L'arancina alla carne o al burro, la focaccia con milza e ricotta, la *frittola*, pane e panelle – le frittelle di farina di ceci, aromatizzate al prezzemolo – da comprare e consumare al volo, nei baracchini che non offrono alcuna sicurezza igienica, ma appunto per questo sono a garanzia del sapore genuino.

Chiunque arrivi a Palermo per la prima volta non sentirà profumi di zagare e di mare, ma solo gli odori fumosi che vengono dalle griglie allestite a bordo strada su cui arrostiscono le *stigghiole*, involtini di fegato foderati di budellino di agnello. E a Mondello regna il tanfo forte proveniente dalle pentole d'acqua bollente dentro cui si attorcigliano i tentacoli di polipi giganteschi, da consumare in piedi con una spruzzata di limone.

La pasta con la glassa, cioè con il sugo dello spezzatino, ormai si trova solo nella trattoria dei fratelli Lo Bianco, all'angolo tra via Emerico Amari e via Roma. Tavoloni lunghi dove ci si siede tutti accanto, amici e sconosciuti, camerieri che prendono le ordinazioni a memoria e urlano le comande in cucina. Nino, Gino e i loro amici ci vanno ogni tanto, quando si trovano in centro all'ora di pranzo.

Ma per la pizza, solo una volta La Barbera riesce a trascinare Gioè alla Taverna di John, alle spalle del grattacielo Ina di piazzale Ungheria, a due passi dal palazzo di giustizia. La pizza sarà pure buona, la clientela di discreto livello – molti giovani, visto che i prezzi sono moderati –, ma Nino non tollera di dover mangiare sotto le foto di Ninni Cassarà e Beppe Montana, i due poliziotti uccisi nell'estate del 1985, a distanza di pochi giorni uno dall'altro.

Questo gli sembra proprio un posto da sbirri. E in effetti, poliziotti e carabinieri ci capitano spesso, forse per la vicinanza al tribunale. Ci venivano pure Montana e Cassarà, e il proprietario, dopo i due omicidi, ha esposto le loro immagini. Perdendo un cliente mafioso.

«Non mi piace, non ci torno», dice Gioè a La Barbera.

Sarà quindi un'altra pizzeria, la Forst di via Del Fante – oltre alla passione per le cene fuori casa – a decidere della loro sorte. E pensare che Nino e Gino si sono pure accorti di uno strano movimento, di facce sospette, di occhiate oblique. Sono convinti che Santi Pullarà si sia portato dietro una «coda» di sbirri. Se ne vanno in fretta, ma non sanno che ormai sono stati riagganciati.

In qualche modo bisogna pur campare. E in questo periodo la cosa che rende di più è la cocaina. Ma Giovanni Brusca è in difficoltà: i suoi grossisti abituali hanno interrotto le forniture.

Una «piccola attività» in fondo, per arrotondare le entrate. Perché con gli omicidi non si guadagna, perché Cosa Nostra non paga i suoi funzionari, ma dà loro la possibilità di organizzarsi e commerciare in proprio, a condizione che non si creino conflitti di competenze con altre famiglie mafiose o altri uomini d'onore.

Giovanni Brusca, Nino Gioè e Gino La Barbera hanno bisogno di soldi. Brusca in particolar modo, perché la latitanza ha costi altissimi e anche perché ha un figlio da crescere. Ma ci vuole molto denaro per comprare la droga e ci vogliono acquirenti che pagano in contanti per recuperare l'investimento iniziale e guadagnarci.

Il boss di San Giuseppe Jato cerca una soluzione che racconterà lui stesso, quattro anni dopo, ai magistrati.

Vedendolo in difficoltà – dirà Brusca – Gaetano Sangiorgi ancora una volta gli offre una mano. Sa che il capomandamento di San Giuseppe Jato ha sei chili di cocaina che non riesce a piazzare. «Non ci sono problemi. Ve la faccio vendere io, tutta in una volta», assicura Tani Sangiorgi.

«A chi?» chiede Brusca.

«A un trafficante di droga di Salemi», e fa un nome.

Ma Brusca non si fida, conosce quell'uomo e sa che è uno che non paga, fa storie, non ha liquidità.

«Non ti preoccupare. Se non dovesse pagare, ne rispondo io», garantisce Sangiorgi.

Brusca però aveva visto giusto, a consegna avvenuta i soldi continuano a non arrivare. Però gli servono. Brusca si affanna a trovare nuovi contatti, per nuovi affari. Chiama Robertino Enea, che ha un negozio di materassi a piazza Monte di Pietà, una delle piazze più belle di Palermo, ma vive prevalentemente a Milano, dove è un professionista nel suo settore, quello della droga, non dei materassi.

Enea ha una partita di cocaina in arrivo, ma spiega a Brusca che ha bisogno di soldi, perché appena la coca è pronta va pagata subito.

Bene, Brusca chiama Sangiorgi.

«Allora, Tani? Quei soldi?»

Sangiorgi si schermisce: «Sai, ancora non l'ha potuta vendere».

«Allora fatti prestare un po' di *piccioli.*»

Sangiorgi ha garantito per l'acquirente, deve a tutti i costi trovare il denaro che chiede Brusca. Si rivolge a un suo parente, che – dopo aver sentito il nome di Brusca –

vola in Svizzera, preleva 500 milioni di lire, va a Milano e fissa un appuntamento con Tani per la consegna.

Toccherà a Gino La Barbera il ruolo di emissario di Brusca: dovrà andare a Milano per controllare che quei soldi vadano dritti dritti nelle mani di Robertino Enea. E nel covo di via Ughetti, aspetta che Brusca gli dia l'ordine di partire.

I notiziari delle televisioni regionali e i giornali liquidano il suo arresto in poche righe e una foto piccola piccola: «Meno noto è Giovanni Scaduto, parente del vecchio patriarca di Bagheria, Mariano Scaduto, morto di vecchiaia».

È stato travolto, nella notte fra lunedì 8 e martedì 9 marzo, dalla maxi-operazione della Dia che ha fatto scattare cinquantotto ordini di cattura, costruita sulle dichiarazioni dei collaboratori di giustizia Gaspare Mutolo, Pino Marchese, Giovanni Drago, Leonardo Messina e Balduccio Di Maggio.

Il «Giornale di Sicilia», dedica al blitz sei pagine con tutti i dettagli: «Dieci anni di terrore. Riscritta la lunga guerra di mafia da Bontade a Libero Grassi. Parlano i pentiti, scatta la retata».

Una brutta botta per quelli del «buco» di via Ughetti. Gioè e La Barbera sono ancora liberi, ma Nino è sorpreso, spaventato quando gli dicono che hanno preso Scaduto: «Hanno arrestato a Giovanni, Giovanni nostro? Ma dove?»

Le prime notizie sono incerte, raccolte fra gli stessi uomini d'onore. Non si sa nemmeno, con esattezza, di che cosa sia accusato.

«Si è buttato latitante sapendo che gli avevano imputato la strage», azzarda Gino.

«Questo ha partecipato proprio alla strage di Bagheria», dice Nino.

Era il 23 novembre del 1989: in via Vallone De Spuches, a Bagheria, un commando faceva fuoco su tre donne che viaggiavano su un'auto. Nel massacro rimasero uccise Vincenza Marino Mannoia, Leonarda e Lucia Costantino: sorella, madre e zia del pentito Francesco Marino Mannoia, che proprio in quel periodo aveva cominciato a collaborare con i magistrati, rivelando i segreti di Cosa Nostra al giudice Giovanni Falcone.

Una vendetta trasversale contro Marino Mannoia, ma anche una lezione per quelle tre donne che non avevano preso subito le distanze dal loro parente «infame». A quella missione di morte, secondo il racconto fatto agli inquirenti da Pino Marchese e Giovanni Drago, partecipò anche il giovanissimo Giovanni Scaduto.

«Ma che, l'hanno preso di notte?» si chiede Gino. «Ma dov'era andato a dormire, a Bagheria? A Palermo l'hanno preso. Minchia, a Palermo! Dove si deve nascondere uno?»

«Da nessuna parte...» replica sconsolato Nino.

«Palermo è un recinto», aggiunge Gino.

Scaduto è sempre stato molto accorto, si è sempre mosso con prudenza. Se lo hanno preso, vuol dire che anche loro sono in pericolo. E, da quanto accadrà proprio la mattina del 9 marzo, i due picciotti di Altofonte potranno avere la conferma che Palermo è veramente un recinto, che si stringe attorno a via Ughetti.

Gino è un fatalista: «Se ci cercano, ci fermano. Sennò perché ci dovrebbero seguire dappertutto?»

A Nino questa filosofia spicciola non sta bene: lui vede pericoli e agguati dietro ogni angolo. Facce sospette, auto sospette, sguardi sospetti.

La mattina del 9 marzo escono da via Ughetti abbastanza tranquilli: Nino con la Lancia Delta che ha ora a disposizione, e Gino con la Nissan Terrano. Appuntamento con Giovanni Brusca al solito posto, davanti al Sigros di via Ugo La Malfa, all'uscita dalla città verso Trapani.

Non si accorgono subito che sono seguiti. Intercettano Brusca al Sigros con la sua automobile: Nino e Gino fanno da battistrada. Devono andare verso Balestrate, a una riunione. Sull'autostrada per Trapani, Nino intuisce di essere seguito. Fa i suoi controlli: rallenta, accelera, rallenta di nuovo.

Dietro ci sono alcune auto che lo tallonano, sicuramente sbirri. All'inizio nota solo delle sagome coi capelli lunghi, e pensa siano donne; ma poi guarda meglio e vede facce scure e tirate di uomini che non gli piacciono. Uno gli pare di averlo già incontrato da qualche altra parte, ha la barba e i capelli neri, guida una Peugeot bianca col paraurti rotto.

Anche Gino si accorge che qualcosa non va. Brusca prosegue, forse non si sono accorti di lui. Ma è preoccupato, teso. Rischia quasi di speronare un'auto di quelle che sembrano impegnate nel pedinamento.

Gioè è uno che si vanta di saper guidare bene. Allo svincolo per Balestrate, quando ormai Palermo è cinquanta chilometri indietro, tenta una manovra azzardata per avere la conferma dell'inseguimento. Si sposta sulla corsia di sorpasso per superare un camion, poi, di botto, accelera, taglia la strada all'autocarro e si infila nell'uscita per Balestrate. La macchina dietro fa la stessa cosa.

Non ci sono più dubbi. Nino arriva nella casa dove l'attendono gli altri. C'è pure un altro latitante, Matteo Messina Denaro, uomo d'onore e capomandamento di Trapani.

«Ho una carovana dietro di me», avverte.

Arrivano Giovanni Brusca e Gino La Barbera. Pure loro hanno capito che qualcosa non va. Si affacciano alle finestre e continuano a vedere movimenti, auto che passano a poca distanza dalla casa, girano, si fermano.

Troppo pericoloso, soprattutto per Brusca e Messina Denaro. Devono lasciare subito quel posto, evitando di farsi seguire. Ma nel frattempo ci si prepara al peggio. Se gli sbirri decidono di avvicinarsi troppo o di entrare in casa, allora bisogna fermarli, a tutti i costi.

Questo è uno dei casi eccezionali in cui bisogna stare armi alla mano, finisca come finisca. La latitanza dei due boss va difesa, anche impegnandosi in un conflitto a fuoco dall'esito imprevedibile.

Scattano le sicure delle pistole, si montano i fucili a pompa, gesti secchi e precisi per inserire i caricatori, verificare che ogni arma sia in grado di sparare alla minima pressione del grilletto. Ma bisogna pensare anche a far allontanare i latitanti: Brusca se ne va con il Fiorino parcheggiato davanti alla casa.

Là fuori ogni tanto passa qualcuno, il rumore di un'auto in lontananza, un movimento strano. Anche Matteo Messina Denaro riesce ad allontanarsi verso Trapani.

Adesso sembra che attorno non ci sia più nessuno. La campagna è ferma, immobile. Non si vedono più né persone né auto.

Meglio andar via subito, prima che tornino indietro con i rinforzi, magari per tentare l'irruzione. Tutti, alla spicciolata e percorrendo strade secondarie, ritornano a Palermo. Nino e Gino si rivedranno, a notte fonda, nella tana di via Ughetti per raccontarsi la paura.

IX

L'autorizzazione per l'intercettazione ambientale arrivò in pochi giorni, ai primi di marzo.

Nino Gioè e Gino La Barbera continuavano a essere sorvegliati giorno e notte, quando uscivano e quando rientravano nel palazzo di via Ughetti. Ma ormai i loro spostamenti interessavano poco, tutta l'attenzione della Dia era concentrata sull'operazione microspia, la sistemazione della «cimice» che, nei progetti e nelle speranze degli investigatori, avrebbe dovuto aprire nuovi squarci di conoscenza su quella parte di universo mafioso.

Serviva un tecnico fidatissimo e molto esperto per penetrare nell'appartamento e sistemare tutto in pochi minuti, senza lasciare tracce. Uno che curasse ogni particolare e garantisse un lavoro pulito, per non mandare a monte sei mesi di faticose indagini.

All'interno della Dia c'erano tecnici adatti a questo tipo di incarichi, ma stavolta non si poteva rischiare nulla: serviva il massimo dell'esperienza e dell'affidabilità per la prima intercettazione antimafia del dopo-Capaci.

Il colonnello Di Petrillo ci pensò a lungo, e alla fine ricordò di aver conosciuto quindici anni prima la persona che faceva al caso suo.

Era il 1978, e lavorando al Nucleo antiterrorismo del generale Dalla Chiesa s'era imbattuto in un maresciallo dei carabinieri per il quale non esistevano serrature inviolabili né appartamenti che non si potessero «microfonare».

«È l'uomo che fa per noi», spiegò il capo-centro di Roma a Micalizio, a De Gennaro e al direttore della Dia Giuseppe Tavormina – carabiniere anche lui, generale di divisione – parlando di un ometto dall'aspetto anonimo e insignificante, che era penetrato in tanti appartamenti delle Brigate Rosse e che in seguito aveva collaborato a molte altre indagini, soprattutto sul terrorismo medio-orientale.

«Va bene, prendiamo lui.»

Il giorno stesso Di Petrillo chiamò Riccardo, il maresciallo che si stava ormai avvicinando all'età della pensione. Era un signore piccolo di statura, che trascinava a fatica una gamba malata, vestito senza troppa cura, i capelli imbiancati e lunghi sulle spalle, mani e viso rugosi, gli occhi castani che in certi momenti – per i lavori di precisione – avevano bisogno di lenti.

Con la sua aria dimessa Riccardo era capace di intrufolarsi dappertutto, in qualsiasi appartamento e in qualunque ambiente. Nell'ultima operazione aveva contribuito a smascherare un falso diplomatico di un Paese arabo che, a Roma, stava mettendo in piedi un gruppo di attentatori.

Di Petrillo illustrò al vecchio maresciallo le sue esigenze: si doveva entrare nella casa dei due mafiosi e sistemare la microspia senza lasciare, naturalmente, la minima traccia. Gli raccontò in breve la vicenda di Gioè e La Barbera, descrisse la zona di via Ughetti e il palazzo dove abitavano, illustrò i tempi nei quali bisognava agire.

Riccardo ascoltò con attenzione, e senza scomporsi fece l'elenco di ciò che doveva sapere in anticipo.

«Mi serve ogni tipo di informazione sulla porta e sulla serratura dell'appartamento», cominciò. «Poi vorrei conoscere l'epoca in cui il palazzo è stato costruito, perché potrebbero essere necessari lavori in muratura e mi devo regolare.»

Di Petrillo e gli altri funzionari ascoltavano un po' preoccupati e un po' affascinati. Riccardo continuò: «C'è un portiere? Avete i dati tecnici sull'edificio? Dovrei conoscere lo spessore di pavimenti e soffitti, quanto ferro c'è dentro le pareti per calcolare le possibilità di ascolto dall'esterno», e via di questo passo.

«Ho bisogno di un quadro completo della situazione», spiegò agli investigatori antimafia, «perché quando entrerò dovrò avere con me tutto il materiale eventualmente occorrente. Non posso interrompere il lavoro e uscire per andare a prendere un trapano... Quindi devo sapere tutto prima.»

Ma alla fine si congedò con un messaggio rassicurante: «Si può fare».

Le notizie chieste dal maresciallo Riccardo arrivarono in un paio di giorni.

Sul portiere del comprensorio gli investigatori avevano già svolto accertamenti, concludendo che non ci si poteva fidare.

Buone nuove, invece, sul marchio di fabbrica della porta dell'appartamento di via Ughetti 17, palazzina B interno 38. Quando vide le foto, il *chiavaro* si rallegrò: «È una serratura che conosco bene, l'ho già aperta tante volte. Non è necessario che venga a Palermo per il sopralluogo, mi bastano queste immagini».

Tornò poi nell'ufficio di Di Petrillo portando con sé un modello di serratura uguale a quello della casa di Gioè e La Barbera, per una dimostrazione di come poteva aprire e richiudere quella porta. Perché il problema, per l'appunto, non era tanto quello di aprire ed entrare nell'appartamento, quanto di uscire e richiudere senza che i due mafiosi, al loro ritorno, si accorgessero di nulla.

Nella sede romana della Dia, Riccardo sistemò la riproduzione della serratura e sfoderò i suoi attrezzi, una serie di ganci e piccole aste di ferro che solo lui sapeva come maneggiare. Cominciò a manovrare: uno scatto, due, tre, e la serratura si aprì.

Lavorava con gli occhi chiusi, Riccardo – «Devo immaginare quello che succede dentro la porta» – e nel massimo silenzio: bisognava capire esattamente quanto rumore, e di che tipo, si sarebbe fatto in via Ughetti.

Il lieve sferragliare e gli schiocchi metallici furono giudicati tollerabili: si poteva rischiare. I tempi di apertura e chiusura non superarono i tre minuti e mezzo previsti: si poteva andare.

Il giorno dopo il maresciallo Riccardo, in compagnia del vicequestore Gratteri e del commissario Pellizzari, era a Palermo. Con i suoi attrezzi, la sua esperienza e il suo sangue freddo era pronto a entrare nel covo mafioso e sistemare la microspia che avrebbe dovuto svelare agli investigatori mosse, contatti e progetti dei due uomini d'onore.

Nessuno conosceva esattamente com'era disposto l'appartamento, ma, visto che Gioè e La Barbera ci andavano essenzialmente di notte, l'idea era di nascondere la «cimice» in camera da letto.

Riccardo aveva portato con sé un marchingegno grande come una scatola di fiammiferi. L'avrebbe alimentato a pile, e non a corrente, perché per collegarsi all'impianto elettrico si sarebbero dovuti fare piccoli lavori in muratura, che richiedevano troppo tempo.

«Mi servono quattro batterie, dovremo trovare il modo di nasconderle bene», aveva detto.

Gli uomini della Dia, che per mesi avevano combattuto con le difficoltà di sostituire gli alimentatori delle telecamere, rimasero a bocca aperta davanti al materiale esibito da Riccardo, tutto di ridottissime dimensioni.

«Sono a basso assorbimento e di lunga durata, possono andare avanti anche per tre o quattro mesi», spiegò il maresciallo.

Nino e Gino, la sera, uscivano quasi sempre: Gioè se ne andava ad Altofonte o con Giovanna, La Barbera aveva le sue amiche altrove. Per entrare in azione, si decise di aspettare che entrambi fossero abbastanza lontani.

Prima dell'intervento, Riccardo fu accompagnato a fare un giro intorno al palazzo, quando era già buio. Subito dopo Gratteri e la Pellizzari rientrarono in ufficio, lasciando Riccardo in compagnia di un paio di uomini. Dovevano aspettare in auto il segnale degli altri agenti che circondavano il comprensorio e di chi avrebbe seguito le mosse di Gioè e La Barbera.

Alla tensione e alla preoccupazione, quella sera, si aggiunse pure la neve: pochi fiocchi mescolati alla pioggia, un fatto del tutto anomalo per Palermo. E per il maresciallo apri-porte qualche improvvisa linea di febbre: ma ormai era tutto pronto, non si poteva rinviare.

Il primo a uscire dall'appartamento fu Gioè, poco più tardi La Barbera. Ciccio andò dietro a Nino, Sauro si mise sulle tracce di Gino. Gli altri agenti che sorvegliavano il palazzo attesero qualche minuto, poi diedero il via libera.

Riccardo e l'investigatore che doveva accompagnarlo in casa scesero dall'auto, l'agente scavalcò il cancello nero e l'aprì con il pulsante interno, per far entrare il *chiavaro*. Salirono all'ultimo piano della seconda palazzina, Riccardo posò a terra la valigetta degli attrezzi e sfoderò i ferri del mestiere.

Cominciò a lavorare: uno scatto, due, tre.

La serratura era quasi aperta del tutto quando la radio dell'agente che sorvegliava il pianerottolo gracchiò:

«Attenzione, forse La Barbera sta tornando indietro. Allontanatevi».

I due si guardarono in faccia, senza dire niente. Il maresciallo si mise a richiudere la serratura più in fretta che poteva, il poliziotto impugnò la pistola controllando le scale e la porta dell'ascensore.

Un minuto più tardi erano in strada, e si nascosero in auto.

Era successo che Sauro, il quale seguiva il Terrano di La Barbera, l'aveva visto fermarsi in un bar distante meno di cinquecento metri da via Ughetti. Gino era entrato dentro, e il viceispettore, in napoletano concitato stretto, aveva avvertito i suoi colleghi di bloccare tutto: c'era il rischio che il mafioso tornasse subito indietro.

Qualcuno aveva avvisato Gratteri, che negli uffici della Dia stava fumando al ritmo di un padre in attesa fuori dalla sala parto.

«Aspettate lì, vediamo che succede», disse il vicequestore.

L'attesa, sotto il nevischio che continuava a cadere, durò alcuni minuti che sembrarono interminabili.

Finalmente Sauro richiamò via radio: «L'obiettivo è uscito e si sta allontanando nella direzione prevista».

Lasciato il bar con un pacchetto in mano, La Barbera era risalito sul suo fuoristrada e aveva preso la strada per uscire dalla città.

«Aspettate ancora un po'», ordinò Gratteri schiacciando l'ennesimo mozzicone di sigaretta nel portacenere.

Sauro continuò a tallonare Gino, e quando furono a distanza di sicurezza, quasi in vista di Piana degli Albanesi, richiamò in via Ughetti: «Potete andare».

Da chi seguiva Gioè non arrivarono contrordini, e poco dopo Riccardo e il poliziotto che lo scortava furono di nuovo sul pianerottolo del nono piano. Il maresciallo infilò i suoi ferri nella serratura, e stavolta ci mise anche meno tempo a far scattare tutti gli ingranaggi e aprire la porta.

Dentro l'appartamento, lui e l'altro agente fecero un rapido sopralluogo: ecco l'ingresso-salotto, la cucina, il bagno. Salito qualche gradino, ecco la camera coi due letti affiancati e divisi da un comodino, l'armadio e il televisore appoggiato su una sedia.

Toccando il minor numero possibile di oggetti, e rimettendoli sempre al proprio posto, diedero un'occhiata in cerca di armi. Trovarono solo un paio di cellulari spenti: evidentemente erano quelli clonati, usati per mascherare le chiamate.

Riccardo si concentrò sulla camera da letto, per individuare il posto in cui sistemare la microspia.

«Dove?» chiese l'agente.

«Nel comodino», rispose il maresciallo che s'era già messo al lavoro.

Non c'era tempo da perdere. Aprì il cassetto, c'era una vite che lo bloccava per evitare che venisse tutto fuori. La tolse, estrasse il cassetto ed esultò: «C'è un bel po' di spazio, quello che ci voleva».

L'agente non capì e Riccardo, mentre eseguiva il lavoro alla luce di una torcia elettrica, spiegò sottovoce: «I microfoni devono respirare, e qui non si può bucare il legno. Ma l'intercapedine è abbastanza ampia, c'è spazio pure per le batterie».

Per una volta le coincidenze giocavano a favore degli investigatori.

«Il fatto che il cassetto non si possa sfilare del tutto ci dà una certa garanzia che quelli non scoprano niente», aggiunse il maresciallo.

In pochissimo tempo sistemò microfono, fili e batterie. Prima di uscire dette uno sguardo al cucinino, per capire se si poteva piazzare una «cimice» anche lì, ma scartò subito l'ipotesi: «Tanto, se è vero che vengono qui solo a dormire, in cucina non ci stanno quasi mai».

A meno di dieci minuti dall'inizio del secondo intervento, Riccardo e l'investigatore che gli copriva le spalle erano fuori dall'appartamento: il maresciallo richiuse la serratura, dette una spolverata tutt'intorno, sistemò gli attrezzi nella valigetta e disse le parole che l'agente aspettava con ansia da quando erano saliti: «Fatto, possiamo andare».

Appena fuori avvisarono Gratteri, e Riccardo telefonò a Roma, al colonnello Di Petrillo, per riferire che tutto era andato bene.

Il capo-centro della Dia chiamò subito De Gennaro e in tono scherzoso, facendo il verso ai comunicati delle Brigate Rosse, recitò: «Oggi un nucleo armato della nostra organizzazione ha fatto irruzione in un covo nemico...» Poi tornò serio, e disse: «Gianni, abbiamo portato a termine la prima, vera operazione della Dia. Vedrai che darà risultati che nemmeno ti immagini».

L'ascolto dei discorsi tra i due mafiosi era stato organizzato dentro un furgone attrezzato con tutti i macchinari necessari: i registratori, le cuffie, due sedie e una branda per far sdraiare ogni tanto almeno uno dei due agenti di turno. L'avevano parcheggiato lungo una strada lì accanto, una traversa di via Ughetti, a pochi metri in linea d'aria dal palazzo con la microspia.

Era un vecchio Ford Transit, danneggiato all'esterno quanto bastava per farlo sembrare un furgone abbandonato, in modo da non suscitare troppe curiosità nei due mafiosi.

Le operazioni di ascolto cominciarono la sera successiva all'intervento di Riccardo, il 6 marzo 1993. I due agenti di turno si sistemarono all'interno del furgone, e all'arrivo di Gioè e La Barbera infilarono le cuffie e accesero il registratore.

Alla prima prova sentirono voci cupe e parole difficilmente comprensibili, discorsi sovrapposti e frasi spezzettate. I fruscii e i rumori di sottofondo, di tanto in tanto, coprivano i due interlocutori. Ma gli investigatori avevano ascoltato a lungo le telefonate di Gioè e La Barbera; avevano imparato a distinguerne le voci e a capire quello che dicevano, anche se molti dialoghi risultavano incompleti e inizialmente poco chiari.

In ogni caso, i tecnici della Dia avrebbero filtrato e «ripulito» tutte le registrazioni, per una migliore comprensione. Tuttavia, già quella sera, i due investigatori poterono rendersi conto dell'importanza di ciò che stavano ascoltando.

Nino e Gino, a differenza che al telefono, parlavano finalmente in libertà. Discutevano dei fatti dell'organizzazione, facevano nomi di persone comparse nell'indagine e di altre ancora sconosciute, citavano apertamente Leoluca Bagarella e Giovanni Brusca, i primi due obiettivi da catturare.

Le tv e i giornali, in quei giorni, erano pieni di cronache e commenti sui possibili «colpi di spugna» del governo per chiudere la stagione di Tangentopoli e magari anche quella di Mani Pulite, delle polemiche sulle manette infilate ai polsi di personaggi eccellenti dati in pasto ai fotografi, delle rivelazioni su un altro noto poliziotto palermitano, dopo Bruno Contrada, accusato di complicità con la mafia da alcuni pentiti.

Ma quel sabato sera, Gioè e La Barbera non discutevano di nessuno di questi argomenti. Ce l'avevano con Giovanni Scaduto e recriminavano su questioni e affari interni a «famiglie» e mandamenti di Cosa Nostra. Senza immaginare che in strada, chiusi dentro un furgone, due sbirri registravano e prendevano appunti sulle loro chiacchiere.

«Giovanni Scaduto si è dato ammalato per la premura che aveva nelle mani», disse Gioè. «Quella roba te la do a 150 milioni, e i 60 milioni... Tani gli doveva comprare 500 milioni di appartamento... Un cornuto è Giovanni Scaduto... Gli ho detto: a me i 500 milioni di Giovanni Scaduto... non serve a me... Prima che sparla un altro... Che poi lui mi fa andare da qualche parte e poi ci va lui... prima che ci sono i *cristiani*... a me non servono.»

La Barbera replicò: «Gli ha portato il discorso... Dice: io non ci credevo... Come per far capire agli altri...»

Gioè insistette: «Invece, se lo racconta Nino, dice: è assai che non incontro Franco, non l'ho fatto perché non li ho avuti... Giovanni Scaduto ha parlato con Luca... portamelo... capisci? Però Luca dice: io in questi discorsi con... non voglio essere immischiato... Stavamo parlando che c'era un certo discorso politico da fare... Giovanni, dice, scambia tutte cose senza farlo andare... Piglio 500 milioni di soldi...»

«Questa gente pericolosa è», ribatté La Barbera.

L'audio non era granché, i discorsi si interrompevano di continuo, ma i contrasti tra Gioè e Scaduto emergevano in modo chiaro, anche se non si capiva bene a proposito di che cosa.

Il primo salto sulla sedia gli agenti lo fecero sentendo i brani successivi.

Nino disse ancora: «Sono cose di affari... hanno avuto, dice, problemi... discussioni difficili di affari... in specie tuo cognato... i soliti paesani... chiamarono altri *cristiani*, non è che... non ne potevano fare a meno... minchia, ora ci sono problemi... dice *'u Vicè* aveva una donna... e a Luca gli ho detto: Luchì... ci sono *cristiani* che hanno a "fissa" pagato... anche Dino fu chiamato... ha avvertito il mandamento... l'ha chiamato quel *cristiano*... dice: e allora?... io so che... *cristiani* con la corda al collo... io gliel'ho detto a Giovanni... cominciamo a mettere i piedi per terra... e lo disintegrò... lo zio Paolo chi minchia è?... Io ci credo a quello che dice *o zù Paolo*... dice che è un *tragediatore*».

«Luca era presente», lo interruppe Gino. Poi il discorso divenne del tutto incomprensibile, ma subito dopo arrivarono altri spezzoni, più chiari.

Riprese Nino: «Dice: poi il reggente... il reggente sono loro... il Settimo... lo zio Settimo... Salvatore... dice: quando hanno qualcosa ci... perché per noi che siamo in galera, il reggente, dice, è un *pupo*».

«Chi?» chiese Gino.

«Mi fa Giovanni...» rispose Nino, «il reggente non è che è messo lì per figura... però l'importante è che quello è il reggente, ed è quello che comanda... Così gli avrebbe detto però a Luca... *O 'u parcu* ci ha messo Nino, dice, arriva Santino e si immischia nelle cose...»

«Luca?... Proprio questo diceva?»

«Eh, e come...»

«A chi l'ha detto, a Giovanni?» domandò La Barbera.

«A Giovanni... *o nicu*», confermò Gioè, «Giovannetto... Brusca... Poi Nino si immischia e lui *quagghiò*... ti cercarono, dice, qualche volta... ma non ti trovarono... L'ha dato a me... Luca l'ha dato a Giovanni e Giovanni lo doveva dire a Santino di immischiarsi... hai capito?»

«Minchia, si sono scornati quando erano là?»

«Perché tu... questi discorsi li facevamo davanti a Luca noi... quando incontravamo, per dire, Benedetto.»

Poco dopo tornarono a parlare di soldi, di politici e di latitanti.

«Lui, domani alle due a Giovanni lo va a trovare là», disse Nino. «Nell'occasione poi gli faccio parlare... Poi fa venire i *cristiani* per quest'altro discorso... *Tataneddu* mi chiama e mi dice: 50 milioni li depenno, dice, perché li ha dati a questi politici... Già sono sei mesi che... li ha nelle mani.»

«*'U nicu* chi?» chiese Gino.

«Giovanni Brusca», rispose Nino.

«Vero lui li l'ha?»

«Li stesso e... Pullarà.»

«Ah sì?»

«Tu che ne pensi?»

«Ah, *'u nicu* gliel'ha detto: quando è arrivato?»

«Lui gli ha domandato a Giovanni... 'sti 50 milioni li dovrei mandare a Tanino... e Santino non me ne ha portato niente.»

Al di là della comprensione immediata di certi passi, che si riferivano a giri di soldi e affari in corso, nei quali si facevano pure accenni a non meglio identificati politici, una cosa apparve subito chiara agli investigatori che ascoltavano: quei due mafiosi parlavano da mafiosi, e parlavano di cose di mafia esattamente nei termini usati dai pentiti, da Tommaso Buscetta in poi.

Si riferivano in maniera chiara e inequivocabile a mandamenti e «reggenti», le stesse espressioni utilizzate dai collaboratori di giustizia per definire le strutture interne all'organizzazione di Cosa Nostra. E adesso due uomini d'onore «in servizio», liberi e nella riservatezza del loro rifugio segreto, usavano lo stesso linguaggio.

Quale migliore riscontro ci si poteva aspettare alle parole dei pentiti e al cosiddetto «teorema Buscetta», sempre negato dai mafiosi che attribuivano a *don* Masino solo deliri e invenzioni?

L'importanza di questi discorsi incisi su un nastro,

che potevano diventare prove inconfutabili nelle aule di tribunale, fu subito chiara ai due agenti chiusi nel furgone.

Gioè e La Barbera discutevano del mandamento di Altofonte, *'u parcu*, e – così si intuiva – dei contrasti fra Giovanni Brusca e Leoluca Bagarella; c'era l'ulteriore conferma che la coppia era tuttora in contatto coi due superlatitanti Brusca e Bagarella; e c'era traccia di traffici e affari sporchi per centinaia di milioni su cui indagare.

Il lavoro, tanto lavoro, era appena all'inizio. La «cimice» funzionava da poche ore, ma già stava dando i primi frutti.

Gli agenti della Dia addetti all'ascolto erano sei, organizzati e divisi in tre gruppi da due. Ogni coppia faceva un turno di ventiquattr'ore all'interno del furgone truccato, dalle 22 alle 22 della sera successiva.

Dentro i pochi metri quadrati del Ford Transit, di sera, gli investigatori si mettevano all'ascolto appena Nino e Gino rientravano, e prendevano i primi appunti mentre sentivano, in cuffia e in diretta, i discorsi tra i due.

Quando Nino e Gino smettevano di parlare e andavano a dormire, a notte fonda, si rimetteva in funzione il registratore e si riascoltavano tutti i dialoghi, in modo da riprendere ciò che era sfuggito.

Spesso i due mafiosi accendevano la tv, e i discorsi arrivavano alle cuffie degli agenti disturbati dalle voci di telegiornali, film o spettacolini vari. Qualche notte capitò pure che gli uomini dell'Antimafia captassero i commenti salaci di Nino e Gino sulle spogliarelliste che si esibivano a *Colpo grosso*, una delle trasmissioni preferite da Gioè.

Nel corso della giornata, infine, c'era un terzo ascolto, per segnalare in ufficio eventuali accertamenti da fare sulla base dei colloqui: persone da identificare, situazioni da controllare, luoghi da sorvegliare.

Spesso Nino e Gino si ritrovavano in casa anche durante il pomeriggio, e allora si riaccendeva il registratore.

Gli agenti rimanevano quasi sempre chiusi nel furgone, anche quando nell'appartamento non c'era nessuno, per evitare di dare nell'occhio di vicini e passanti. Per fare la pipì utilizzavano le bottiglie di plastica dell'acqua minerale tagliate a metà, e di tanto in tanto uno usciva per vuotare quei W.C. d'emergenza e prendere qualcosa da mangiare e da bere.

Una sera, mentre l'appartamento intercettato era vuoto, toccò a Pietro, il vicesovrintendente di turno, l'incombenza di lasciare il furgone per gettare l'immondizia. Era già buio, ma prima si affacciò per controllare che in strada non ci fosse nessuno.

Constatato il via libera, Pietro uscì e, girato l'angolo per arrivare al cassonetto, quasi davanti al cancello di via Ughetti 17, incrociò Nino Gioè che, a piedi, stava andando nella mansarda con Giovanna e due pizze appena comprate.

I due volti non poterono evitarsi, il poliziotto e il mafioso si guardarono per pochi istanti. Era allegro, il picciotto di Altofonte, per la serata che l'attendeva con la giovane fidanzata, e forse per questo decise di salutare quel passante che stava gettando il sacchetto dei rifiuti.

«Buonasera», disse Gioè a Pietro, che rispose con un sorriso e solo un cenno. Cercò di essere il più cordiale possibile, ma senza parlare, per evitare anche il minimo rischio che Nino attaccasse discorso e scoprisse che quel vicino non aveva un accento siciliano, ma romanesco.

Gioè si accontentò del sorriso e oltrepassò il cancello con Giovanna, senza più badare al giovanotto che in realtà era uno degli sbirri che lo stavano sorvegliando e intercettando da giorni; e quella sera, sui nastri del registratore, rimasero incisi prima i commenti dei due sulle pizze, poi le loro effusioni amorose.

Fra i vertici della Dia, a Palermo come a Roma, dove Di Petrillo, Micalizio e De Gennaro venivano costantemente informati sulle intercettazioni in corso, l'entusiasmo era altissimo. Erano entrati nella tana del lupo, e s'era attivata una fonte di notizie inimmaginabile fino a poco tempo prima.

A volte la microspia trasmetteva anche le telefonate fatte dai cellulari di Gioè e La Barbera. A essere ascoltati erano i discorsi di uno soltanto dei due interlocutori, ma pure da lì arrivavano indizi e tracce da seguire.

Gli appuntamenti, per esempio. Da quando la «cimice» era in funzione, per non creare allarmi e sospetti, i pedinamenti erano stati quasi completamente sospesi, in attesa che dalle voci dei due mafiosi arrivassero indicazioni decisive.

Dunque, anche quando gli intercettati parlavano di luoghi e orari d'incontro, l'ordine era di valutare bene se fosse il caso o meno di andargli dietro. Con la raccomandazione di evitare tutto ciò che potesse insospettire o anche solo rendere nervosi Gioè e La Barbera.

Ma a tre giorni dall'inizio dell'ascolto, il 9 marzo, si decise di rischiare.

La sera dell'8 marzo, fra tanti discorsi sui temi più vari, la microspia nascosta nel comodino aveva trasmesso un brano di conversazione che aveva messo in allarme gli investigatori. I due parlavano di un appuntamento per l'indomani mattina con un certo Giovanni, che non poteva essere Scaduto.

L'uomo d'onore di Bagheria legato a Gioè e La Barbera stava cadendo, proprio quella notte, nel blitz organizzato dalla Dia per eseguire cinquantotto ordini d'arresto.

Una grande operazione che andava a colpire i responsabili di ben cinquantaquattro omicidi consumati nel corso di dieci anni, dentro e fuori il mondo di Cosa Nostra, sotto la dittatura di Totò Riina.

Era il frutto di un lavoro compiuto da altri uomini e donne della Direzione investigativa antimafia sulla base delle dichiarazioni dei nuovi pentiti, compreso quel Pino Marchese che aveva dato lo spunto all'indagine che aveva portato in via Ughetti. Due inchieste parallele, una delle quali arrivava ora a compimento, mentre l'altra doveva ancora dare i suoi frutti.

All'alba del 9 marzo Scaduto fu arrestato in via Isidoro Carini, la strada dov'era stato ammazzato, undici anni prima, il generale Dalla Chiesa; mentre alcuni uomini della Dia lo bloccavano, altri erano andati a casa sua, dove c'era soltanto la moglie, per una perquisizione che però «dava esito negativo».

Gioè e La Barbera, invece, rimasero fuori da un'operazione che per magistrati e investigatori rappresentava la risposta dello Stato allo show di Riina di qualche giorno prima, davanti alla Corte d'assise. Ma naturalmente gli inquirenti non rivelarono, nelle interviste a giornali e tv, che altre indagini erano in corso e che una microspia stava intercettando e registrando, in quelle stesse ore, i discorsi di ordinaria mafiosità di due soldati di Cosa Nostra.

Nino e Gino, la notte degli arresti, parlavano tranquillamente nel loro appartamento-covo.

«Allora cosa dici di fare?» aveva chiesto La Barbera a Gioè. «Domani mattina vediamo cosa dice Giovanni... A che ora ci devi andare da Giovanni, alle 11?»

«Alle 11 ho l'appuntamento al bar sotto al poligono», aveva risposto Nino, «e poi lo vedo... Giovanni... Se vuoi venire...»

«Non è che c'è bisogno?»

«Se vuoi venire vieni, devo andarlo a prendere al mare...»

«Vediamo se prima delle sei e mezzo ce la facciamo.»

Gli uomini della Dia che ascoltavano avvisarono subito i colleghi. Nell'ufficio palermitano della Direzione antimafia si accese un animato dibattito.

«E se questo Giovanni fosse Brusca? Forse stavolta è il caso di seguirli e vedere se salta fuori il latitante.»

«È meglio non rischiare, se ci scoprono salta tutto.»

«Ma potrebbero portarci dritti da lui...»

«È vero, ma non dobbiamo dimenticare l'importanza di quello che stiamo registrando. Qui ogni giorno vengono fuori nuove prove. Questi parlano di commissioni, mandamenti, province, "famiglie"... Ci stanno disegnando l'organigramma completo e aggiornato di Cosa Nostra, e li abbiamo ascoltati soltanto per tre giorni. Vale la pena mandare tutto all'aria?»

«Io dico che se riusciamo ad arrestare Brusca, considerato anche quello che già abbiamo intercettato, il gioco vale la candela.»

«E se fosse una riunione di capi, dove c'è pure Bagarella e qualche altro latitante?»

«In quel caso sì che varrebbe la pena.»

Al termine di lunghe e travagliate discussioni, si decise: «Seguiamoli».

Un altro appostamento, per quella stessa giornata, era stato organizzato in tutt'altra zona della città, dalle parti di Villagrazia, per verificare le mosse di Santino Pullarà e Mico Farinella.

Da Roma, il vicequestore Gratteri diede il suo assenso al pedinamento di Gioè e La Barbera, ma raccomandò la massima attenzione: «Il momento è molto delicato».

Alle 10 del mattino di quel martedì, una squadretta di agenti guidata da Sauro – due macchine e quattro uomini in tutto – era nascosta nei dintorni di via Ughetti, pronta ad «effettuare un eventuale servizio di pedinamento ai noti Gioè e La Barbera», come avrebbero scritto nella relazione di servizio.

I due mafiosi uscirono di casa mezz'ora dopo, verso le 10,30. Gino salì sulla Nissan Terrano, Nino sulla Lancia Delta. Presero la direzione di viale della Regione Siciliana, e le due auto della Dia si misero ciascuna dietro a uno dei due obiettivi, seguendo la solita tecnica dell'autista al volante e del «navigatore» sdraiato sui sedili posteriori.

Gli inseguiti presero l'autostrada in direzione di Trapani, con gli inseguitori dietro. Lungo il percorso, però, Gioè e La Barbera facevano strane mosse: rallentavano, si superavano, guardavano continuamente nello specchietto retrovisore, osservavano le macchine che li oltrepassavano come non avevano mai fatto prima.

«Questi hanno intuito qualcosa», si preoccupò uno degli autisti delle macchine della Dia, una Passat station wagon, che cercò di aumentare la distanza.

Sauro invece, alla guida di una Peugeot bianca, quasi si incollò alla Lancia per evitare che Nino, dagli specchietti, vedesse il paraurti rotto che forse aveva già notato in altri pedinamenti.

All'improvviso, in prossimità del cartello che segnalava lo svincolo per Balestrate, Gioè tagliò la strada a un camion che stava superando e si buttò sulla destra.

La Peugeot di Sauro fu costretta a fare la stessa cosa.

«Se questi prima avevano il sospetto che gli stavamo dietro, adesso ne hanno la certezza», commentò il poliziotto.

«Dobbiamo abbandonarli, sennò ci fottiamo», disse il suo collega.

«Prima vediamo almeno di capire dove si fermano.»

Nel frattempo, quelli che tallonavano La Barbera lo

videro percorrere circa mezzo chilometro della statale che porta a Partinico e poi infilarsi in una stradina sterrata sulla destra, che conduceva a una villa poco distante.

Sauro, che continuava a seguire Gioè, notò anche una Renault che procedeva nella stessa direzione della Lancia e faceva le stesse mosse. Si insospettì, il fiuto dello sbirro gli suggerì che forse l'appuntamento di quella mattina era davvero importante.

Provò a chiamare rinforzi ma la radio, come al solito, funzionava male, e il telefonino in quella zona non prendeva la linea.

Fra un'interruzione e l'altra, dalla radio della Peugeot riuscì a partire un messaggio: «Sauro chiede ausilio, Sauro chiede ausilio... C'è un'altra auto da controllare...»

Gli agenti che stavano seguendo il gruppo di Pullarà e Farinella sentirono quella richiesta d'aiuto, ma non potevano abbandonare il servizio. E altre macchine disponibili che potessero convergere sulla zona di Partinico non ce n'erano.

«L'ausilio», quindi, non arrivò, ma Sauro decise ugualmente di proseguire il pedinamento. Giunto all'imbocco della stradina dove erano entrati prima il Terrano di La Barbera e adesso la Lancia di Gioè, fermò la sua auto. A piedi, insieme agli altri investigatori, cercò di avvicinarsi il più possibile all'abitazione.

«Il successivo accertamento», scrisse più tardi il capitano dei carabinieri che seguiva La Barbera, «che date le condizioni ambientali doveva necessariamente essere svolto a grande distanza per non compromettere il servizio, permetteva di intravedere all'interno della villa la presenza di alcuni uomini, senza però rendere possibile un eventuale riconoscimento di persone note, e all'esterno un furgoncino Fiat Fiorino di colore bianco, nonché un'autovettura Fiat Tipo di colore rosso.»

Nella villa, le ombre degli uomini si muovevano di continuo e ogni tanto una figura si stagliava contro la finestra con le persiane abbassate, come per controllare quello che succedeva fuori.

Sauro e un altro poliziotto fecero un rapido giro intorno alla casa, e riuscirono ad annotare le targhe del Fiorino e della Tipo. Ma questo, probabilmente, destò altri sospetti negli uomini asserragliati nella costruzione.

Via radio, gli agenti della Dia avvisarono l'ufficio. Qualcuno ipotizzò addirittura un'irruzione, ma l'ordine fu di soprassedere: «Fate attenzione, si rischia un conflitto a fuoco, e non siete in condizione di sostenerlo».

Nessuno aveva la sicurezza che nella villa ci fossero dei latitanti, e si decise di sospendere il servizio. Ma prima Sauro tentò di strappare qualche altra informazione.

Dal vialetto, dopo pochi minuti, sbucarono una dopo l'altra il Fiorino e la Delta. Presero due direzioni opposte, come a voler sfidare gli inseguitori.

Sauro andò dietro alla Delta; accanto a Gioè adesso c'era un'altra persona. Arrivò fino al paese di Balestrate, si fermò davanti a una cabina telefonica e l'uomo che stava con Nino scese per fare una breve telefonata.

Il viceispettore annotò l'ora, le 11,56. Subito dopo lo sconosciuto risalì sulla Delta, che si allontanò in direzione Palermo. Ma percorsi pochi chilometri invertì nuovamente il senso di marcia e tornò indietro.

«A questo punto», informarono gli investigatori nella relazione, «il personale operante decideva di interrompere il servizio per non comprometterne il buon esito.» E per salvare la pelle degli uomini che erano là, anche se questo particolare non fu messo nero su bianco. Era diventato fin troppo evidente che i mafiosi avevano capito di essere seguiti. E con ogni probabilità erano pronti a sparare.

«Tornate indietro», s'era affrettato a ordinare Gratteri appena avute le notizie sulla situazione.

Quello stesso pomeriggio, dalla microspia di via Ughetti giunsero discorsi che confermarono tutto: Gioè e gli altri s'erano accorti del pedinamento e s'erano preparati a difendersi e a reagire a un eventuale assalto. Per fortuna non immaginavano ancora che i loro dialoghi fossero intercettati.

Gino e Nino s'erano ritrovati nel covo palermitano intorno alle 16,30, e dopo un po' li avevano raggiunti, uno dietro l'altro, altri tre uomini identificati per tali Vito, Lino e Salvatore. Gioè, con la voce a tratti coperta dalla televisione, raccontò agli amici l'avventura del giorno. Al furgone camuffato arrivavano solo pezzi di frasi, apparentemente slegate, ma chiarissime nella sostanza.

«Gli sbirri sono!» disse Nino. «Ci hanno attaccato...»

Poi si sentì la voce di Gino: «Avevamo buttato la macchina... in mezzo le montagne...»

Di nuovo Gioè: «Gli sbirri... C'è stato un attimo... Arrivati al bivio dell'autostrada, per uscire c'era un camion davanti a me. Stavamo vicini al bivio, allora... avevo una Tipo verde dietro di me con uno solo... Naturalmente quello di dietro... rallentato a destra... appresso di me... Minchia guarda!... Siccome cammina a centoquaranta o centocinquanta... secondo me era lui...»

Anche Gino La Barbera s'era accorto di qualcosa: «All'inizio dell'autostrada... una a destra e una a sinistra, la macchina davanti... Non c'entra niente con il codino... giubbotti di jeans... capelli lunghi... minchia mi sono spaventato quando al paese ho incontrato la Peugeot bianca, quella che... ha il paraurti schiacciato... Uno brutto in faccia, che sembrava un carbonaio...»

Gli agenti che intercettavano sorrisero alla descrizione di Sauro appena fatta da La Barbera.

«Dopo un bel pezzo di scappare!» aggiunse Nino. «Centoquaranta o centocinquanta chilometri orari è una velocità che uno... Può capitare... Appena mi hanno riconosciuto... lo hanno visto... c'era un merdaio, c'erano tutte le macchine di Palermo là...»

«Questi sbirri...» disse Gino.

«Minchia...» commentò Nino.

«Minchia...» sibilò uno degli agenti che ascoltava.

X

Sui nastri della Dia restano incisi, ora dopo ora, giorno dopo giorno, le conversazioni privatissime degli uomini d'onore che, nel covo di via Ughetti, si sentono al sicuro.

Tanto al sicuro da affrontare apertamente i contrasti interni a Cosa Nostra, accentuati dall'uscita di scena di Salvatore Riina. Lo scontro fra Giovanni Brusca e Leoluca Bagarella, il cognato di *zù* Totò, s'è fatto ancora più aspro.

Gioè e La Barbera ne parlano, facendo continuamente riferimento a «famiglie», mandamenti e regole di comportamento mafioso.

Sono le 2 del mattino del 7 marzo 1993 quando i due picciotti fanno apprezzamenti su Giovanni Brusca e Balduccio Di Maggio.

Gino: «Giovanni ha sfasciato il mandamento...»

Nino: «Ah, che è da ora?»

Gino: «Giovanni ha sfasciato il mandamento... e c'era solo questo... [...]»

Nino: «L'hanno sfasciato, porco...»

Gino: «Balduccio lo disintegrò...»

Gli investigatori ascoltano e riascoltano le registrazioni «ripulite» dai disturbi di trasmissione e dai rumori di sottofondo. Finché quelle frasi apparentemente confuse e frammentate non offrono uno spaccato preciso della vita e degli affari di Cosa Nostra.

La mezzanotte è passata da quaranta minuti, e da quaranta minuti è già il 9 marzo, quando Nino Gioè e Gino La Barbera affrontano il discorso sul traffico di droga che stanno mettendo in piedi fra Palermo e Milano.

Gino: «Problemi...»

Nino: «Quello di Milano? Perché?»

Gino: «Ma che ho fatto, io non lo capisco. Perché ha urgenza di parlare con te, gli ho detto, urgenza per dirgli se dovevo salire da solo o in compagnia... Per fargli capire... che devo scendere la "cosa", meglio che sali da solo, dobbiamo parlare un poco ma c'è qualche novità... Secondo, da quello che ho capito ha un bel po' di roba, dieci chili di roba. Gli ho detto: "Allora che faccio, salgo subito?" e: "Sì, dovresti salire." Gli ho detto: "Allora per mercoledì". Dice che sarebbe buono. Gli ho detto bello chiaro che allora salgo direttamente in compagnia, che minchia coglionano. Dice: "Allora è meglio a fine settimana". Gli ho detto: "Signor Roberto, c'è qualche novità?" Tu lo sai com'è Roberto... [...] Gli ho detto che salgo in compagnia, e mi ha detto: "Sali da solo prima, perché c'è qualche novità o qualche altro rumore". Non parla per niente Roberto, per tirargli la risposta per telefono, non vuole saperne niente».

Nino: «Ma tu pensi che ce l'ha la roba?»

Gino: «Come?»

Nino: «Non ce l'ha la roba?»

Gino: «Ha un altro po' di roba, secondo me».

Nino: «Per venderla?»

Gino: «Cocaina».

Nino: «Che ne dobbiamo fare della cocaina, non ne abbiamo...»

Gino: «Può anche darsi che abbia una *salopette*, cazzo non ce n'è in nessun posto... Domani sera parto, salgo con una macchina e nel caso ce ne fosse bisogno, sale Michelino con Totò *'u cuddrusu...*»

[...]

Nino: «Se c'è da caricare lassù, tu te ne sali con la Nissan... Carichiamo e scendiamo».

Gino: «Sopra la macchina carichiamo?»

Nino: «Tutte e due, e come battistrada una macchina affittata, comunque sia... Va bene?»

Gino: «Vediamo quale trovo del *Malpassotu...*»

Nino: «Che cosa, l'appuntamento?...»

Gino: «Quella seccatura qua di Palermo, ci devono dare soldi, e uno a Favara, Agrigento... [...] E uno qua a Palermo... [...] Enzo è ritornato dal Madonia per colpa degli stronzi...»

[...]

Gino: «...la settimana scorsa non è venuto Luca».

Nino: «No, non lo hanno potuto trovare, può darsi che è fuori a trovare roba pure lui...»

Gino: «Ma come cazzo è, io non lo capisco a Roberto...»

Nino: «Roberto che vuole? Non lo sa cosa vogliamo noi? Vogliamo la "nera"... sale, scende, non sa cosa fare. Noi l'affare lo dobbiamo fare con le stesse cose che possiamo vendere, no?»

Gino: «Giusto, noi dobbiamo prendere...»

Nino: «Se prendiamo dieci chili di "nero" e c'è dieci chili di "nero" e cinque chili di cocaina per...»

Gino: «*'nca*! Più di così non possiamo fare... [...]»

Nino: «Non penso».

Gino: «Chi se la prende questa responsabilità?»

Nino: «È logico, ce la possiamo prendere».

Gino: «E a quanto?»

Nino: «Dice... a quaranta, quarantacinque va bene lo stesso va... [...] Dieci chili a tavoletta».

Gino: «Eh! Ci devi andare con la tua macchina, domani?... Vediamo che dice Giovanni...»

[...]

Gino: «Tutta la cocaina che si è preso, che fece?»

Nino: «Prima si è preso i soldi e poi la paga. Lui si sarebbe preso sessanta milioni... a 150.000 lire al grammo».

Nino: «Non ne ho più soldi. Di nessun modo».

Gino: «Tano... consigliare con Giovanni, lui se l'è venduta a 150.000 lire al grammo».

Nino: «Giovanni?»

Gino: «*'nca como*!»

Nino: «L'ha venduta tutta... a 150.000 lire al grammo e qui dobbiamo *uscire* i soldi, perché Giovanni vuole tutti i soldi».

Gino: «Te lo ha detto Tano?»

Nino: «Sì, dopo loro ne parlarono, non ne può fare a meno».

Gino: «Se qualcuno va e si prende *'u cosu* di notte... [...]»

Nino: «Difficile mi sembra».

Gino: «Minchia che persone serie... Minchia ogni giorno ci va».

Nino: «Quando arriviamo noi, ci sarà un bordello nella piazza! Vuoi vedere?»

Quel giorno, nel porto di Sciacca, i carabinieri hanno sequestrato a bordo di un motopeschereccio cinque tonnellate di hashish. La sostanza era custodita in bidoni di plastica e doveva essere caricata su un Tir in attesa vicino al molo. Cinque persone, compreso l'armatore e il comandante del motopeschereccio, sono state arrestate. Gioè e La Barbera commentano.

Gino: «*'nca*».

Nino: «Minchia, *attumuliaru* 5000 chili di cosa».

Gino: «5000 chili di hashish».

Nino: «Ah, minchia!»

Gino: «Doveva arrivare a noi... Va bene, 5000 chili di hashish, lo sai quanto ci potevi guadagnare? Qualche cento milioni».

I discorsi dei due mafiosi si accavallano, saltando da un tema all'altro. E capita spesso, fra un commento sulle notizie del giorno e un dibattito sulla situazione interna alle «famiglie», che affrontino il tema degli appalti e dei lavori pagati col denaro pubblico che Gioè, La Barbera o chi per loro vogliono accaparrarsi.

Sempre nella notte fra l'8 e il 9 marzo, Nino e Gino parlano di un tecnico comunale di Altofonte, detto «l'ingegnere», che deve affidare il subappalto di alcuni lavori da fare in contrada Valle Malva, la zona dove Gioè sta costruendo la nuova casa.

Nino: «Gli ho detto il fatto dell'ingegnere. Gli ho detto: "Ma come dobbiamo fare?" Dice che per ora non è il momento di rompergli le corna a questo. Dice: "Vediamo queste ditte quali sono e gli facciamo una lettera... le corna"».

Gino: «Ah, d'accordo lui è?»

Nino: «No, d'accordo, dice: "'Sto cornuto... volevo vedere di rompergli le corna, gli fa prendere l'appalto..." Dice: "Tu gli fai il ribasso del cinque o del quattro e mezzo, appena esce sua figlia arriva facilmente là..." Viene a portare qualche escavatore... Una bella bomba».

Gino: «Si raccomanda Partinico...»

Nino: «Siccome generalmente quando ci sono questi lavoretti neanche mi cercano, hai capito?...»

Gino: «Minchia, ma sono cornuti, ci salirei mentre lui... E gli direi: "Geometra che sei cornuto"... eh, eh, geometra».

Nino: «Ma l'ingegnere non c'entra niente qua; il Comune fa questa delibera, l'ingegnere che deve fare?»

Gino: «L'ingegnere?... L'ingegnere niente può fare, lui se le prende queste gatte da pelare».

Nino: «No!»

Gino: «Come no. Quale legge c'è? Quale legge c'è che con la licitazione privata...»

Nino: «Se il Comune delibera licitazione privata, l'ingegnere può seguire...»

Gino: «Ma tutto lui fa, è lui che dice facciamo in questo modo, facciamo in quest'altro modo».

Nino: «Ci ha parlato?»

[...]

Gino: «Ma non è che il sindaco si mette in condizione di dire: "Facciamo così". Il sindaco che cazzo ne capisce, o l'assessore dei Lavori Pubblici che gli dice facciamo licitazione privata? Lui è buono per dire alla gente tutti i giorni, per fatti urgenti, dicendo: "Vatti a fare il muro là", per cose urgenti... Ma che mi dici a me».

Nino: «La prima ditta che arriva ci mettiamo una bomba potente, una bomba di venti, trenta chili di roba e facciamo... deve tremare pure il paese, così gli facciamo dire: "Minchia, conviene o non conviene..." [*ride*] Eh Gino? La prima ditta che arriva, senza neanche dire niente a Giovanni, andiamo a prendere venti chili di dinamite, gliela piazziamo di sotto e diamo fuoco. Deve succedere un botto talmente forte... Facciamo una bella "battuta", Totò appena esce dal municipio... Alle due appena finisce se ne va dentro casa sua, appena lui arriva dentro casa sua gli puntiamo ciò che gli dobbiamo puntare, davanti la sua porta gli facciamo vedere i fucili puntati e gli diciamo:

"Non mi racconti cazzate, per queste cose, di questo lavoro, come vuole fare fa, l'importante è che lo faccio io". Gli racconti come va il fatto, glielo dice al sindaco... "Ingegnere, quante volte mi deve fare salire? La prossima volta che salgo vengo per venirvi a sparare, perciò tenga presente, se lo capisce, e non mi cominci a raccontare cazzate, perché la prossima volta che salgo, salgo per venirti a sparare"...»

Gino: «Saliamo con... Giovanni [...]»

Nino: «E andiamo a sparare a lui... Appena lui si mette... lui arriva davanti alla sua porta e noi arriviamo...»

[...]

Nino: «Arrivati da Ginisi...»

Gino: «Scendiamo...»

Nino: «Appena siamo là, davanti all'impianto, Totò posa il motorino davanti alla piazza, gli diciamo... che fai avvicini?... [...] Con il motorino, il motore della carne [*forse per il servizio a domicilio per la consegna della carne*], perfetto per Michelino...»

Gino: «Cazzo! Vero è! Buono sarebbe, non è che gli stiamo facendo niente, deve vincere sempre lui questo cornuto?»

[...]

Nino: «A quell'ora gli sbirri sono impegnati davanti la posta».

Gino: «Buona l'idea, buona è, questi cornuti gli faccio vedere...»

Il giorno dopo, nell'appartamento di via Ughetti, oltre a Gioè e La Barbera ci sono altre due persone, un certo Rosolino detto «Lino», e Salvatore «Totò» Bentivegna. Con loro, poco dopo le 18, Nino e Gino discutono ancora di appalti e di intimidazioni nei confronti di un sindaco e di un assessore.

Gino: «Poi c'è un altro discorso... finisci...»

Lino: «Gli ho detto: "Adesso, ora iniziamo a parlare, forse di là sopra... è giusto?" Dice: "Ma quale licenza?" Come quale licenza!... alla *turrittedda*... Mi aveva parlato che gli avevano dato la licenza... Tu hai visto anche il sindaco la domenica sera... là?»

Gino: «...alla *turrittedda*?»

Lino: «...alla *turrittedda*... I tre sono, diciamo, regolari. Poi ci sono gli altri tre, gli ho detto portami una risposta, non è che li ho visti!»

Gino: «A chi, al sindaco?»

Lino: «Al sindaco... Lui, quando ha l'occasione, ci mette il...»

Gino: «Subito».

Lino: «...Subito, lui la macchina se la chiude sempre...»

Gino: «Si rompe il vetro con una punta di *vidio*... questa sera prendiamo il vespino e ci andiamo...»

Lino: «Dove ce l'ha la macchina questo?»

Gino: «O dal sindaco... o dall'assessore, come si chiama?»

Lino: «Ci mettiamo quattro cartucce dentro la macchina».

Gino: «Guarda quando va là, quando... mettono... loro salgono là sopra... il Pipitone o qualcun altro ci va e sfonda il vetro con il martellino e ci buttano le cose dentro... [...] Gli ho detto l'altro ieri... vediamo cosa dice Giovanni...»

Nino: «Hanno fatto il fatto della fognatura lì alla Malva... hanno invitato cinquanta ditte... quattro o cinque ditte...»

Gino: «Gli ho detto di mettersi a posto a... Come si chiama, a Totò Romeo... [...] Glielo dobbiamo dire al dottore Romeo: "Lei queste cose a me non le deve raccontare, lei per come era rimasto con Gino, Gino deve fare il lavoro, perciò... Ha bisogno di me, io non sono che qua... io sono qua, non vedo a nessuno, so solo che devo fare il lavoro..." E basta parlare con Giovanni per vedere di rompergli le corna, a cominciare da questo, subito...»

Nino: «...questa sera salgo io, vediamo se lui c'è... con una martellata gli rompe il vetro».

Gino: «Con il *vespinello*...»

Nino: «Con il *vespinello*, mettiamo la macchina più sopra, a piedi... [...]»

Gino: «Gli si fa una martellata al deflettore...»

È in questo contesto che i picciotti parlano apertamente delle armi che hanno a disposizione.

Gino: «La 38, quella piccola, te la puoi mettere dentro la macchina...»

Lino: «Il 38 è una cosa, quelle cose è un altro discorso...»

Gino: «Si mettono in un posto buono; vi avevo detto... Dopo che se ne vanno i *cristiani*, con mio padre stesso... E Caloio [*Calogero*] nello scivolo dove mio padre ci metteva lo sterco, che io gli ho sistemato per non buttarci più terra né niente e poi...»

Lino: «Gliel'ho detto a Caloio l'altro ieri, gli dissi...»

Gino: «Micce e quattro cose piccole, ci sono quattro pezzi di ferro piccoli ci sono, e si lasciano lì».

Lino: «Già».

Gino: «Che c'è una miccia, una... una 32, un'altra 38».

Lino: «I fucili... Quello a pompa e quello piccolo».

Gino: «La roba pure qua è?»

Lino: «Sì».

Gino: «Minchia, peccato».

Lino: «Ma chi la deve toccare?»

Ancora la notte fra l'8 e il 9 marzo. «Conversazione intercettata dalle ore 00,40 alle ore 01,55», annotano gli uomini della Dia. Gioè riferisce a La Barbera quello che ha fatto il giorno prima.

Nino: «Siamo andati a mangiare, per la festa, ad Agrigento...»

Gino: «Dove?...»

Nino: «Al Cafiso, nella Valle dei Templi».

Gino: [*incomprensibile*].

Nino: «No, al ristorante, salsicce, insalata, profiterole... Poi ce ne siamo andati all'albergo, ci siamo fatti una *ficcata* e... Mi presentò una donna... Sono andato in albergo, sono andato a mangiare e sono tornato».

Gino: «Non c'è un cazzo [*si riferisce alla televisione*]».

Nino: «Eh...»

Poco dopo, i due mafiosi di Altofonte discutono di qualcosa che assomiglia molto a progetti di attentati. Una prima volta parlando della *masculiata*, che in siciliano indica la scarica finale dei fuochi d'artificio.

Gino: «...Si deve andare con la macchina o con il motore».

Nino: «Da lì ci vanno un paio al tribunale... appena escono e partono per l'itinerario, ci avvisano».

Gino: «Quando partono da là? Solitamente queste cose di pomeriggio le fanno?»

Nino: «...Io penso che per le quattro, le cinque... *a masculiata* gli si può fare».

Gino: «Alle quattro o alle cinque?»

Nino: «No, però poi si perde tempo... Non è che possiamo girare intorno al tribunale...»

Più avanti c'è un riferimento alle scorte dei magistrati, e poi a un gruppo di guardie carcerarie di Pianosa – il penitenziario di massima sicurezza dove sono rinchiusi i boss – che il gruppo di Cosa Nostra vuole colpire e punire. La legge mafiosa ha decretato la condanna a morte degli agenti di custodia sospettati di aver maltrattato alcuni detenuti.

Gino: «Minchia, come camminano a Palermo, picciotti! Fa impressione... le scorte... ma sono cornuti proprio... Sai come vanno? Appena quella davanti si ferma per qualche ingorgo, scendono due con i mitra e si mettono a guardare come i cornuti... Una mattina qua arrivarono, qua al Politeama... Minchia, passò, dice una Croma, dice, e dopo un po' due pattuglie dei carabinieri ci prendevano le misure... Gli ho detto: "Andiamocene"... Sono in contatto diretto continuamente, per me... Sono passate le Croma, si sono visti, guardati... Minchia come camminano... Tu la storia di Luca... del tribunale? [*pausa*] Matteo che dice?»

Nino: «Come che dice? Ieri era alla riunione... ieri mattina».

Gino: «Luca non è venuto?»

Nino: «No! È venuto Matteo, Peppe Ferrara... Poi chi c'era? Eh... Enzo *'u Mazzarisi*, loro sanno qualche cosa, dov'è che stanno, nella provincia di Trapani».

Gino: «Le due guardie?»

Nino: «Le due guardie che hanno dato legnate».

Gino: «In provincia di Trapani stanno?»

Nino: «E ce ne sono qualche quattro della provincia di Trapani, di quelli che davano legnate».

Gino: «Quelli incappucciati?»

Nino: «Quelli di Pianosa che danno legnate.. »

Gino: «Dice che erano incappucciati... Furono trapanesi?»

Nino: «No! Perché c'è una guardia della provincia di Trapani che è venuta da Pianosa e gli ha raccontato tutte cose... chi sono quelli che davano legnate... Erano una decina, no? Quattro sono della provincia di Trapani...»

Gino: «Minchia, tutti quei nomi di allora non sono ancora pronti?»

Nino: «Quelli dovevano venire con i carabinieri qua...»

Gino: «Uh...»

Nino: «Eh, sì. Ce n'erano quattro della provincia di Trapani, qualche tre di Sciacca, uno di Palermo».

Gino: «Di Palermo? Di dove?»

Nino: «Dobbiamo vedere di dove, non lo so... Già quelli della provincia di Trapani li hanno intercettati... Ora stanno vedendo per quelli di Sciacca dov'è che stanno... Già loro di un paio sanno dov'è che stanno, le porte, la casa, tutte cose... Santa Ninfa... Minchia, appena arriva dicono che lo devono portare vivo e non si deve trovare più... Devono trovare fatto pezzi pezzi con la roncola... [...] È meglio che questi non si fanno trovare più, così, dice, gli devono cacare di sopra...»

Gino: «Certo, logico...»

Nel pomeriggio del 9 marzo, dopo l'inseguimento nella zona di Balestrate, e quando radio e tv già diffondono le notizie sul blitz nel quale è stato arrestato anche Giovanni Scaduto, Gioè, La Barbera, Totò Bentivegna e Lino commentano questa giornata movimentata.

Nino: «Lo hanno arrestato...»

Lino: «Hanno arrestato pure a Scaduto... A Giovanni Scaduto».

Nino: «A Giovanni... A Giovanni nostro? Ma dove? Dove lo hanno rintracciato?»

Lino: «Giovanni Scaduto è una vita che si nasconde, ma si nasconde dove?»

Nino: «Nascosto dove? Se n'è andato là nella sua casa?»

Gino: «...Ma dove a casa sua... al paese?»

Lino: «Era combinato per i cazzi suoi, lui doveva parlare con questo... con il dottore e poi dovevano creare un appuntamento... con chi glielo ha portato...»

[...]

Nino: «Non ci hanno voluto arrestare, perché cercavano di acchiapparci in altre situazioni, non gli interessava arrestarci...»

Gino: «Ma se volevano potevano farlo, pure la prima volta che ci hanno visto, ci mettevano una macchina davanti: "Scendete"...»

Nino: «E ci rubavano le pistole... Comunque se volevano ci arrestavano! All'autoparco là!»

Gino: «Ci potevano arrestare, volevano sapere quello...»

Nino: «Appena noi siamo entrati... Per loro ormai la cosa era azzardata, dicevano: "Cosa fate qua?" Scendevano e ci arrestavano! Minchia... con i codini legati come quelli che hanno arrestato *zù* Totò... Io ho visto a quello, ti ricordi quello che guardava il giornale oggi? Quello robusto, tarchiato, con la testa grossa e i capelli lunghi?»

Gino: «Con il codino?»

Nino: «Era quello, quello secondo me...»

Gino: «E a me quello mi fa impressione...»

Nino: «Se sono quelli che hanno arrestato Totò Riina, mi pare che sono stati fotografati di spalle mentre gli fanno i complimenti...»

Totò: «In un giornale, in un giornale...»

Nino: «E c'è uno con i capelli lunghi, tarchiato, bassino, tipo il *Bonof...*»

Totò: «Di spalle...»

Nino: «Tipo Mimmo *Bonof...* Capelli biondi, lunghi, questo era quello che oggi era qua! Nella Opel Kadett con il codino legato, ed era lui... Perché poi c'era quello con i capelli lunghi, che si vede di quelli... Secondo me era quello che mi ha bloccato al ciglio della strada, che mi ha detto: "Ci accompagni a casa sua"... Sì, la squadra è quella, la squadra di Totò... hanno tutte le macchine che vogliono... Minchia, quel testone... Occhialino tipo professionale... Sai quelli che camminano... e il codino legato... Infatti, dopo un po' dice... O sono sbirri o non sono... Ma non sono donne quelle di dietro? Minchia, mi giro così, aveva quel testone che mi guardava...»

Gino: «Sì, sì... minchia... non ci stavano fermi...»

Nino: «Mi sembravano donne quelli seduti dietro... Invece erano... capelli biondi con il codino...»

Gino: «Opel Kadett... capelli... macchine inimmaginabili con quattro a bordo come se fosse una famiglia... Ma quale donna gli ho detto? Andiamocene, lasciamo la macchina qua!»

Nino: «Perché poi ci siamo passati fianco a fianco, noi stavamo tentennando tra bivio e autostrada, per entrare in questo autoparco, eravamo messi a tentennare con la macchina zigzag, ci siamo messi fianco a fianco e io gli dico: "Femmine sono"... Minchia, mi giro e vedo quello che mi guardava... Ho detto, ci hanno arrestato... E ci avevano visto quando eravamo andati a lasciare la tua macchina là...»

Gino: «Tu pensi a un caso, di questa situazione?»

Nino: «A me pare difficile!»

Ormai è chiaro che Gioè e La Barbera sentono addosso il fiato degli investigatori, e forse anche per questo cercano stratagemmi per avere alibi in vista di future azioni da compiere. Ne parlano con Lino, tra le 18 e le 19,30 del 9 marzo.

Gino: «Poco fa ha telefonato il ragioniere...»

Lino: «Con Totò già ne avevamo parlato, tu sei lassù, giusto? Fai un fax allo studio del ragioniere, la fotografia sola...»

Gino: «La fotografia vogliono?»

Lino: «Vogliono un documento, una fotocopia di un documento per dimostrare che sei fuori; hai capito? Il fax mi è arrivato perché questo lavora... Non lo sa perché, tu dove devi andare, non devi andare là?»

Gino: «Eh!»

Nino: «Sì, sì, si dice quello è là e mi ha mandato là, siccome si chiama... e manda al ragioniere... Gli mandi il fax da là fuori con il documento suo, mi ha incaricato per questo motivo...»

Lino: «La fotocopia del documento, gli fai un fax di là... Le dichiarazioni se le può portare lui, però loro vanno a prendere...»

Gino: «Due, documento di identità, nell'ultima dichiarazione dei redditi, documentazione inerente a possesso mobiliare e immobiliare. Immobiliare cos'è?»

Nino: «Immobiliari sono case, terreni...»

Gino: «Mobiliari?»

Lino: «Mobiliari sono macchine...»

Nino: «Facci un fax là tu, senti a me...»

Gino: «Ma perché, se ci va direttamente lui che succede?»

Nino: «Giorno 18-3-93».

Gino: «Giorno 18 qua sono...»

Lino: «Che cosa te ne fotte! Perché loro sanno che tu sei qua? Tu... Oggi è 9, giusto, e tu...»

Gino: «...guardia di finanza...»

Nino: «Minchia, già lui ti dimostra che qua non ci sta... [...] I carabinieri, ma che mi interessa... Un foglio di carta che tu, minchia, questo come si chiama, allora il ragioniere lo ha presentato alla Finanza che tu sei là fuori...»

Gino: «La Finanza può pure arrestare?»

Nino: «Sì... Dico se tu lavori fuori e non sei al Parco perché per esempio da tale giorno... [...] Però ti resta una prova per te, oggi domani dice: "Lei è stato condannato per i motivi... dal pentito..." "No io sono stato a lavorare là, e anzi ho questo documento che voi..."[...] Niente, non succede niente...»

Gino: «Io lavoro là sopra con il camion, mi ha fatto scendere di proposito... [...] Anzi sono venuto a caricare, e ci vai con il camion... Non ci sono mandati di cattura...»

Nino: «Prepara il terreno... preparati le cose prima che scoppia la bomba...»

Lino: «Siccome tu ce l'hai le possibilità...»

Gino: «E quali sono le possibilità?»

Lino: «Che già tu... Oggi ne abbiamo 9, e domani 10, ci devi andare il 18, già tu fai il fax, è là...»

Gino: «Non è un problema».

Nino: «Oh! E fattelo!»

Poco dopo nell'appartamento arriva anche Vito, e si ritorna a parlare di armi. I mafiosi ne hanno diverse, nella loro tana.

Gino: «...Quanti pollici è questa?»

Nino: «Quattro pollici...»

Gino: «È rimasta un poco piena d'olio» [*si sentono degli scatti metallici*].

Nino: «No, ci mette un detergente e si asciuga, e basta olio».

Vito, salito nell'appartamento con una borsa, è stanco. Si registrano le risate dei presenti e altri scatti metallici delle armi.

Gino: «Quanto è questa?»

Nino: «Quattro pollici» [*continuano gli scatti*].

Gino: «La dovresti oliare un po'» [*altri scatti*].

Nino: «No, si mette un detergente e si asciuga. Eh, impastato col grasso... È piccola l'impugnatura, vabbè...»

Gino: «Questa è la colt?»

Lino: «Sì... questa...»

[...]

Nino: «Minchia, due bifilari 7,65... due milioni e mezzo, due milioni e mezzo due pistole 7,65. Due milioni e mezzo sicuro... Ora con questo qua glieli do... Ora a Scaduto, perché aspetta a me per... Vedi se per caso... Quelle se l'è tolte, perché dice che gli capitano di tanto in tanto...»

Gino: «Però due milioni e mezzo... Due milioni il prezzo è buono!»

Nino: «Devi vedere quando me l'hanno data com'era, l'ho dovuta tagliare».

Il pomeriggio del 10 marzo, nella mansarda di via Ughetti, Nino Gioè, Gino La Barbera e Totò Bentivegna commentano ancora una volta l'arresto di Scaduto.

Nino: «A Giovanni Scaduto lo hanno arrestato là?»

Gino: «Minchia... A Palermo! Dove si deve nascondere uno? Boh...»

Nino: «Da nessuna parte...»

Gino: «Palermo è un recinto...»

Nino: «Uh...»

Gino: «Lui aveva quella casa là... Se era sua oppure gliela aveva data Tani... Là dove sta Tani c'è la portineria».

Nino: «Infatti».

Squilla il telefonino di La Barbera; Gino risponde, fissa un appuntamento per la sera, riprende a parlare con gli altri. Ma stavolta l'argomento non ha niente a che fare con i problemi di Cosa Nostra.

Nino: «Come si deve fare?... Comunque si deve trovare...»

Gino: «Eh...»

Totò: «Se ci facessimo dare l'indirizzo, lei abita in una villa a Mondello... Lì abita con il padre».

Nino: «Vuoi vedere tu... quella ragazza col ragazzo...»

Totò: «Eh, quella col coso rosso, io lo so a chi dici tu, quella ragazza...»

Gino: «In faccia non è un granché... Ma il resto mi piace... Fottitene...»

[*si accavallano le voci.*]

Nino: «Ma dico, come non hai preso l'indirizzo!»

Gino: «Erano due e mi sono lanciato con una, l'altra è... Dovrebbe essere fidanzata, perciò mi sono buttato con questa...»

Totò: «Lei ti ha fatto gli occhi a te?»

Gino: «...Ci siamo messi a parlare del più e del meno... Mi ha detto: "Io abito a Mondello, sono in una mansarda"».

Nino: «Minchia!»

Gino: «La faccia non mi piace, ma sarà una...»

Totò: «Che ti interessa... Quaranta...»

Gino: «Ha qualche trentasette, trentotto anni... [...] C'è la possibilità di prendere un caffè assieme».

Totò: «Ah!»

Nino: «Logico che se ha qualche amica mi lancio...»

Totò: [*ride*].

Le preoccupazioni degli uomini d'onore per l'operazione della Dia con cinquantotto arresti non sono certo sfumate in ventiquattr'ore: quali sono i pentiti che accusano? Che cosa hanno detto? Che cosa potranno raccontare in seguito?

Per Gioè e La Barbera, in più, c'è il mistero dell'inseguimento del giorno prima, avvenuto quasi in contemporanea con la «retata» e che – stranamente, pensano a questo punto – non s'è concluso con il loro arresto.

Di tutto ciò parlano ancora quel pomeriggio del 10 marzo.

Nino: «Nei mandati di cattura ci sono Peppe Agrigento, Bernardo Brusca, Giovanni Brusca...»

Gino: «Già ci sono?»

Nino: «Eh!»

Gino: «Quali? Quelli dei cinquantasei?»

Nino: «Ah!... Suo fratello, Bernardo Brusca, Giovanni Brusca...»

Gino: «Peppe Agrigento, compare... [*indicato come compare di Balduccio Di Maggio*]».

Nino: «...Nel paese è finita la storia... Queste sono persone che conosceva già Pino Marchese... Ci è andato

Balsano a prendere le dichiarazioni. [...] È dalle tre e un quarto che dormo bene... Poi andiamo».

Gino: «Là dentro, là dentro da "Demolle" [*soprannome con il quale veniva indicato Santino Pullarà*]».

Nino: «Demolle... Sì, Demolle ha un bel monovano a via Lincoln, me lo vuole dare per...»

Gino: «In via Lincoln?»

Nino: «Sì, e pure tutto arredato!»

Gino: «Suo cognato [...]»

Nino: «Come?»

Gino: «Suo cognato [...]. Ce lo deve dire... Penso che se arrivasse ad appoggiarci sarebbe... nostri problemi... Ma questo è fumo negli occhi, in definitiva non possiamo sapere se...»

Nino: «Minchia! Ieri mi è parso strano...»

Gino: «Ieri... ci pensi quando... pensando che voi mi aspettavate... Avevamo dietro quelle macchine...»

Nino: «Ieri... minchia... com'è che...»

Gino: «Come mai quelle macchine ci sono venute dietro fino lì?...»

Nino: «Può darsi che erano dietro la tua macchina...»

Gino: «Può darsi che hanno preso le generalità a qualche altro?»

Nino: «A qualche altro il numero di targa...»

Gino: «Da nessuna parte risulta l'automobile, è proprio pulita. [...] Dico io, avessero mai dato un appuntamento a qualcuno sospetto...»

Nino: «No, non è che era...»

Totò: «Questa cosa non mi persuade...»

Gino: «Mi pare... auto sospetta...»

Totò: «Eh...»

Nino: «Con quello con Andrea...»

Gino: «Sì però hanno un aspetto...»

Nino: «Tutto assieme hanno intercettato la tua macchina e si mettono a camminare come di pattuglia, come... e la Dia... e si misero a intercettare la tua macchina...»

Gino: «Ma no, la mia macchina... Chiamalo come vuoi...»

Nino: «Oh... che ti prende?»

Gino: «Però dico che hanno intercettato le due macchine e hanno chiamato la centrale con i computer...»

Nino: «Appena... [*qualche altra parola incomprensibile, poi una pausa con rumori di sottofondo*]... queste sono le dichiarazioni di Balduccio, fatte da Baldassarre Di Maggio... Questo ha detto l'avvocato che parla con Santo Pullarà... Si addossa l'omicidio di Cannarozzo [*soprannome di Pippo Calderone, fratello del collaboratore di giustizia Antonino*], Balduccio si autoaccusa...»

Gino: «Ah, si autoaccusa?»

Nino: «Dell'omicidio di Roccamena [...]»

Gino: «Nel giornale ho letto il primo omicidio di Barcellona Pozzo di Gotto... Questo è uscito perché lo accusava a loro...»

Nino: «L'unica falsità che avrebbe potuto dire era questa...»

Gino: «E il Marchese? [...]»

Nino: «...E il fatto dell'ospedale di Alcamo, chi è stato?»

Gino: «Eh, quella dell'ospedale è stata un'altra cosa...»

Nino: «Eh... la verità? Si autoaccusa, perbacco...»

Gino: «Si assume il diritto di decidere...»

Nino: «Sì, si accusa di una decina di reati e di tanti omicidi, dice che il suo primo omicidio lo ha commesso in una piazza di Roccamena... Lo hai letto il giornale?... Nuovo affiliato, l'omicidio l'ho commesso a una festa a

Roccamena. Il suo primo omicidio. E se... è vero che accusa...»

Gino: «Lui chi?»

Nino: «Dovette essere il Marchese a dire a Baldassarre Di Maggio di andare a sparare lì a Roccamena...»

Gino: «E poi lo mette a verbale...»

Nino: «Eh, sì... [*squilla il telefonino*]. È quello mio?»

Gioè parla al telefono con la moglie, poi riprende a discutere con gli amici sui problemi di sicurezza. Bentivegna è preoccupato che controllando i telefoni cellulari gli investigatori possano individuare la zona dove si trova. Poco dopo si torna a discutere degli ordini d'arresto e delle accuse dei pentiti.

Nino: «[...] Quando mi devo mettere latitante per davvero... Io dove devo andare? Da qui a casa tua...»

Gino: «Non devi andare più in nessun altro posto però... Se hai un appuntamento qua non devi avere un appuntamento là... È facile a dire questo discorso, noi non siamo in grado di comperare una macchina al giorno...»

Nino: «Ah...»

Gino: «E neanche persone... E vedi che tuo fratello sa...»

Nino: «Chi lo ha detto, il discorso è quello, appena... [...] Si dovrebbe andare là, in un paese vicino a Ribera... [...] Ora chiudo questa vicenda e comincio a ragionare in un altro modo, cioè nel senso di...»

Totò: «Io il telefono non lo uso e la sera parto. Ogni sera alle nove parto e vengo a... Tu vuoi strafare... Vengo a prendere le risposte, non c'è nulla? Ma comunque non...»

Gino: «E come possiamo vivere così...»

Nino: «In qualche casa [...]»

Totò: «E gli appuntamenti?»

Gino: «Si fanno per strada...»

[...]

Totò: «No, io non mi spavento del telefono, mi spavento se il telefono viene individuato nella zona dove sei. Mentre tu cammini con la macchina non ti succede niente, giusto? Perché sei sulla strada e stai portando una macchina... Ma qua chi sta dentro... mi spavento. Perché il punto fermo... durante la giornata, giusto... durante il mese se questi hanno il telefono sotto controllo dicono: "Da questo punto", in questa zona, se si riesce a individuare il luogo...»

Gino: «Quelli competenti mi hanno detto... Perché da Palermo c'è il ponte radio così come ce ne sono a Trapani e a Catania... Loro la posizione non la possono sapere mai, noi dobbiamo avere pure i riscontri perché non ci hanno pizzicato mai...»

Nino: «No, ma quando ci fu quel fatto, a Nino, Peppino e coso... Gli hanno intercettato il telefono...»

[...]

Totò: «...Certo, fatto sta che noi aspettiamo il mandato di cattura!... Ne spuntano quattordici là. Ora là noi... Un'altra passata di queste cose... è giusto? Perché quelli che risulto io sono tutti inchiodati!»

Nino: «Minchia, sono tutti a nome di Marchese... Questo che stava con voialtri... al Biondino [*Salvatore Biondino, arrestato insieme a Salvatore Riina*]... *zù* Nino Troia [*Antonino Troia*]... Accusa le persone... dissi tra me, per fortuna...»

Gino: «Eh, ma intanto le persone le ha fatte arrestare...»

Nino: «...perché a Balduccio gli hanno dato confidenza... alcuni li conosce...»

Totò: «Balduccio ce l'ha con te!»

Nino: «Ma no, questo Balduccio non mi conosce completamente, non mi conosce affatto!»

[...]

Totò: «Il fatto è questo, è che a quelli come Balduccio...»

Gino: «Sì, lasciali fare e ci lasceranno senza compagni...»

Totò: «Nino, c'è l'esigenza di Monreale, perché a San Giuseppe ci sono tre uomini, tre persone...»

Gino: «Tre uomini?»

Totò: «A Monreale, a Piana degli Albanesi, a Roccamena, a Camporeale, ad Altofonte. Dove sono ormai gli uomini? A Villagrazia...»

Gino: «A Partinico alcuni si sono ritirati, è vero?»

Totò: «Sì, ma non sono ancora in giro?»

Gino: «Quando mai sono, loro lo dicono».

Totò: «Solo Nenè Geraci c'è...»

Gino: «Ninuzzo, che si è buttato latitante? *'U zù* Geraci, perché, lo cercano?»

Nino: «È in galera, poveraccio».

Gino: «È in galera? Lo hanno preso?... E dobbiamo aspettarci il resto... [...]»

Nino: «Io sapevo a... Così dicono».

Gino: «Chi? Quello di cui parla Nino Marchese?»

Nino: «Sì».

Gino: «Lo mette nella strage...»

Nino: «Minchia, ormai ci stanno mettendo dentro... [...]»

Lunedì 15 marzo, alle 11,30, Nino Gioè è solo nella mansarda. Suona il citofono, è il suo amico Vito che poco dopo lo raggiunge nell'appartamento.

Gli argomenti di discussione sono il movimento di polizia e carabinieri notato da quelle parti, la preparazione di documenti falsi, un traffico di sigarette con alcuni napoletani.

Vito: «Sono passato... perché dovevo parlare con te. Sono salito, c'è stata confusione... un movimento... all'ospedale... elicotteri, motociclette... buttati nelle macchine... buttati nelle viuzze...»

Nino: «Ma chi è...»

Vito: «Stanno facendo qualche blitz... Oppure stanno cercando qualcuno... [...] Ieri sera sei uscito verso le dieci...»

Nino: «Per sera devo andare a Catania, sempre dopo mezzanotte rientro, verso l'una le due, stanotte. [...] Alle sei e mezzo ho appuntamento ad Acireale... [...] Ci sono sbirri che girano».

Vito: «A un quarto d'ora... O fecero qualche lavoro? Ma poi... tu l'hai sentito l'elicottero?»

Nino: «Sì, l'ho visto l'elicottero».

Vito: «Della polizia, proprio sopra al Policlinico e al Civico, sopra. Tu-tu-tu-tu [*rumore elicottero*] basso, sai, io mi trovavo proprio a piazza delle Cliniche, perciò lo vedevo. Poi le volanti, gli sbirri, ahau [*sirene*] in borghese, cose...»

Nino: «Qualche rapina?»

Vito: «Ora mentre stavo venendo qua, una mezz'oretta fa, verso... sempre nella... I motociclisti, questi in borghese con le radio nelle mani... Ma entravano proprio negli scivoli... E mi sono detto... può essere che Nino non scende proprio per questo motivo?»

Nino: «No, io quando devo uscire a vuoto... non esco».

[...]

Vito: «Ora ci prendiamo il caffè... Almeno noialtri...»

Nino: «Minchia, ho qualche venti documenti falsi dentro... [...] Là al bar... là al mare...»

Vito: «Senti... Parlai con un amico mio... un commercialista mi disse... l'unica cosa che posso fare io, siccome a noi ci danno sempre dei documenti...»

Nino: «Una fotocopia dell'originale...»

Vito: «Ti faccio la fotocopia di ognuna, però devi trovare dai 37-38-39 anni... Di questa età».

Nino: «Dai 35-40 anni sei a posto...»

Vito: «Gli ho detto carta d'identità e patente... gli dissi».

Nino: «...e leggibile».

Vito: «...bello sistemato, i bollini me li faccio trovare io per la patente».

Nino: «Quelli che lavorano con i portafogli, quelli che lavorano con gli scippi e...»

Vito: «Se!»

Nino: «Io quando ci sono quelli delle volanti... gliene do uno falso...»

Vito: «Senti, e se chi gira con questo documento, in un posto di blocco è...»

Nino: «Se ti fermano in un posto di blocco, ti puoi fermare bello sistemato [...]»

Vito: «Uhmmm...»

Nino: «No, perché... Appena mi vedono mi arrestano».

[...]

Vito: «Mi sono informato con qualche contrab... Ce n'è uno che li va a prendere a Napoli e li prende a 650.000 lire a cassa, una cassa di queste... A Napoli o... Mi pare che a Napoli...»

Nino: «A me poco mi sembra 650.000 lire la cassa».

Vito: «E gli altri mi sembra che li prendevano a

un milione, uno e venti, nove e novanta, comunque sempre...»

Nino: «Se li va a prendere a Napoli a 750 a cassa buone sono, un amico mio vende due casse di sigarette la settimana. No la settimana, che sto dicendo, mi pare che al giorno mi disse, perché ha due posti».

Vito: «Due al giorno?»

Nino: «Al giorno».

Vito: «Due casse di sigarette al giorno...»

Nino: «Ci guadagna un milione, due milioni al giorno!»

Vito: «No! C'è suo figlio, suo nipote, c'ha picciotti... Per ora i finanzieri ci sono andati ogni giorno, si fottono due stecche di sigarette, tre stecche...»

Nino: «Certo 650.000 lire la cassa è un prezzo buono...»

Vito: «Lui così mi disse, però non è che me l'ha detto lui direttamente, me l'ha detto questo ragazzo, questo amico mio...»

Più avanti, Gioè e il suo amico si lasciano andare a considerazioni sui catanesi e sugli uomini d'onore di quella provincia. Spuntano i nomi di Nitto, con ogni probabilità Santapaola, e del *Malpassotu*, soprannome di Giuseppe Pulvirenti: i numeri uno e due della mafia di Catania, latitanti da anni. E si parla di Alfio Ferlito, il boss catanese assassinato nell'estate del 1982 insieme a tre carabinieri e l'autista che stavano trasferendo il mafioso da un carcere all'altro: la strage della circonvallazione.

Nino: «Lui dice oggi è per Nitto l'appuntamento a Catania, era con Nitto a Catania... Lo stanno facendo proprio...»

Vito: «[*ride*] ...Eppure come catanese forse è una persona che preferisco...»

Nino: «C'è sempre Enzo, *'u zù* Turi... Non si discute eh... Un giorno venne Aldo no... picciotti là a Catania ce n'è... Ci sono picciotti validi».

Vito: «Se!»

Nino: «C'è Enzo Aiello, questo qua che scende come un cornuto...»

Vito: «Ah!»

Nino: «A caccia di questo, lo vedi che gli è arrivato... E camminava col giubbotto antiproiettile».

Vito: «Vedi che per fare azioni sono...»

Nino: «No, ne hanno a Milano, hanno fatto una *scanna*, caro mio. C'è una batteria caro mio, ma potente!»

Vito: «Ci sono quattro folli, ma ci sono quelli validi, vero che non sono di Milano, di un...»

Nino: «Per me i migliori di Catania sono! Quei quattro cinque picciotti a livello di terroristi, di fedayn, loro ne sanno di queste cose... Perché io ci sono stato insieme, in cose particolari che interessano pure a noi che... Eh... Il patto si fa fuori prima! Se montano questi con me, il patto lo faccio io».

Vito: [*ride*].

Nino: «Questi sono all'altezza della situazione, quattro cinque terroristi veri ci sono!»

Vito: «Ma che devono essere...»

Nino: «Ci sono quelli validi che fanno le cose e non se ne sa più niente, si perdono completamente le tracce...»

Vito: «Sono noccioline...»

Nino: «Stasera ho appuntamento con il *Malpassotu* e con Nitto, con loro due».

Vito: «Allora è molto che lo conosci? Perché allora mi ricordo che quando dovevo uscire... giusto».

Nino: «A Nitto... È che lo conosco da quando era un contrabbandiere di sigarette... Io a Nitto è che lo frequento da quando era uno che vendeva casse di sigarette, aveva un traffico che era... rapinatore... A Nitto è che lo conosco dal 1973, vent'anni, vent'anni...»

Vito: «Quindi allora tu è da vent'anni che sei...»

Nino: «No! Lui è latitante dal millenovecen... Da qualche dieci anni...»

Vito: «A lui mi sembra che gli diedero la condanna con... giusto... Dalla Chiesa...»

Nino: «Eh... Dalla Chiesa... e dopo quello di Alfio Ferlito, Alfio Ferlito fu nell'83... Alfio Ferlito non era latitante in quella casa a Tra... Alfio Ferlito ci fu un periodo che era in quella casa... Coi carabinieri perché ci fu un'irruzione, si era alleato con i gruppi di *Cappiedru* e Turi Cachitu, quello di Pillera, amico era negli anni Settanta... Questa era tutta la squadra di Nitto, Alfio Ferlito, Turi Cachiti...»

Vito: «Se poi ci fu la scissione e venne...»

Nino: «Sì, poi venne *'u* Pillera... si erano alleati con... Stefano Bontade... Epaminonda, questi fuggirono da Catania, e da Catania se ne sono andati a Vienna e Milano... Perciò hanno dato un colpo di spugna...»

Vito: «Se ne salirono poi a Milano...»

Nino: «Sì, allora qualche ragazzo preparato lo aveva... Ve ne erano venti con lui...»

Vito: «Tutto il valore che può avere una persona, vero! Vedi che questi hanno preso tanti ergastoli, questi, Angelino, ci hanno pensato ora a farsi pentito...»

Nino: «Niente, perché lo hanno arrestato! [*ridono*]».

Ormai s'è fatta quasi ora di pranzo, Gioè e Vito proseguono la loro conversazione parlando prima di auto da *taroccare*, cioè modificare, poi di cinema, teatro, opere liriche, musica, libri, quadri, francobolli e sport.

Nino: «...Sì, loro se la tengono tre giorni e poi ci fanno il lavoro [...]. Questi che fanno i *tarocchi* la macchina te la cambiano... che hanno a che fare con queste cose...»

Vito: «Ma già ti fanno i *tarocchi*, con la punzonatura proprio? Con i pezzi, ci mettono i pezzi?»

Nino: «Aveva una Peugeot 1600 Gt, macinato, se lo comprano a un milione e mezzo, due milioni, si prendono il pezzo, poi rubano un Peugeot e ci mettono quello, e cammina con le targhe di quello... Capito come fanno?»

Vito: «Ma allora, Nino, questi fatti che mi hanno detto a me dei numeri di matricola...»

Nino: «I numeri di matricola sono perfetti... [...]»

Più tardi Vito e Nino guardano la televisione, e i trascrittori della Dia relazionano: «Nella successiva parte della registrazione è possibile ascoltare, dato l'alto volume della televisione, il programma condotto da Vittorio Sgarbi, il quale, nell'occasione, tratta la situazione nella quale versano alcune carceri italiane. In particolare egli si sofferma sulle condizioni inumane in cui si troverebbero i detenuti della casa di reclusione Buoncammino di Cagliari». Poi riportano il seguito della conversazione intercettata.

Vito: «Stai zitto perché tu dici cazzate... [...] Nervoso... ma come devo... Stai zitto perché tu dici cazzate... il direttore della Fininvest...?! Cioè, anche lui? Un po' di cervello lo ha...?! Stai zitto perché tu dici cazzate...»

Nino: «La potenza di questi personaggi è la cultura che hanno».

[*tratto incomprensibile.*]

Vito: «Come dialettica... sanno parlare...»

Nino: «Io mi sono reso conto... che il colore rosso te lo fanno vedere... gli avvocati...»

Vito: «Io ho letto un libro di De Crescenzo che parlava di alcuni avvocati partenopei ma... difendono una persona, adesso non mi ricordo se... come si chiama... Praticamente aveva dimostrato la colpevolezza, sotto un certo aspetto, e nello stesso tempo ha dimostrato l'innocenza... Tutto è affidato alla dialettica...»

«La restante parte della conversazione», scrivono gli agenti, «fino alla fine del nastro, continua sul commento delle virtù dialettiche degli avvocati, i quali a dire degli interlocutori riescono a dimostrare tutto e il contrario di tutto.»

Poco dopo, Nino e Vito, forse prendendo spunto da una notizia del telegiornale, commentano un episodio passato.

Vito: «Dice che uno è morto in macchina».

Nino: «...la macchina...»

Vito: «Minchia... allora vero!»

Nino: «*Zumpava... ca pistola 'nto 'na manu... poi ci sparò 'ntesta... u pigghiò...* e s'inceppò... *zumpò*, minchia vivo...»

Vito: «Lo hanno arrestato per favoreggiamento...»

Nino: «Se devi morire... boom... boom... Ha avuto un botto micidiale... Meglio di sparargli in testa... Sparandogli poi tu...»

Vito: «Ma volendo può essere qualche cosa... Sparandogli in movimento può essere che qualche colpo...»

Nino: «Ma è meglio, più facile è la testa... tan... tan...»

Vito: «...sparandogli da davanti gli sono saltati i denti... Certo sono casi...»

Nino: «*...ci tiraru cu kalashnikov poi... a dda banna... co chiummu tenero...* con il piombo tenero... [...]»

Vito: «Davanti a una banca... il ragazzo... preparato la pistola... che gliel'ha scippata... e gli sparò in testa ed è rimasto vivo, tutto stralunato [*ridono*]. Minchia non è morto...»

[...]

Vito: «Nel 1982 mi fanno... Mi danno la questura di Milano no... E me ne vado al Ripamonti [*residence*] che è fuori Milano... Una bella mattina di queste, minchia alle 7 il direttore del residence mi dice... Lui fa: signor... c'è la polizia. Mi fermano, la perquisizione... Mi buttano tutto all'aria, mi portano alla questura e mi diffidano!... Pure di là [*ridono*]. Basta è finito... me ne vado a casa bello e sistemato... La domenica successiva c'è la partita del Milan... e mi vado a vedere questa partita... Ottantamila spettatori... Dunque appena sono entrato... nello stadio... con quello che avevo sotto, cose da me... Comunque io dico... per motivi di sicurezza mi hanno controllato, però non mi hanno riconosciuto... Minchia ottantamila... e due poliziotti».

XI

«Dobbiamo intervenire e fermarli.»

«No, aspettiamo ancora.»

Da quando nelle intercettazioni erano saltate fuori quelle frasi sulla *masculiata*, gli investigatori della Dia erano entrati in fibrillazione. Il riferimento era fin troppo chiaro, e il timore di un nuovo attentato fortissimo. Si imponeva una scelta: intervenire e bloccare sul nascere i piani mafiosi, oppure prendere delle contromisure e continuare a far funzionare la «cimice»?

A parte l'accenno ai fuochi d'artificio, nei discorsi di Gioè, La Barbera e degli altri uomini coinvolti nei traffici di Cosa Nostra si parlava di obiettivi da colpire all'uscita dal tribunale: erano dei magistrati? La campagna di sangue contro le toghe non era ancora finita?

«Per le quattro o le cinque... *ci si può fari*», aveva detto Nino; e dal momento in cui fu ascoltata quella frase, ogni pomeriggio, tra le quattro e le cinque, scattava il timore di un nuovo attentato, di cui però non si conosceva l'obiettivo.

Per fortuna i primi giorni passarono senza che accadesse nulla.

Altro bersaglio certo erano alcune guardie carcerarie di Pianosa, ma per loro un eventuale intervento sarebbe stato più semplice: si potevano sorvegliare o trasferire lontano dall'isola, familiari compresi.

E c'era anche un ulteriore riferimento, esplicito ma

senza indicazioni precise. Mentre cercava di convincerlo a costruirsi un alibi attraverso documenti che dovevano dimostrarne la presenza altrove in un determinato giorno, Nino Gioè aveva detto a Gino La Barbera: «Prepara il terreno... Preparati le cose prima che scoppia la bomba».

Quando? Dove? Contro chi? Domande che da giorni rimbalzavano negli uffici della Dia, alle quali non c'era modo di dare risposte. Eppure, se davvero i mafiosi stavano per entrare in azione, non si poteva aspettare altro tempo.

Le discussioni erano continue: la microspia di via Ughetti stava dando risultati eccezionali dal punto di vista investigativo, ma si poteva rischiare un altro «botto», in nome di un'indagine?

Il tenente colonnello Di Petrillo, capo-centro di Roma, era dell'avviso di proseguire con l'intercettazione ambientale.

«Intensifichiamo i controlli», diceva, «proteggiamo le potenziali vittime, ma non arrestiamo Gioè e La Barbera. Significherebbe mandare a monte un'operazione che può dare ancora molti frutti.»

Come Di Petrillo, un nutrito gruppo di funzionari e agenti della Dia voleva attendere e proseguire con l'ascolto. Altri invece erano dell'idea che non si poteva più aspettare.

A Roma il questore De Gennaro era stato naturalmente avvisato della situazione, e si stava convincendo che – purtroppo – non c'erano alternative all'intervento: troppo grande il rischio di un nuovo attentato.

La metà di marzo era ormai passata, la «cimice» continuava a registrare – anche se negli ultimi giorni Gioè era quasi sempre solo in casa, e dunque silenzioso –, quando De Gennaro convocò una riunione nel suo ufficio, all'ultimo piano dell'ex convento di Santa Priscilla. Con lui c'erano Micalizio, Di Petrillo, Gratteri e altri funzionari che avevano partecipato all'indagine.

Di Petrillo spiegò per l'ennesima volta le sue ragioni, provò a convincere contrari e indecisi. Disse che proseguendo con l'ascolto si sarebbe certamente arrivati alla cattura di Brusca e Bagarella, che in ogni caso La Barbera in quei giorni non era a Palermo, e quindi non si potevano eseguire gli arresti in contemporanea, unica certezza di bloccare eventuali progetti di attentati.

Anche Gratteri era titubante all'idea di mandare in fumo un lavoro così lungo e difficile, che finalmente stava dando dei risultati. Ci furono momenti di tensione, ma, riascoltate tutte le posizioni, De Gennaro decise che non c'era altra strada: bisognava arrestare Gioè e La Barbera, subito.

«Questo è un ordine», disse il questore. «Fate immediatamente rapporto al procuratore della Repubblica, e in attesa dei mandati di arresto procediamo al fermo di quei due.»

Quella stessa sera il procuratore Caselli fu avvisato, e si dichiarò d'accordo a intervenire: «Non possiamo rischiare oltre».

Di Petrillo e gli altri investigatori lasciarono la sede centrale della Dia con un ordine da eseguire e molti rimpianti nel cuore: la prima, vera operazione antimafia che era riuscita a penetrare Cosa Nostra al suo interno, senza l'aiuto dei pentiti e con il solo lavoro d'indagine, stava per essere interrotta prima di poter raccogliere i frutti finali per i quali era stata avviata.

Ma il tempo delle discussioni era finito, ormai bisognava solo pensare ad arrestare Gioè e La Barbera.

Venerdì 19 marzo, giorno di san Giuseppe, i timori che Antonino Gioè aveva confidato per giorni e settimane ai suoi amici sugli sbirri che spuntavano da tutte le parti, divennero realtà.

Quella mattina, nel furgone dov'era installata la posizione d'ascolto della Dia, il registratore fu acceso alle 6. Ma la microspia non trasmise alcuna voce, e il vicesovrintendente che ascoltava annotò nel suo rapporto: «Rumori di sottofondo dovuti alla presenza del solo Gioè nell'appartamento».

In strada, invece, c'era un piccolo esercito di uomini della Dia, avvertiti dalla sera alla mattina e organizzati in tutta fretta, armati e pronti a intervenire per bloccare il picciotto di Altofonte.

Nino uscì di casa poco prima delle 9, salì sulla sua Lancia Delta parcheggiata nel piazzale, aprì il cancello elettrico e imboccò via Ughetti. Percorse poche centinaia di metri, una macchina l'affiancò e la paletta d'ordinanza gli fece cenno di fermarsi.

Gioè non ebbe alcuna reazione, accostò a destra, si bloccò e abbassò il finestrino per parlare con lo sbirro che gli si era materializzato davanti.

«La patente, per favore», disse l'agente con tono perentorio, mentre gli altri intorno osservavano attentamente la scena, pronti a qualunque evenienza.

L'uomo di Altofonte esibì un documento falso, ma questo particolare per gli investigatori era soltanto un pretesto. La frase che seguì sarebbe stata pronunciata comunque: «Deve venire con noi».

Fatto scendere dalla Delta e caricato su una delle auto della Dia, Gioè si ritrovò pochi minuti più tardi nella spoglia sede palermitana della Direzione investigativa antimafia. L'avevano perquisito: non portava armi, ma il solito telefonino.

Rimase lì dentro per l'intera giornata, senza rispondere ad alcuna domanda, in attesa degli eventi. Che si susseguirono in gran fretta e decretarono il suo destino di detenuto.

Dell'accompagnamento in ufficio fu subito informata la Procura, dove il sostituto Giuseppe Pignatone e l'aggiunto Vittorio Aliquò prepararono e sottoscrissero un provvedimento di fermo. Nel frattempo l'uomo bloccato in via Ughetti era stato formalmente identificato per «Gioè Antonino fu Ottavio nato ad Altofonte (PA) il 4-2-1948, ivi residente in via Monachelle n. 20, coniugato, pregiudicato». Altri agenti, con le chiavi trovate addosso a Nino, erano entrati nella sua tana alla ricerca di indizi e prove.

Il documento firmato dai giudici Aliquò e Pignatone arrivò in serata nella sede della Dia: quattro pagine che accusavano Nino Gioè di associazione mafiosa.

Nei suoi confronti, scrissero i due magistrati, «sussistono gravi indizi di cui all'art. 416 bis commi 1, 3 e 4, per avere fatto parte dell'associazione mafiosa denominata «Cosa Nostra», unitamente a Riina Salvatore, Brusca Bernardo, Brusca Giovanni, Di Maggio Baldassarre e altri, con l'aggravante che l'associazione suddetta ha la disponibilità di armi ed esplosivi per il conseguimento delle sue finalità; in Palermo, fino alla data odierna».

I procuratori antimafia svelarono che a indicare Gioè come uomo d'onore della famiglia di Altofonte era stato proprio Di Maggio, «reggente di fatto» del mandamento di San Giuseppe Jato nel quale rientrava anche il paese del fermato; spiegarono che le dichiarazioni del pentito «risultano assolutamente attendibili», non solo perché così aveva stabilito pochi giorni prima un tribunale della libertà, ma anche perché Di Maggio s'era accusato di delitti per i quali non era stato nemmeno sospettato, e aveva fornito agli inquirenti «le indicazioni che hanno consentito l'arresto di Riina Salvatore»; aggiunsero, infine, che di

Gioè avevano parlato almeno altri quattro collaboratori di giustizia: Francesco Marino Mannoia, Giovanni Drago, Gaspare Mutolo e Giuseppe Marchese.

Ma l'asso nella manica erano i suoi discorsi registrati dalla Dia, e i magistrati dovettero mettere nero su bianco – e quindi rivelare all'esterno, «bruciare», secondo chi era contrario agli arresti – il contenuto dell'operazione segretissima che proprio quel giorno era stata interrotta.

«Nei confronti del Gioè», scrissero Pignatone e Aliquò, «sono state eseguite intercettazioni ambientali dalle quali sono emersi in modo chiaro i suoi rapporti con esponenti mafiosi di primissimo piano di varie parti della Sicilia, anche latitanti, di cui dimostra di conoscere abitudini e comportamenti; indicazioni sul traffico di sostanze stupefacenti; indicazioni su gravissimi delitti di omicidio in corso di preparazione da parte di un gruppo di associati mafiosi nel quale Gioè risulta perfettamente inserito.»

Sulla base di tutti questi elementi, e in considerazione dello «stato di sostanziale clandestinità in cui da tempo vive il Gioè», la Procura dispose il «fermo di indiziato di delitto» previsto dal codice di procedura penale, ordinando il trasferimento nel carcere romano di Rebibbia «al più presto, e comunque entro ventiquattr'ore».

Nella stanza dove era stato segregato, alle nove di sera del 19 marzo, Nino Gioè si ritrovò in mano quelle quattro pagine piene di accuse. Gli dissero che se non voleva l'avvocato d'ufficio poteva scegliersene uno di fiducia, e lui indicò un nome.

Bisognava avvertire anche un familiare, e fu avvisato il fratello Mario.

La notte se ne andò nell'adempimento di tutte le formalità, e i verbali di notifica furono compilati dagli ufficiali di polizia giudiziaria alle 5 del mattino. Nel frattempo cercarono l'avvocato nominato da Gioè, ma non lo trovarono. Il fermato ne indicò un altro, ma non si riuscì a rintracciare nemmeno quello.

«Proviamo con l'avvocato d'ufficio», decisero gli agenti. Lo chiamarono a casa, ma pure quel telefono squillò a vuoto.

Ormai s'era fatto giorno, il lavoro negli uffici giudiziari era ripreso, e in poche ore, nelle stanze del palazzo di giustizia, il fermo di Antonino Gioè fu trasformato in arresto, su ordine del giudice per le indagini preliminari.

Il gip decretò che c'erano tutti i «gravi indizi di colpevolezza» richiesti dalla legge, nonché il pericolo di fuga e di reiterazione del reato da parte di Gioè. Ordinò il trasferimento in carcere e dispose sette giorni di isolamento totale, rinviando di una settimana «il diritto dell'indagato di conferire con il difensore».

A Nino fu consegnato questo nuovo provvedimento, e la sera di sabato 20 marzo era in una cella di sicurezza del carcere romano di Rebibbia, reparto G7.

Altre formalità da espletare, altre carte da leggere e sottoscrivere con la sua calligrafia incerta, *Gioè Antonino*, prima il cognome e poi il nome, finché l'ultima porta di ferro non si chiuse alle sue spalle.

Adesso era un detenuto a tutti gli effetti, dietro sbarre e cancelli che non sarebbe stato semplice varcare di nuovo, incastrato com'era dalle dichiarazioni dei pentiti ma anche, come aveva potuto leggere nei documenti che gli avevano dato, dalle sue stesse parole ascoltate in diretta e registrate dagli sbirri.

E chissà da quanto tempo intercettavano, chissà cosa aveva detto in tutti quei discorsi, chissà che avevano trovato nell'appartamento dov'era stato fino a quarantott'ore prima. Chissà chi altro aveva incastrato, chissà dov'era Gino La Barbera, chissà come sarebbe finita stavolta.

Durante la perquisizione nella mansarda di via Ughetti 17, scala B interno 38, la mattina di venerdì 19, saltò fuori pure una bomboletta spray per la tintura dei capelli, marca Voilà color mousse. Appena la vide, il vicesovrintendente Pietro si ricordò dell'intercettazione di dieci giorni prima, quando Gioè e La Barbera parlavano di «sciampii e schiarenti per capelli, utili a cambiare fisionomia», come lui stesso aveva puntualmente riferito nella relazione di servizio.

Dunque volevano provarci davvero a rendersi meno riconoscibili, i mafiosi amici di Brusca e Bagarella. Ma non avevano fatto in tempo. E non erano servite nemmeno quel mucchio di carte d'identità e patenti false che sbucavano da ogni cassetto del mini-appartamento. Documenti in bianco, documenti con le fotografie sostituite, fotocopie di documenti autentici per rilevarne le generalità.

Nella mansarda, a rovistarla da cima a fondo per l'intera mattinata, erano in tanti. Oltre a Pietro c'erano Sauro, Coppa e altri che avevano passato gli ultimi sei mesi a inseguire giorno e notte i movimenti di quei picciotti che facevano una vita da latitanti senza essere ricercati.

Mentre loro controllavano ogni centimetro quadrato del covo, Nino Gioè era bloccato negli uffici della Dia. Di Gioacchino La Barbera, invece, s'erano perse le tracce. In via Ughetti gli investigatori trovarono soltanto un documento in via di falsificazione – una carta d'identità in bianco, numero 71706337, con all'interno due fototessera di Gino – e un borsone nero, al quale era attaccata la targhetta con nome, cognome e numero di telefonino del mafioso scomparso.

Ma la sorpresa maggiore – e anche il rimpianto più grande, per chi non voleva intervenire – arrivò quando Sauro trovò un'altra carta d'identità senza fotografia, rilasciata dal Comune di Partinico. Era intestata a un certo

Francesco Guida, completa di data di nascita e indirizzo. All'interno del documento c'erano due fototessera, pronte per esservi applicate sopra, due immagini molto familiari agli investigatori antimafia.

«Guardate qua, questo è Leoluca Bagarella», disse il viceispettore.

Gli altri gli si fecero intorno e constatarono che effettivamente quello era il documento destinato al numero due di Cosa Nostra, il cognato di Totò Riina balzato in cima alla lista dei latitanti da catturare. Forse Gioè e La Barbera li avrebbero condotti da lui, forse lo stesso Luchino sarebbe passato da quel covo. Ma ormai non poteva più succedere, bisognava studiare qualche altra via.

«Questo documento conferma che è lui il *Franco* di cui parlavano», commentarono gli agenti.

«Giusto. *Franco*, il diminutivo di Francesco».

La perquisizione andò avanti, ed ecco spuntare un altro documento con le foto nascoste all'interno. Era la fotocopia di una patente rilasciata a tal Giovanni Lo Nigro, di Altofonte. E le istantanee formato tessera ritraevano un volto noto anch'esso alla Dia, quello di Mario Santo Di Matteo «*inteso* Santino Mezzanasca».

Ormai lo sapevano da qualche tempo: era lui il Mezzanasca di Altofonte indicato sei mesi prima da Pino Marchese nell'imbeccata da cui era scaturita tutta l'indagine. L'ultima indicazione utile l'aveva fornita al questore De Gennaro il procuratore aggiunto di Palermo Aliquò.

Il magistrato originario di Altofonte, quando sentì dire che gli investigatori cercavano uno con quel soprannome, si ricordò di un Mezzanasca che spadroneggiava in paese ai tempi della sua gioventù. Era Giuseppe Di Matteo, che negli archivi antimafia veniva segnalato come «pluripregiudicato, più volte oggetto di rapporti giudiziari che lo indicavano in contatto con i noti Di Carlo Andrea e Pipitone Andrea».

«Quel nomignolo può essere passato dal padre al figlio», disse Aliquò agli uomini della Dia. E che Santino Di Matteo fosse un mafioso molto vicino a Giovanni Brusca, lo stavano rivelando uno dopo l'altro tutti i pentiti della nuova ondata, in particolare Balduccio Di Maggio.

«È certamente lui il Santino di cui parlano Gioè e La Barbera nelle loro conversazioni», avevano aggiunto gli investigatori che curavano le intercettazioni, perché quando si riferivano all'altro Santino col quale erano in contatto, Pullarà, lo indicavano con il cognome o con un altro soprannome, Demolle.

Dunque Nino e Gino si stavano preoccupando di fornire documenti falsi anche a Mezzanasca, ma non solo. All'interno di una cartellina gli agenti trovarono la fotocopia di un'altra patente da modificare insieme a «una fotografia formato tessera con l'effigie di persona al momento sconosciuta».

Naturalmente i due mafiosi pensavano pure a se stessi, ed ecco che una patente uscita dalla prefettura di Palermo nel 1982 – intestata a un certo Salvatore Romeo, sempre di Altofonte – era stata modificata con la foto di Gioè, completa di certificato di validità fino al dicembre 1997.

La perquisizione andò avanti per molte ore. Non c'erano armi né droga, nella mansarda; in compenso furono trovate molte chiavi, quattro milioni e 300.000 lire in banconote da 100.000, un telefono cellulare con il caricabatterie, la copia del contratto di affitto dell'appartamento sottoscritto con un nome falso, un braccialetto «di metallo giallo», una rubrica della Camera dei deputati «con all'interno scritti degli appunti e delle cifre».

Ma ad attirare l'attenzione degli investigatori fu un

altro pezzo di carta, la pianta del Comune di Roma e del Grande raccordo anulare, scala 1:20.000.

Perché i due picciotti di Altofonte conservavano una carta toponomastica di Roma? Erano previste trasferte nella capitale?

«Forse è lì che si nasconde La Barbera», ipotizzò uno degli agenti.

«No», rispose un altro, «La Barbera è a Milano. L'aveva detto qualche giorno fa, nei colloqui che abbiamo intercettato. È lì che dobbiamo cercarlo.»

Nino Gioè era al suo secondo giorno d'isolamento a Rebibbia, Gino La Barbera ancora un uomo libero.

Subito dopo l'intervento in via Ughetti, un gruppo di investigatori della Dia s'era messo sulle sue tracce, nel tentativo di individuarlo dove avrebbe dovuto essere secondo le ultime indicazioni, cioè a Milano. Ma non era facile.

Si sapeva che girava col fuoristrada Nissan, e aveva un cellulare che probabilmente – dopo l'arresto di Gioè – usava con cautela o non utilizzava più. Nelle prime ore della caccia, la Sip era riuscita a dare l'indicazione che il telefonino chiamava e riceveva nella zona di Milano centro.

I controlli venivano effettuati quasi ogni ora, ma non si riuscì ad andare oltre quella generica segnalazione. E dopo un po' l'apparecchio risultò spento.

Passò il sabato, passò la domenica. Gli investigatori del Centro operativo di Milano, insieme ai funzionari giunti da Roma e da Palermo, battevano la città alla ricerca di La Barbera e del complice che avrebbe dovuto essere con lui, Salvatore Bentivegna, il pensionato delle intercettazioni. Ma senza risultati. Finché il lunedì non furono aiutati da un po' di fortuna.

Era pomeriggio ormai inoltrato, banche e uffici stavano per chiudere, e la vita sotto la galleria San Carlo – nel cuore di una Milano spazzata in quel periodo dal vento impetuoso di Mani Pulite – cominciava ad animarsi. In mezzo a quel po' di spensierata confusione, seduti ai tavolini di un bar, due uomini parlottavano fra loro guardandosi spesso intorno, come se sospettassero o temessero qualcosa.

Quando li videro, gli agenti che stavano perlustrando la zona notarono subito la loro somiglianza con La Barbera e Bentivegna. Anzi, a ben guardare erano proprio loro: La Barbera e Bentivegna.

Via radio avvisarono i colleghi e, appena giunti i rinforzi, intervennero. Alle 17 e pochi minuti, cercando di non farsi notare troppo da chi passeggiava sotto le volte ottocentesche o gustava aperitivi dietro le vetrine dei bar, gli uomini della Dia bloccarono i due sospetti mafiosi.

«Documenti, prego», fu la frase di rito.

E poi: «Dovete seguirci in ufficio».

Nemmeno loro erano armati; dalle perquisizioni saltarono fuori solo carte di credito, foglietti sparsi e chiavi. Ma Nino e Totò si rifiutarono di rivelare a quali serrature corrispondessero. Furono accompagnati negli uffici milanesi della Direzione antimafia, e con un paio di telefonate furono avvisate le sedi di Roma e Palermo: «Li abbiamo presi».

Le domande e le formalità di rito si susseguirono come era successo tre giorni prima con Gioè. Gli investigatori provarono a convincere La Barbera a collaborare, a fornire indicazioni sui latitanti e i traffici di Cosa Nostra, ma lui niente.

«Guarda che ti conviene», disse chi l'aveva arrestato, «contro di te abbiamo prove decisive.»

«Lasciatemi in pace», rispose Gino.

Nominò un avvocato di fiducia, lo stesso che aveva indicato il suo amico Nino.

Quel lunedì, dalla Procura di Palermo partì un ordine di fermo per La Barbera e Bentivegna praticamente uguale a quello firmato nei confronti di Gioè, con in più la contestazione del reato di traffico di droga.

Gino La Barbera, scrisse il pubblico ministero Pignatone, era stato indicato da Di Maggio come uomo d'onore della famiglia mafiosa di Altofonte, lo stesso collaboratore l'aveva riconosciuto in fotografia e l'accusava di «più delitti di omicidio per i quali sono in corso indagini preliminari».

Quanto alla droga, il magistrato faceva nuovamente riferimento alle intercettazioni ambientali: «In particolare risulta che il La Barbera si è recato a Milano, in compagnia di persona indicata come Totò, per acquistare un ingente quantitativo di sostanza stupefacente (eroina e cocaina)».

Su Bentivegna gli indizi erano altrettanto gravi: «Lo stesso mantiene costanti contatti con il La Barbera e con Gioè Antonino, esponente di primo piano della famiglia mafiosa di Altofonte, tanto da essere stato controllato già nel 1991 in compagnia del primo e tanto da avere messo a loro disposizione un'auto a lui intestata durante il periodo in cui, specie dopo che è divenuta nota la collaborazione del Di Maggio, il La Barbera e il Gioè hanno vissuto in situazione di clandestinità».

Inoltre, visto che Bentivegna era stato fermato insieme a La Barbera a Milano, «deve ritenersi che proprio il Bentivegna sia il Totò cui si fa riferimento nell'intercettazione ambientale».

Per i due, come per Gioè, la Procura ordinò la traduzione a Rebibbia e l'isolamento totale, valido per una settimana anche nei confronti degli avvocati. Furono trasferiti a Roma, in aereo, il giorno successivo, e la sera del 23 marzo, a Gino, fu notificata l'ordinanza di custodia cautelare firmata dal gip.

«Le motivate argomentazioni del pm», aveva scritto il giudice nel provvedimento che chiudeva alle spalle di La Barbera il portone del carcere, «possono essere pienamente condivise in quanto appaiono fondate sulla meticolosa attività di verifica delle dichiarazioni del collaborante che ha consentito di accertarne la piena attendibilità.»

Fra i riscontri, naturalmente, c'era l'intercettazione ambientale, «con particolare riferimento al coinvolgimento in un traffico di stupefacenti, attività notoriamente controllata e gestita dagli appartenenti a Cosa Nostra».

Il verbale di perquisizione e sequestro a carico di «La Barbera Gioacchino, celibe, autista», riempì tre fogli fitti fitti, sui quali vennero elencati ben quarantadue reperti.

C'erano carte di credito della Bankamericard, dell'American Express e del Banco di Sicilia, tessere Bancomat e libretti di assegni, ricevute di bar, ristoranti e pizzerie di Milano e dintorni – negli ultimi dieci giorni aveva girato anche per le province di Mantova e Verona, era stato a Rimini e a Desenzano del Garda –, appunti pieni di indirizzi e numeri di telefono di ragazze – una certa Rosa, e poi il recapito spagnolo di una tal Pilar –, biglietti da visita italiani e stranieri, tessere Aci, della Commissione sportiva automobilistica italiana e del Karting Club Pianetto – ricordo di quando, in passato, partecipava a gare automobilistiche –, una ricevuta di prelievo dallo sportello automatico della Banque Nationale de Paris.

Catalogate al numero 21 della lista compilata dai funzionari della Dia, e sequestrate insieme al resto del materiale, finirono pure due immaginette della Immacolata Concezione che Gino La Barbera, accusato di associazione mafiosa, traffico di droga e indagato per numerosi omicidi, custodiva premurosamente nel portafogli.

I due mafiosi inseguiti per oltre sei mesi erano in cella da qualche settimana, coi loro pensieri e le accuse che s'erano tirati addosso con le loro stesse parole. Nel reparto G7 di Rebibbia, Gioè e La Barbera rimuginavano su quelle intercettazioni, su ciò che la Dia aveva potuto ascoltare.

Per gli investigatori il lavoro non s'era certo concluso con gli arresti. Anzi, l'avevano interrotto a mezza strada. Adesso c'era da augurarsi che i due picciotti di Altofonte, di fronte a prove così schiaccianti e seguendo l'esempio di altri giovani mafiosi, decidessero di collaborare con gli inquirenti, spiegassero tutte quelle parole e sollevassero un altro velo su Cosa Nostra e le «primule rosse» che ancora scorrazzavano per la Sicilia, da Bagarella in giù.

Ma Nino e Gino non davano segni di volersi «pentire». Fuori da Rebibbia – nel Paese, sui giornali e in televisione – le notizie che arrivavano da Milano, su Tangentopoli e Mani Pulite, continuavano a intrecciarsi con quelle provenienti da Palermo, sulla lotta alla mafia.

A fine marzo era stato sferrato l'attacco più alto che si potesse immaginare alle presunte collusioni tra cosche e classe politica: la Procura distrettuale antimafia di Palermo – a firma del procuratore Gian Carlo Caselli e dei sostituti Guido Lo Forte, Gioacchino Natoli e Roberto Scarpinato – aveva inviato un avviso di garanzia e una richiesta di autorizzazione a procedere nei confronti di Giulio Andreotti, senatore a vita, sette volte presidente del Consiglio e un numero imprecisato di incarichi di governo ricoperti quasi ininterrottamente dal 1948 in poi.

L'accusa: concorso esterno in associazione mafiosa, «per avere contribuito, non occasionalmente, alla tutela degli interessi e al raggiungimento degli scopi dell'associazione mafiosa denominata Cosa Nostra, in particolare in relazione a processi giudiziari a carico di esponenti dell'organizzazione».

Di lui s'erano decisi a parlare pentiti vecchi e nuovi. Quelli che da anni vivevano negli Stati Uniti – come Tommaso Buscetta e Francesco Marino Mannoia, che mai prima s'erano azzardati a fare il nome di Andreotti per paura di non essere creduti e di compromettere le altre dichiarazioni – e quelli spuntati all'indomani delle stragi di Capaci e via D'Amelio, da Gaspare Mutolo a Giuseppe Marchese fino a Balduccio Di Maggio, il quale rivelò di aver assistito personalmente a un incontro fra il senatore a vita e Totò Riina.

Il procedimento contro Andreotti, con le sue code di indignate smentite da parte dell'interessato e di vivaci polemiche nel mondo politico e giudiziario, riaccese il dibattito e i riflettori sulla lotta alla mafia, sulle protezioni vere e presunte di cui Cosa Nostra aveva goduto per quasi cinquant'anni a livello istituzionale, sui rapporti inconfessabili di tanti politici di rango locale e nazionale. Prendeva il via un'avventura che sarebbe durata anni, dalle conseguenze imprevedibili.

Trascorsero altre settimane, con le rivelazioni sulle «relazioni pericolose» dell'uomo simbolo del potere democristiano in Italia che si susseguivano di continuo. E mentre il Senato discuteva se concedere o meno l'autorizzazione a procedere, che arrivò alla fine di giugno, altre bombe scoppiarono. Di quelle vere, che uccidono.

Una esplose a Roma, la sera del 14 maggio in una strada semibuia e poco frequentata del quartiere Parioli. Un ordigno potentissimo fu azionato in via Ruggiero Fauro, nel punto in cui pochi attimi prima era passata la Mercedes su cui si trovavano l'anchorman Maurizio Costanzo, la sua fidanzata e l'autista.

Un attentato che per un soffio non costò la vita alle tre persone a bordo dell'auto, e che non fu facile interpretare. Ma fra le piste battute fin dai primi momenti, vista l'insistente impronta antimafia che il giornalista aveva dato nell'ultimo anno alle sue trasmissioni, ci fu anche quella che portava a Cosa Nostra.

Nel frattempo, tra le bombe e le polemiche sull'inchiesta Andreotti, il gruppo di investigatori della Dia che aveva indagato sul nucleo di favoreggiatori dei grandi latitanti andava avanti nel suo lavoro. Le intercettazioni erano state interrotte per evitare altro sangue, e ora bisognava cavare il massimo possibile da quelle realizzate nei quindici giorni in cui la «cimice» aveva trasmesso i discorsi di «ordinaria mafiosità».

Gli uomini della Direzione antimafia continuavano ad ascoltare e riascoltare le registrazioni dei colloqui, spesso di difficile comprensione, fatti di frasi spezzate e riferimenti molte volte indecifrabili, e che però dovevano avere una spiegazione. I nastri furono duplicati e le copie ripulite a più riprese, nel tentativo di migliorare l'ascolto; le trascrizioni analizzate in ogni singola parola, fosse stata pronunciata in italiano, in siciliano, o in quella particolare lingua che era il dialetto dei «parchitani» di Altofonte.

Finché, un giorno di maggio, due funzionari incaricati di risentire per l'ennesima volta le conversazioni tra Gioè e La Barbera non si accorsero di una frase pronunciata da Gino, fino ad allora sfuggita all'ascolto, nella quale il mafioso parlava di *attentatuni* e Capaci.

Era il nastro numero 5-stereo 4, lato A e lato B, contenente la «registrazione della conversazione intercettata dalle ore 00,40 alle ore 01,55 del 9 marzo 1993».

A parlare, nel covo di via Ughetti, erano Nino Gioè e Gino La Barbera. Il lato B del nastro era stato avviato da pochi minuti, e i trascrittori avevano annotato: «Nino e Gino stanno seguendo il programma televisivo *Colpo grosso*. In questo arco di tempo i due ne commentano la visione».

Seguiva questo brano di conversazione.

Gino: [*incomprensibile*].
Nino: «...ci sarà qualche altro...»
Gino: «Eh! E allora!?...»
Nino: «Eh...»
Gino: «*Può essiri... Na vota Santinu mi fici ricurdari...*»
Nino: «Eh...»
Gino: «*In sustanza... Ti ricordi 'u carruzzere vicinu unni aspittati ddocu, ddocu a Capaci unni ci fici l'attentatuni, avia l'officina...*»
Nino: [*incomprensibile*].
Gino: «*È 'u frati... Fici 'occhi rapina, tannu ci purtammu un nominativu*».
Nino: «Eh!...»
Gino: «C'è Nicola a questo Mariano Graviglia, allo zio Troia...»
Nino: «Eh!...»
Gino: «Minchia, i nomi corrispondono!... Guarda qua ma... Questo chi era?... Mariano aveva l'officina accanto la pizzeria a Capaci...»

Quel pezzo di frase, ascoltato e riascoltato, alla fine divenne chiarissimo.

«*Ddocu*», diceva Gino, che in siciliano vuol dire «lì»; «*a Capaci*», la località divenuta tragicamente nota in tutto il mondo dopo la bomba che dilaniò Giovanni Falcone, sua moglie Francesca e i tre uomini della scorta; «*unni ci fici l'attentatuni*», un'altra espressione in dialetto stretto che poteva essere tradotta in un solo modo: «dove feci l'attentatone».

Una confessione in diretta di partecipazione alla strage, fatta da un mafioso che semplicemente ricordava all'altro una località.

E l'altro ascoltava e capiva senza battere ciglio, segno evidente che già sapeva tutto, e probabilmente aveva partecipato anche lui all'eccidio.

Il riferimento all'*attentatuni*, per i due uomini d'onore che adesso erano rinchiusi in due celle di massima sicurezza, era una banale indicazione per intendersi su un luogo. Come fosse un bar, un semaforo o un albero.

Per gli investigatori, invece, una frase del genere diventava la traccia che poteva portare all'identificazione certa e inconfutabile degli autori della strage di Capaci, l'ammissione di un «soldato semplice» – ascoltato a sua insaputa – di aver partecipato all'attacco più alto e violento sferrato da Cosa Nostra contro le istituzioni.

Quando morì Giovanni Falcone, il sostituto procuratore di Milano Ilda Boccassini fece scalpore per la durezza con la quale si scagliò contro molti colleghi del giudice dilaniato dal tritolo mafioso. Durante una commemorazione li accusò di piangerlo e celebrarlo ora che non c'era più, ma di averlo attaccato e isolato in vita, mentre combatteva la mafia prima da Palermo e poi da Roma, negli uffici del ministero di Grazia e Giustizia.

Pochi commentarono che aveva ragione, molti di più che la sua era stata una reazione esagerata e quasi isterica. Ma Ilda Boccassini, che considerava Falcone un maestro prima ancora che un amico, fece seguire alle parole i fatti, e poco tempo dopo chiese e ottenne l'applicazione alla Procura di Caltanissetta per indagare sulla strage di Capaci.

Aveva quarantatré anni, un'esperienza di inchieste antimafia maturata soprattutto nel processo «Duomo connection», un carattere difficile, tanta determinazione e la voglia di cambiare aria dopo alcuni contrasti nell'ufficio dove aveva lavorato fino ad allora.

Insieme a lei, s'era spostato in Sicilia Fausto Cardella, magistrato anche lui quarantatreenne, di origini siciliane, arrivato da Perugia. Aveva scelto di lasciare quell'ufficio tutto sommato comodo e non ancora sommerso dalle indagini sulla corruzione dei giudici romani, dove l'inchiesta più spinosa era quella sul «mostro» di Foligno che aveva appena ammazzato il primo bambino, per provare a dare volti e nomi agli stragisti di Cosa Nostra.

Un impegno difficile, quello assunto da Boccassini e Cardella, andati in aiuto del procuratore Giovanni Tinebra e dei pochi sostituti in servizio a Caltanissetta, distretto giudiziario competente per i processi in cui sono coinvolti i magistrati palermitani, e dove quindi dovevano svolgersi le indagini sulla strage di Capaci, ma anche su quella di via D'Amelio che aveva ucciso Paolo Borsellino e i cinque agenti della sua scorta.

A meno di un anno dalle bombe, nei fascicoli degli inquirenti c'erano molte carte. Migliaia di pagine con perizie, rapporti e interrogatori, ma non ancora prove.

L'inchiesta su Capaci era ovviamente partita dai rilievi tecnici, sull'esplosivo ma anche sul Dna prelevato dai mozziconi di sigaretta trovati sulla collinetta che guardava l'autostrada, lasciati con ogni probabilità dagli assassini.

C'erano la ricostruzione minuziosa dell'attentato, le testimonianze di chi viaggiava su quel tratto di strada il pomeriggio del 23 maggio del '92 e di chi, nei giorni precedenti, aveva notato degli strani «lavori in corso», quasi sicuramente a opera dei mafiosi che stavano stipando il tritolo sotto l'asfalto.

L'indagine – svolta in particolare dal «Gruppo investigativo Falcone-Borsellino» guidato dall'ex capo della Squadra mobile palermitana Arnaldo La Barbera, e dai carabinieri del Ros che avevano arrestato Riina e che in passato avevano lavorato sulla «Duomo connection» milanese – aveva portato all'individuazione, nella zona in cui era avvenuta l'esplosione, di un casolare di un certo Giovanni Battaglia, già noto per aver avuto rapporti con presunti appartenenti a Cosa Nostra.

L'attenzione degli investigatori si era anche concentrata sulla famiglia mafiosa del quartiere della Noce, guidata da Raffaele Ganci – il figlio Domenico girava su una macchina intestata alla società Ruisi, di un tal Mariano Utro –, e su altri soggetti considerati vicini ai corleonesi. Tra questi compariva Giovanbattista Ferrante, ufficialmente titolare di una ditta di «sbancamento terra», collegato a Salvatore Biondino, l'uomo catturato insieme a Totò Riina.

Ma la svolta, per Boccassini e Cardella, arrivò il 26 maggio, all'indomani del primo anniversario della strage e delle commemorazioni di rito. Quel giorno il tenente colonnello Di Petrillo inviò l'informativa della Dia sulle intercettazioni nelle quali si parlava dell'*attentatuni* e di Capaci, con i risultati di tutti gli accertamenti svolti successivamente dai suoi uomini.

Ancora una volta, l'incrocio di numeri, date e orari delle chiamate fatte coi telefoni cellulari s'era rivelato decisivo.

La cassetta con la registrazione del colloquio tra Gioè e La Barbera era stata ascoltata un'infinità di volte. Come consulente era stato utilizzato anche il procuratore aggiunto di Palermo Aliquò, esperto del dialetto di Altofonte. Quel «*unni ci fici l'attentatuni*» poteva anche essere «*unni ci ficimu...*», e certamente il valore della frase sarebbe stato ancor più dirompente.

Tuttavia la traccia, qualunque fosse l'interpretazione delle parole di La Barbera, era troppo importante per non essere seguita col massimo sforzo possibile. E che a parlare, quella notte, fossero proprio i due picciotti finiti in carcere, non c'erano dubbi.

Gli agenti della Dia, dopo mesi di intercettazioni prima telefoniche e poi ambientali, conoscevano ormai le loro voci come quelle dei parenti più stretti, e comunque, la mattina seguente, dal palazzo di via Ughetti avevano visto uscire solo Gioè e La Barbera. Era il giorno dell'inseguimento a Balestrate, scoperto dai due mafiosi.

Se Nino e Gino avevano avuto un ruolo nella strage di Capaci, come era presumibile dalla conversazione, bisognava ricostruire i loro movimenti di quel giorno. E l'unico modo, a un anno di distanza, era l'analisi dei tabulati dei rispettivi telefonini.

Da quello di Nino Gioè, 0336-890835, arrivò una delusione: l'aveva attivato solo il 2 giugno 1992, dieci giorni dopo l'attentato.

Sembrava «parlasse», invece, quello di Gino La Barbera, 0337-463777.

Il rapporto della Dia elencò l'intera successione delle telefonate fatte da Gino dal pomeriggio alla sera del 23 maggio, a partire da circa un'ora prima dell'esplosione assassina.

Ore 17,02: La Barbera riceve una telefonata dal cellulare n. 0336-890387, intestato a Ruisi G.G., di Utro Mariano Sas di Palermo; durata 8 secondi.

Ore 17,05: La Barbera riceve una telefonata dal cellulare n. 0337-967725, intestato a Giovanbattista Ferrante; durata 11 secondi.

Ore 17,48: La Barbera riceve ancora una telefonata dal cellulare n. 0337-967725, intestato a Giovanbattista Ferrante; durata 10 secondi.

Ore 17,49: La Barbera chiama il cellulare n. 0336-890473, intestato a Mario Santo Di Matteo; durata 325 secondi.

Ore 18,39: La Barbera riceve una telefonata dal cellulare n. 0336-890473, intestato a Mario Santo Di Matteo; durata 25 secondi.

Ore 19,16: La Barbera chiama il numero 091-6640204, intestato a Giovanni La Barbera, Extrabar-pasticceria, Altofonte; durata 120 secondi.

Ore 19,49: La Barbera chiama il cellulare n. 0336-890473, intestato a Mario Santo Di Matteo; durata 23 secondi.

Ore 19,53: La Barbera riceve una telefonata dal cellulare n. 0336-890473, intestato a Mario Santo Di Matteo; durata 10 secondi.

Ore 19,55: La Barbera riceve una telefonata dal cellulare n. 0336-890473, intestato a Mario Santo Di Matteo; durata 37 secondi.

Ore 20,06: La Barbera chiama il cellulare n. 0336-890473, intestato a Mario Santo Di Matteo; durata 42 secondi.

Ore 20,15: La Barbera chiama il cellulare n. 0336-890473, intestato a Mario Santo Di Matteo; durata 5 secondi.

Ore 21,03: La Barbera riceve una telefonata dal cellulare n. 0336-890473, intestato a Mario Santo Di Matteo; durata 8 secondi.

A conclusione di questo elenco di telefonate, quasi tutte fra il cellulare di Gino e quello di Santino Mezzanasca, gli investigatori segnalarono quelle ritenute più importanti.

«Si evidenziano, perché particolarmente significative in relazione all'orario (17,58) dell'avvenuto attentato in danno del dr. Falcone, la conversazione delle ore 17,48, della durata di 10 secondi, intercorsa tra l'apparato cellulare intestato a Ferrante Giovanbattista e quello intestato a La Barbera Gioacchino che riceve, e delle ore 17,49, della durata di 325 secondi, intercorsa tra l'apparato cellulare intestato a La Barbera Gioacchino e quello intestato a Di Matteo Mario Santo che riceve.»

Altri accertamenti svolti dagli investigatori antimafia sul telefonino chiamato continuamente da La Barbera, quello di Di Matteo, misero in luce che dal 15 al 23 maggio quel cellulare, con ogni probabilità, non era utilizzato da Mezzanasca, ma da Nino Gioè.

Se si escludeva una chiamata verso il posto di lavoro della moglie di Di Matteo avvenuta il 15 maggio '92, giorno in cui il telefonino fu attivato, i tabulati della Sip segnalavano solo contatti con persone e utenze riferibili a Gioè, dalla moglie a qualche amica. Solo dopo il 23 maggio nell'elenco dei numeri chiamati o che chiamavano ricomparvero nomi legati a Di Matteo, a cominciare dal padre Giuseppe.

Dunque tutte quelle telefonate avvenute il giorno della strage erano avvenute fra La Barbera e Gioè.

Per i magistrati di Caltanissetta il lavoro svolto dalla Dia rappresentava l'indicazione finale per la quadratura del cerchio; i nomi che comparivano nel rapporto facevano tutti parte dello stesso mosaico; il gruppo di persone quasi certamente coinvolte nell'eccidio di un anno prima era ormai definito.

A parte Santino Mezzanasca, per il quale Gioè e La Barbera stavano preparando documenti falsi senza che questi fosse ufficialmente ricercato, c'era la telefonata – il giorno della strage, dieci minuti prima dell'esplosione – con quel Giovanbattista Ferrante già spuntato nelle altre indagini. E alle 17,02 c'era stato il contatto con un apparecchio di quella società Ruisi della quale Domenico Ganci utilizzava un'auto.

L'inchiesta sulla strage di Capaci sarebbe stata ancora lunga, ma con quelle frasi, frammenti delle «parole d'onore» carpite a La Barbera e Gioè nella loro tana, aveva forse imboccato la dirittura d'arrivo.

XII

Alle otto e mezzo di sera del 23 marzo, il portone di ferro del carcere di Rebibbia si è richiuso alle sue spalle. Una brutta botta per Gino La Barbera che, fino a ventiquattr'ore prima, era un cittadino incensurato, un insospettabile piccolo imprenditore di Altofonte che – ufficialmente – quasi nulla aveva a che fare con Cosa Nostra.

Ora non è più così. Ormai ci sono carte scritte con il suo nome, cognome, indirizzo e accuse di associazione mafiosa. E in Sicilia le *carte macchiate* segnano i destini, danno crisma e patente a tutto ciò che prima veniva sussurrato e pronunciato a mezze parole.

Sette giorni di completo isolamento, poi una cella del braccio G7, dove la disciplina è rigida, il regolamento sul carcere duro per i mafiosi applicato alla lettera e i rapporti con gli altri detenuti sono scarsi e difficili.

A poche celle di distanza, ma praticamente in una posizione inaccessibile, c'è anche Nino Gioè. Da Palermo – dal covo di via Ughetti – lo hanno trasferito a Roma. Stesso penitenziario, stesso braccio, stesso trattamento. Gino e Nino, ancora una volta, accomunati da un destino parallelo, da binari che – da uomini di Cosa Nostra e ora da prigionieri dello Stato – conducono sempre negli stessi luoghi.

Adesso non ci sono più le lunghe conversazioni notturne che nella mansarda-rifugio alleggerivano la noia della clandestinità. Per riuscire a comunicare, Gino e Nino devono parlare attraverso un certo Simone, uomo d'onore di Alcamo, dirimpettaio di cella di Gino, che riporta a uno i messaggi dell'altro e viceversa.

A frasi smozzicate, nei codici allusivi di Cosa Nostra, i due picciotti di Altofonte riescono a scambiarsi qualche informazione. Ma sempre con cautela, perché sono terrorizzati dalle intercettazioni. Dagli ordini di custodia cautelare hanno scoperto di essere stati spiati per settimane, e adesso temono che anche i muri del carcere siano imbottiti di «cimici».

Così, all'indomani del 14 maggio, quando anche a Rebibbia si commentano le prime notizie sull'attentato contro Maurizio Costanzo – quell'autobomba che ha fatto saltare i vetri e la facciata di un intero palazzo in via Fauro, a Roma –, Nino fa arrivare solo una frase a Gino: «Ora mi sento meglio».

A La Barbera bastano queste quattro parole, la conferma che la bomba di via Fauro è opera di Cosa Nostra, epilogo delle decisioni prese da lui, Nino, Leoluca Bagarella e Giovanni Brusca all'indomani dell'arresto di Totò Riina, quando dal palcoscenico del teatro Parioli Costanzo aveva brindato alla cattura del capo di Cosa Nostra.

Nino, su mandato di Bagarella, aveva chiesto aiuto ai catanesi per dare una lezione al giornalista televisivo. E quattro mesi dopo l'ordine era stato eseguito. Inesorabile, anche se la vittima predestinata era riuscita a scamparla.

Ecco perché Gioè si sente meglio. Perché nonostante gli arresti, il carcere, la controffensiva dello Stato dopo le stragi di Capaci e via D'Amelio, la macchina criminale di Cosa Nostra continua a funzionare alla perfezione. Ciascuno sa cosa deve fare, ciascuno si comporta secondo il proprio ruolo, le indicazioni e gli ordini. Può passare del tempo, possono trascorrere settimane e settimane, ma quello che va fatto alla fine viene fatto.

Insomma, aveva ragione *Binnu* Provenzano: finché fuori restano uomini d'onore come i corleonesi tutto continuerà ad andare bene, al di là delle sorti dei singoli soldati. E addirittura dei generali.

In cella c'è tanto tempo per pensare. Soprattutto quando si è soli, quando non si deve condividere lo spazio ridotto con altri detenuti. Così, quando le parole del giornale stancano gli occhi e le chiacchiere della televisione rintronano il cervello, resta tutto il tempo per riflettere. La mente ritorna a quello che c'è fuori, al tempo della libertà, un tempo ormai perduto.

Gino ricorda e rilegge soprattutto gli ultimi giorni da uomo libero e incensurato, da uomo d'onore al di sopra di molti sospetti. Ripensa alla trappola che gli hanno tirato, a quando non voleva dar retta ai timori di Nino.

Hanno pure provato a farlo parlare. Subito dopo l'arresto gli sbirri, bluffando, gli hanno detto: «Gioè ci sta raccontando tutto, tu cosa vuoi fare?»

Ma Gino è uno di poche parole e di furbizia contadina, anche se lo chiamavano «l'industriale». Niente, non spiccica una parola.

«Voglio un avvocato», è l'unica cosa che ha detto.

Ora ripercorre le sue ultime settimane fuori dal carcere, per individuare quali sono state le mosse false, per capire perché hanno aspettato tanto prima di arrestarlo se è vero che Balduccio Di Maggio aveva fatto il suo nome subito dopo il pentimento.

La Barbera si rompe la testa per capire se avrebbe potuto farla franca, per ricordare le cose che ha detto durante quelle notti in via Ughetti improvvisamente diventate maledette, per scoprire se c'è ancora un modo per uscire da questi pochi metri quadrati nei quali rischia di dover passare un bel pezzo della sua vita. Fantasie da detenuto in attesa di giudizio.

Che c'era qualcosa che non andasse, puzza di bruciato, Gino lo aveva capito subito dopo aver lasciato Palermo, diretto a Milano, per incontrare Robertino Enea e assolvere al compito che Giovanni Brusca gli aveva affidato di contrattare un carico di droga.

Gino parte il 14 marzo con il suo amico Salvatore Bentivegna, il pensionato. Devono stare fuori un paio di settimane, in attesa della risposta di Enea e sperando che Tani Sangiorgi faccia arrivare a Robertino quei 500 milioni che servono per la cocaina. L'acquisto di roba che scotta non è come un affare qualunque: ogni tassello deve andare al suo posto, nessuno deve fare il furbo e tutto deve avvenire nella massima discrezione, senza fretta né ansia.

Ma già durante il viaggio, vicino a Reggio Emilia, La Barbera ha un primo sospetto. Da lontano scorge un posto di blocco, si ferma per guardare e nota che vengono controllati solo i fuoristrada. Gino, come al solito, viaggia con la sua Nissan Terrano. Sarà solo una coincidenza, oppure gli sbirri hanno avuto una segnalazione precisa?

Per cautela cambia strada, e arrivato a Milano lascia il Terrano in un parcheggio pubblico sotterraneo, dalle parti di piazza San Babila. Da quel momento lui e Bentivegna si muovono a piedi o in taxi, per non dare nell'occhio.

Vanno in una sala biliardo a Porta Venezia per incontrare Enea, che si dà subito da fare per trovare una sistemazione ai due amici palermitani: mette a disposizione un appartamentino in centro, a due passi dalla Rinascente in Duomo. Lì dentro, Gino e il pensionato aspettano giorno dopo giorno che Robertino faccia sapere che è arrivata la cocaina per Brusca.

Ma cosa si fa tappati in casa in una metropoli come Milano? La Barbera e Bentivegna si annoiano, mentre fuori le attrattive sarebbero tante. Decidono di uscire, vanno a piazza Duomo; fanno due passi, cercano qualche ragazza, frequentano i ristoranti del centro; la sera prendono un altro po' di coraggio e si spostano nelle discoteche fuori città. Un po' turisti, un po' uomini d'affari.

Gino però continua a essere preoccupato: perfino il telefonino fa le bizze. Funziona strano. La Barbera non si fida, teme che sia stato messo sotto controllo e una mattina lo butta in un cassonetto della spazzatura, per cancellare ogni traccia. Lui non lo sa ancora, ma i suoi sospetti sono più che fondati; a chiamarlo sul telefonino erano proprio gli investigatori della Dia, che tentavano di localizzarlo.

Cosa sta succedendo a Palermo? Santino Di Matteo dice che da due giorni non si hanno più notizie di Nino Gioè. Che è successo? Passano poche ore, Gino si mette in contatto con Brusca. Non ci sono più dubbi: Nino è stato arrestato.

La Barbera e Bentivegna sono sempre più confusi, perplessi e impauriti. Si guardano attorno a ogni passo. Sarebbe diverso se fossero a Palermo, dove saprebbero a chi rivolgersi e come nascondersi. Ma qui a Milano, dove si va? L'unica possibilità è provare a confondersi tra la folla anonima del centro. Loro ci provano, ma non basta.

Il pomeriggio di lunedì 22 marzo li trovano seduti a un tavolino del bar San Carlo, davanti alle tazzine del caffè. In un attimo li bloccano, senza dare loro la minima possibilità di reazione.

Si sono fatti prendere come fessi, sono andati a infilarsi nel posto dove erano più riconoscibili, nel centro di Milano a far passerella su e giù per piazza Duomo sotto gli occhi di decine di sbirri. Non si aspettavano che anche i loro inseguitori conoscessero le abitudini di molti meridionali emigrati al nord, i cui passi, irresistibilmente, conducono sempre verso la piazza, in paese come nella metropoli.

L'unica possibilità di riscatto, adesso, è fare il duro e rimanere in silenzio. Gli sbirri lo bombardano di domande, vogliono sapere quali porte aprono le chiavi che aveva addosso, di chi sono i numeri di telefono scritti sui bigliettini. Gli consigliano di parlare, ma Gino resiste, anche durante il viaggio aereo che lo porta da Milano a Roma, destinazione Rebibbia.

Il sospetto è terribile. Il timore che ogni respiro, ogni mossa, perfino i pensieri più riposti, possano essere ascoltati. Adesso che ha saputo che i colloqui di via Ughetti sono stati registrati e trasformati in capi d'accusa, Gino teme che ci siano agenti dei servizi segreti nascosti dietro ogni faccia di guardia carceraria che passa per i corridoi.

In una delle celle di fronte alla sua c'è il boss mafioso Gaetano Fidanzati, amico di Gioè, al quale Nino lo aveva «raccomandato». Con lui, nei rari momenti in cui si rompe l'isolamento, La Barbera si lascia sfuggire qualche considerazione. Ma sono parole pilotate, dette apposta per ingannare eventuali «cimici».

Il 27 maggio scoppia una bomba a Firenze, che miete cinque vittime tra le meraviglie degli Uffizi; quasi subito gli inquirenti ipotizzano un'altra strage mafiosa, e i commenti di Gino e Fidanzati tentano di allontanare nuove responsabilità: «È sempre la solita storia, i servizi segreti mettono le bombe e poi le accollano a noi».

Ma il sospetto è anche un altro, ben più tremendo. La paura che ogni amico, ogni uomo d'onore, ogni affiliato di Cosa Nostra si trasformi in pentito, in un possibile e implacabile accusatore.

La naturale diffidenza che accompagna la vita di qualunque uomo d'onore siciliano – diffidenza che nutre giorni, gesti e parole – qui in carcere si accentua. Ciascuno, per quanto è possibile, controlla gli altri, per individuare un'assenza, la richiesta di un colloquio strano, un comportamento anomalo.

In una cella, in un luogo chiuso e ristretto, diventa spasmodica la ricerca di segni che aiutino a decodificare i sentimenti. Se ogni siciliano porta con sé una carica di cautela nel valutare gli altri, se questa cautela nell'universo claustrofobico di Cosa Nostra diventa diffidenza, allora nella stagione dei pentiti tutto ciò si trasforma in ossessione.

«Presi uno per uno i siciliani hanno qualcosa della noncuranza ardita dei greci», scriveva D.H. Lawrence in un saggio sulla Sicilia. «È quando sono insieme come cittadini che diventano gretti.»

La Barbera non sa nulla di Lawrence, ma conosce bene gli istinti dei suoi compari. E da *cittadini* di Cosa Nostra in cattività, la grettezza degli uomini d'onore si amplifica fino ad assumere forme patologiche.

Appunto: perché quella barba lunga? Gino da dietro le sbarre è riuscito a intravedere il suo amico Nino che viene portato in cortile per l'ora d'aria. Perché quella barba incolta, i capelli sempre spettinati, quell'aria sfatta e un po' allucinata?

Nino è sempre stato un ragazzo curato, che ci teneva a vestirsi bene, a presentarsi rasato e a posto. Queste regole in carcere valgono ancor di più. Un uomo d'onore non può lasciarsi andare, deve mostrare di essere sempre presente a se stesso, elegante, pronto a uscire dalla cella in qualsiasi momento.

«Perché non ti sistemi un po'?» fa chiedere La Barbera a Nino.

Sempre attraverso Simone, riceve la risposta: «Dice che lo fa perché così è più difficile riconoscerlo se lo mettessero a confronto con qualcuno. Lui di Di Maggio non si preoccupa, ma di Pino Marchese sì, anche se non si incontrano da dieci anni. Per questo si è fatto crescere la barba».

Sarà, ma Gino non ci vede chiaro.

La passione per le motociclette, quella ce l'hanno in tanti. Soprattutto i giovani. Si cresce così da ragazzini, passando interi pomeriggi a smontare il carburatore di una Vespa.

E poi ci sono i ricordi comuni di una generazione: le prime puntate di *Lascia o raddoppia?* sullo schermo in bianco e nero al circolo del paese; i fotogrammi incerti da Dallas, quando ammazzarono John Kennedy, e qualche anno dopo quelli dell'omicidio di suo fratello Bob.

Nino Gioè aveva vent'anni nel 1968: per molti altri suoi coetanei quella stagione sarà indimenticabile. Ma in Sicilia, a voler dare ascolto a Tomasi di Lampedusa, «a vent'anni è già tardi; la crosta è già fatta». E la crosta di Gioè ventenne è quella di un uomo di mafia, che parla i discorsi dei grandi, che distingue il mondo tra chi vive e muore e chi vive e fa morire.

I fatti che animano la memoria collettiva diventano altra cosa: la percezione si modifica. C'è chi vede le cose da questo lato e chi le conosce dall'altro. Un omicidio eccellente sarà per molti un dolore, un fatto da seguire in tv o solo un nome da aggiungere a una lapide. Per gli uomini di Cosa Nostra quello stesso omicidio è visto con gli occhi di chi lo ha fatto, se è fatto bene o male, se è stato utile o dannoso.

Poi c'è uno spazio privato, simile per tutti: quello degli affetti e dei dolori. E c'è un momento in cui molte contraddizioni vengono a congiungersi nello stesso luogo, in cui ciascuno deve scegliere cosa fare di sé. Per l'uomo che appartiene a Cosa Nostra c'è un momento nel quale decidere se perdere questa appartenenza, tornando a essere uomo e basta.

Ma per chi non sa fare altro, per chi non è stato altro che un soldato di Cosa Nostra – e per chi ha creduto a questa appartenenza, traendone guadagni – la scelta diventa quasi impossibile.

Gioè ci ha creduto. Ci ha creduto fermamente. Non era lui quello sempre pronto e disponibile a eseguire un ordine, anche se bisognava sporcarsi le mani di sangue?

Ora, in questa cella di Rebibbia, solo, con il clangore di un portone che si apre e si chiude da qualche parte là in fondo, il russare intermittente del detenuto che dorme nella cella accanto, Nino deve fare i conti con questo suo presente. Ma soprattutto con il suo passato di mafioso.

Può fare come hanno fatto altri: sbarazzarsene in fretta, chiamare un poliziotto e dichiararsi pronto a parlare. Può farlo, e forse potrebbe anche restare se stesso: mafioso nell'anima e nel sangue, sicuro di non avere tradito niente e nessuno perché casomai sono altri che hanno tradito i principii di Cosa Nostra.

Ma ci sono quelle parole che gli sbirri hanno registrato e trascritto a inchiodarlo: parole di cui ora Nino Gioè non conosce i dettagli, parole rubate quando lui e i suoi compagni di via Ughetti si sentivano al sicuro, premiati sul campo come colonnelli di Totò Riina. I picciotti più in gamba di Cosa Nostra, quelli con «le corna dure».

Gioè ha già tradito, perché ha parlato. Troppo, anche se nel chiuso di quello che credeva un rifugio sicuro.

Ha fatto nomi, ha chiamato in causa amici e conoscenti, ha raccontato cose che nessuno aveva mai raccontato. E dietro le sue parole non c'era nemmeno un atto consapevole, un tradimento studiato a tavolino. No, solo l'ingenuità di sentirsi intoccabile. Come nell'opera dei pupi, Gioè ha tradito i paladini di Francia: Gano di Magonza da quattro soldi, ché oggi non ne ricava nemmeno benefici e libertà.

La barba lunga e sfatta non è un trucco per sfuggire a un eventuale riconoscimento, è solo il sintomo del tormento che ogni giorno e ogni notte assedia Gioè. Nino è un infame. Infame e *tragediatore* che con le sue chiacchiere ha rovinato decine di persone. C'è scritto sull'ordine di custodia cautelare, c'è scritto sulle carte dei magistrati, c'è scritto da ogni parte. Gioè prigioniero delle sue stesse parole.

Qualcosa non va. Anche se qui dentro non va bene quasi niente, a partire dal fatto che uno è chiuso in una cella e sembra che abbiano buttato le chiavi.

È arrivata anche l'estate e a Mondello di sicuro le ragazze con la pelle liscia e abbronzata restano per ore immobili al sole, i polipari mettono sui piatti di ceramica i pezzi di polpo che vanno giù a forza di limoni spremuti, i venditori scalzi girano per la spiaggia vendendo *coccobello* e *pollanche*, le pannocchie bollite.

Giovanni Brusca e Luchino Bagarella saranno pure loro al mare, forse quello di Scopello, come un anno fa.

Sarebbe bello starsene seduti a guardare Montepellegrino davanti a una coppetta di *gelo di mellone*.

Ma è meglio non pensare a queste cose, sennò uno diventa pazzo. E pazzo sembra veramente Nino, quelle poche volte in cui La Barbera lo intravede quando lo portano al colloquio. Suo fratello Gaspare viene a Roma ogni settimana per incontrarlo. Troppo spesso, c'è qualcosa che non va.

E anche quando Gino vuole sapere qualcosa da Gioè,

Nino gli fa arrivare risposte strane ed evasive: «Niente, siccome mio fratello in questo periodo lavora a Roma, mi viene a trovare più spesso».

Anche Nino si accorge che intorno a lui si respira un'aria strana, di diffidenza nei suoi confronti. Lo confida a La Barbera durante un'ora d'aria insolitamente passata insieme. A Rebibbia si trovano pure Pippo Calò e qualcuno dei Di Carlo, che di Gioè sono addirittura parenti. Ma nonostante questo Nino li sente distanti: «Li vedo freddi, non capisco».

Si sente in colpa per le intercettazioni di via Ughetti, e Gino tenta di tranquillizzarlo: «Non ti preoccupare, tanto non si capisce niente. E poi, scusa, quando mai un processo ci è andato male per via di un'intercettazione?»

Nino però non si convince: «Non capisci che anche questa è una trappola? Oggi ci hanno fatto fare l'aria insieme per registrare quello che ci diciamo».

Gino sospetta che Nino stia per crollare. Forse non ce la fa più ed è pronto a pentirsi. E se Gioè decide di collaborare, allora è proprio tutto finito. Se si pente uno come lui, uno che sta dentro Cosa Nostra fin da quando era un ragazzo, allora le cose vanno male.

Gino però deve pensare anche ai guai suoi. Una mattina l'hanno portato in infermeria per fargli un prelievo di sangue.

«È questione di un attimo, ne prendiamo una goccia da un dito», lo rassicurano.

Ma Gino scuote la testa, dice no.

«Ha paura?»

«No, non ho paura. È una questione di principio, non voglio che nessuno mi tocchi», replica La Barbera.

Ricorda di avere letto sui giornali, subito dopo la strage, che gli sbirri avevano trovato dei mozziconi di sigarette lasciati sulla collina di Capaci, nel punto da cui era stata diretta tutta l'operazione. Li avevano presi e spediti negli Stati Uniti; avevano scomodato perfino l'Fbi per scoprire, dalle tracce di saliva prelevate da quelle cicche, il Dna di chi le aveva fumate poco prima di far saltare in aria Giovanni Falcone.

Nei giorni successivi Gino ci ripensa. In fondo, lui sulla collina non c'era. Ne parla anche con l'avvocato, che lo tranquillizza. Alla seconda richiesta, accetta il prelievo di sangue. «Controllino pure quello che vogliono, tanto io sono tranquillo», pensa.

Eppure tanto tranquillo non è. Una sera di luglio lo avvisano: «La Barbera, preparati, domani si parte».

La mattina seguente Gino lascia la sua cella di Rebibbia senza avere il tempo di salutare nessuno. Destinazione Pianosa, dove il carcere, per i mafiosi, è duro per davvero. E Nino? Perché lui resta a Roma? Ha già cominciato a parlare?

La Barbera non immagina che, la sera di mercoledì 28 luglio, nel chiuso della sua cella, Gioè sta tirando, nero su bianco, gli ultimi conti della sua vita.

«*Stasera sto trovando la pace e la serenità che avevo perduto circa diciassette anni fa. Perse queste due cose io sono diventato un mostro e lo sono stato fino a quando ho preso la penna per scrivere queste due righe...*»

Una scrittura che parte stretta stretta e alla fine di sei pagine si allarga disordinatamente, inseguita quasi dall'urgenza di non riuscire ad arrivare in tempo all'appuntamento che Nino ha preso con se stesso. Frasi discorsive, come in un dialogo affannoso ma a lungo maturato.

Questa sera Nino si sente lucido, sa cosa deve fare. E, prima di ogni cosa, chiede scusa.

«*...Queste due righe che spero solo che possono servire*

a salvare degli innocenti e dei plagiati che solo per mia mostruosità si troveranno coinvolti in vicende giudiziarie.»

In oltre quattro mesi di carcere Nino ha cercato di ricostruire quello che ha detto, quali parole ha pronunciato, e soprattutto quali nomi ha tirato in ballo. Adesso, mentre scrive, annaspa nella memoria e cita alla rinfusa, senza sapere con esattezza che cosa ha registrato la microspia.

«*Mai Papalia Domenico, nel periodo che siamo stati detenuti nello stesso carcere di Civitavecchia, mi ebbe a dire che fosse colpevole dell'omicidio per cui era stato condannato...*»

Gli investigatori non sanno nulla di questa storia, nelle intercettazioni non ce n'è traccia. Ma Nino non lo può immaginare, e nella convulsione di questa sera ha bisogno di rimettere in ordine la coscienza per non sentirsi un traditore.

«*...In questo mio primo momento di lucidità sto cercando di ricordare tutte le fandonie che ho detto sia in via Ughetti che per telefono...*»

Alla famiglia, non a quella mafiosa ma a quella di sangue e carne e affetto, sono riservate in questa sera d'estate le preoccupazioni maggiori, per metterla al riparo da tutto.

«*Mio fratello Gaspare è una persona che mai ha condiviso la mia vita, ma purtroppo essendo il fratello mi ha sopportato senza mai macchiarsi di alcuna colpa... Mio fratello Mario è stato sempre la persona più critica nei miei confronti, ma purtroppo dopo che sono stato arrestato è dovuto intervenire perché pressato a cercare di recuperare un credito di miei sporchi affari... Mio cognato Piero e mia sorella Anna, oltre al torto di essersi intestati la pompa, hanno sempre vissuto la loro vita senza che mai si siano prestati a me per alcun tipo di favore, essendo mio cognato una persona totalmente diversa da me... Mio cognato Pietro e mia sorella Giulia sono stati un po' mie vittime...»*

Una riga per la moglie, tradita anche in quelle intercettazioni.

«*Mia moglie è stata vittima della mia mostruosità solo per quanto riguarda la vita coniugale.*»

Ma questa lettera, l'ultima lettera di Nino Gioè, è soprattutto un documento rivolto agli sbirri, a quelli che hanno ascoltato le sue parole e che le hanno usate contro di lui e contro altri. Nino prova a salvare il salvabile.

«*Romeo Salvatore, detto "il toscano", è stato una mia vittima perché pure essendo un timoroso mi sono fatto dare una fotocopia della sua patente quando sono tornato libero dal confino, e sebbene le sue rimostranze, ho insistito fino a quando me la diede dicendogli che mi serviva per una garçonnière... Vi prego di avere clemenza per lui, è solo una povera vittima, eventuali pentiti miei paesani ve lo confermeranno.*»

Non è una vera lettera d'addio quella che Nino Gioè scrive nella sua ultima sera. È la prosecuzione di un dialogo tra lui e gli sbirri che – adesso ne ha la certezza – lo hanno pedinato per mesi, hanno seguito i suoi movimenti, hanno ascoltato in silenzio e nell'ombra le sue parole.

Nino si rivolge a una seconda persona plurale senza un volto preciso, ma a cui, in quest'ultima ora, riconosce il ruolo di interlocutore privilegiato.

«*...Giuro che quello che sto scrivendo è la pura verità. Fra le cose che ho detto dentro l'appartamento ci saranno ancora moltissime fandonie, e se voi mi tenevate d'occhio ve ne accorgerete. In questo momento non ricordo altre persone che ho infangato con le mie chiacchiere e infamie.*»

Le infamie, appunto. L'infamia assoluta: tradire per leggerezza, per ingenuità o per distrazione.

«*Io rappresento la fine di tutto e penso che da domani*

o a breve i pentiti potranno tornarsene alle loro case certamente con molto più onore del mio che non ho.»

L'autoaccusa di Gioè si accresce e si moltiplica, in queste ultime righe. Perfino il pentito, perfino l'uomo d'onore che decide di collaborare con lo Stato, nell'ultima sera di Nino, ha una sua coerenza. Quello ha deciso di tradire con volontà e raziocinio, lui no.

«*Se realmente si vuole costruire una società migliore, questa si dovrà fondare sulla verità e sulla Giustizia, e omettere questa lettera per non aiutare queste persone di cui ho parlato vuol dire che al mondo giustizia non ne esiste, e pertanto io che mi definisco un mostro potrei pensare di essere stato uno come tanti.*»

La decisione è presa, il tempo esaurito, l'appuntamento scaduto. Le ultime frasi, prima di andare...

«*Prima di andare chiedo perdono a mia madre e a Dio, perché il loro amore non può avere ostacoli. Tutto il resto del mondo non potrà mai perdonarmi.*»

Gioè è intrappolato nella sua contraddizione, incapace di restare uomo d'onore o tramutarsi in altro.

«*Il futuro del mondo è degli esseri normali e dei pentiti veri. E questi ultimi, se sono veramente onesti, non possono fare altro che confermare quanto io ho scritto sulle persone che ho elencato.*»

La firma, con cognome e nome, come quando ci si presenta davanti al giudice o davanti a Dio.

«*Gioè Antonino.*»

A seguire, un post-scriptum, a ribadire il concetto di fondo di tutta la lettera.

«*Durante le mie conversazioni non cercate di dimenticare che eccetto che con le persone che non potevo imbrogliare, nel resto c'è una montagna di mostruose millanterie, e voi con un po' di attenzione potrete accorgervene.*

«*Spesso mi sono definito proprietario di chissà quante*

ricchezze, in realtà ho solo debiti, se mia moglie ha una libretta quella è solo la pensione di sua madre, e penso che ciò è provabile.»

Il pensiero finale va alla *roba*, come tutti i siciliani anche Gioè vuole lasciare la famiglia senza ansietà economiche. Sulla *libretta*, cioè sul conto corrente bancario, ci sono soldi leciti, soldi di una pensione. Quasi una postilla testamentaria.

Espletata quest'ultima formalità, con i lacci delle scarpe Nino prepara il cappio.

Suicidio. Basta una parola per archiviare una vita.

Gioè Antonino, nato ad Altofonte il 4 febbraio 1948, ivi residente, in stato di custodia cautelare per i reati previsti dall'articolo 416 bis, commi 1, 3 e 4 del codice penale, è morto.

La guardia carceraria lo trova alle 23,50 di mercoledì 28 luglio appeso alla grata metallica della cella, strangolato dal cappio ricavato dalle stringhe delle scarpe da tennis.

Suicidio. E in una parola si condensano quarantacinque anni di vita, di sogni, di desideri, di amicizie, di crimini e misfatti. Si condensano le donne amate e quelle sopportate, i rimorsi e gli orgogli, le cose come sono andate e come invece potevano andare: le possibilità, le scelte, i travagli.

Nino Gioè se ne è andato via. Ha lasciato la cella dove ha passato i suoi ultimi quattro mesi di vita, ha lasciato Cosa Nostra dove aveva trascorso quasi vent'anni, ha lasciato Altofonte dov'era nato e cresciuto, ha lasciato Palermo dove aveva creduto di diventare potente e rispettato.

In fondo è morto solo un ragazzo di paese, uno di quei ragazzi che nessuno riconosce per strada, anonimo fra tanti. È morto uno degli assassini di Giovanni Falcone.

Si è ammazzato un uomo d'onore, quasi sconosciuto alle cronache degli ultimi decenni di mafia.

Eppure gli osservatori più attenti attribuiscono un grande significato a questo suicidio. È, a memoria d'uomo, la prima volta che un affiliato a Cosa Nostra si toglie la vita. Il suicidio non si addice alla mafia: è sintomo di debolezza, di fragilità emotiva, di eccessiva sensibilità. È quindi indice di scarsa affidabilità: chi oggi tenta il suicidio, domani potrebbe anche decidere di pentirsi e confessare.

È, quello di Gioè, un gesto che arriva dopo alcuni suicidi eccellenti di personaggi finiti nella tagliola dell'inchiesta su Tangentopoli: si è ucciso in carcere l'ex presidente dell'Eni Gabriele Cagliari, si è ucciso nella sua casa milanese il finanziere Raul Gardini, sfiorato da Mani Pulite.

Sono suicidi che fanno discutere, aprono polemiche sull'uso del carcere e sulla violenza di certi sistemi giudiziari. Ma in questo clima Gioè non c'entra. Pochi mettono in relazione la sua morte con quella degli altri; la storia del mafioso che ha deciso di farla finita stringendosi un cappio intorno al collo si offre ad altre interpretazioni.

È regola fondamentale di un uomo d'onore saper sopportare con dignità il carcere, tappa possibile, anche se non auspicabile, di un curriculum mafioso di tutto rispetto. E Gioè anche in passato aveva mostrato di saper tollerare la vita da detenuto.

Semmai, il suicidio del picciotto di Altofonte va letto come un'estrema difesa di familiari e amici, come l'ultimo rimedio escogitato da un uomo d'onore che – incapace di rimanere tale, ma incapace pure di pentirsi – si toglie di mezzo per scagionare gli amici, mettere al riparo i parenti da eventuali vendette, offrendo in cambio la sua stessa vita.

Gioè se n'è andato, lasciandosi dietro quelle sei pagine senza destinatario. Se n'è andato senza nemmeno riuscire a salutare il suo paese. La notizia della sua morte arriverà in Sicilia la mattina di giovedì 29 luglio: un fax spedito dalla direzione di Rebibbia al municipio di Altofonte per comunicare che s'impone una piccola correzione all'anagrafe cittadina: accanto al nome di Gioè Antonino, la data del decesso.

E ora? Nino si è ammazzato.

La Barbera, che l'ha saputo dal giornale, rimette insieme i pezzi di un'amicizia maturata fra le strade dello stesso paese e della stessa famiglia mafiosa.

Nino si è messo una corda al collo. Era quello che diceva sempre nei giorni in cui discuteva con Gino dello strapotere dei corleonesi. Ma lo diceva con la disperata spavalderia di uno che non lo avrebbe mai fatto veramente.

Nino è andato via e adesso, dentro questo braccio di Pianosa, Gino non sa con chi parlare, né cosa fare. Si è ammazzato l'amico con cui si andava a donne, l'amico che aveva sfidato Bernardo Brusca pur di difenderlo, l'amico con cui condivideva la clandestinità. L'amico che aveva portato Gino fino a Capaci, per partecipare al gesto più clamoroso e spaventoso messo in opera da Cosa Nostra.

«Gioè prima di uccidersi ha firmato centinaia di verbali, tu cosa vuoi fare?» gli dicono i magistrati che vengono a interrogarlo.

È ancora una volta un bluff, ma Gino continua a non parlare.

Una sera di novembre sente dalla televisione che i magistrati di Caltanissetta hanno identificato gli autori della strage di Capaci; due pentiti, Alfa e Omega, hanno confessato e chiamato in causa gli altri.

Tre giorni dopo, in cella, gli notificano l'ordinanza di custodia cautelare. Al numero 13 della lista c'è il suo nome, «La Barbera Gioacchino, detenuto», tra quelli degli accusati di strage.

Nel provvedimento legge la frase che lui stesso ha pronunciato in via Ughetti: «*A Capaci, unni ci fici l'attentatuni*». Una confessione bella e buona, confermata dai contatti avuti col suo telefonino nel pomeriggio in cui scoppiò la bomba.

Gino capisce che le prove sono schiaccianti, ma al giudice che è venuto a interrogarlo ripete il solito ritornello: «Prendo atto che la legge mi consente di non rendere l'interrogatorio, e mi avvalgo di tale facoltà».

Da quell'incontro, un'altra cosa ha saputo: a riempire pagine e pagine di verbali, a confessare l'omicidio di Giovanni Falcone e ad accusare gli amici di allora non è stato Nino Gioè. Hanno parlato Santino Di Matteo e Salvatore Cancemi, ma non lui. Nino era uno che credeva troppo a Cosa Nostra, e forse si è ammazzato proprio per questo.

La Barbera però non vuole ammazzarsi. E non vuole nemmeno marcire in carcere: ha solo trentaquattro anni, una vita davanti. Una via d'uscita deve pure esserci.

Gino passa altri giorni a cercarla, ma più ci pensa e più non vede alternative: ce n'è solo una, quella.

In fondo, decidere di saltare il fosso non è così drammatico. L'hanno fatto in tanti prima di lui. E anche Nino lo ha scritto: «Il futuro del mondo è degli esseri normali e dei pentiti veri».

Non c'è bisogno di cambiare anima. Basta soltanto chiamare uno sbirro e dire: «Voglio parlare». Basta poco.

Epilogo

PROCURA DELLA REPUBBLICA
PRESSO IL TRIBUNALE DI CALTANISSETTA.
DIREZIONE DISTRETTUALE ANTIMAFIA.

Verbale di interrogatorio di persona sottoposta a indagine.

L'anno 1993, il giorno 2 del mese di dicembre, alle ore 10,15 in Roma, in locali di pertinenza della Direzione investigativa antimafia, dinanzi al pubblico ministero dott. Giovanni Tinebra, dott.ssa Ilda Boccassini e dott. Carmelo Petralia, è presente:

La Barbera Gioacchino, nato ad Altofonte (PA), il 23-11-1959, ivi residente in via Grotte n. 25, di nazionalità italiana, di professione titolare di piccola impresa artigiana, mai condannato, con procedimenti penali in corso, mai ricoperte cariche pubbliche, celibe, possidente. [...]

L'ufficio chiede se l'indagato intende avvalersi della facoltà di non rispondere.

L'indagato dichiara:

Intendo rispondere.

L'indagato spontaneamente dichiara:

Come ho già anticipato nel precedente interrogatorio che ho reso congiuntamente all'Autorità giudiziaria di Palermo e di Caltanissetta, sono responsabile del reato di strage che mi è stato contestato dalle Signorie Loro.

È mia intenzione riferire in maniera dettagliata e più precisa possibile quanto è a mia conoscenza circa l'efferato delitto che anche io, con la mia partecipazione, ho fatto in modo che si realizzasse.

Spiegherò la mia appartenenza a Cosa Nostra, spiegherò i miei rapporti con gli altri appartenenti a questa organizzazione che insieme a me hanno determinato la morte del dott. Falcone, della dott.ssa Morvillo e degli uomini della scorta.

Riferirò non solo gli episodi che mi hanno visto protagonista, ma anche quelli che ho appreso da altri uomini d'onore ugualmente coinvolti nei fatti di Capaci. [...]

Il giorno della strage i fatti si sono svolti nel modo seguente:

Ricevetti sul mio cellulare la telefonata che segnalava l'arrivo della macchina del giudice sull'autostrada per Punta Raisi. L'autovettura, come da accordi, venne seguita fino al punto in cui si aveva la certezza matematica che imboccava l'autostrada che portava all'aeroporto. Non so dire chi materialmente effettuò la telefonata, perché la conversazione durò poco e non riuscii a riconoscere la voce.

Il contenuto della telefonata era convenzionale, così come stabilito, nel senso che fu fatto il nome di una persona ed io risposi che avevano sbagliato.

Io mi trovavo nel casolare insieme a Gioè, Brusca, Biondino, Troia, Battaglia, Ferrante e il Salvatore. Rampulla non c'era perché proprio quel sabato aveva chiesto di allontanarsi, e difatti era stato con noi il giorno precedente fino alla sera.

Appena ricevuta la telefonata, ognuno di noi assunse il compito prestabilito, e cioè: Ferrante e il Salvatore si diressero all'aeroporto di Punta Raisi, per dare conferma che effettivamente l'autovettura del giudice era arrivata o stava per arrivare all'aeroporto; Gioè, insieme a Troia, andò a collocare la ricevente nel tombino mettendo in funzione anche l'interruttore, dopodiché, insieme a Brusca e a Battaglia, si portò nel luogo, lato montagna, da dove sarebbe stato azionato il telecomando; io, a bordo di una Delta integrale di colore verde, mi portai in una strada parallela all'autostrada e mi fermai in una zona cui si accede dal bar Johnny Walker, per l'esattezza dove c'è uno spiazzo ove di solito vengono parcheggiate roulotte. Lì mi fermai e aspettai di vedere passare il corteo di auto del giudice Falcone.

Da dove mi ero posizionato avevo una visione totale dell'autostrada, e potevo quindi avvistare le autovetture a occhio nudo. Io sapevo che l'autovettura del giudice Falcone era una Croma di colore bianco.

Quando avvistai l'autovettura, io che già ero in auto, misi immediatamente in moto e seguii il corteo, sulla strada parallela che costeggia l'autostrada.

Immediatamente telefonai al cellulare che sapevo in mano a chi stava sulla montagna; mi rispose Gioè. La conversazione durò molto, per tutta la strada che costeggia e che arriva fino al Johnny Walker. Si parlava del più e del meno, senza minimamente accennare a quello che stavamo facendo, per paura che la telefonata venisse intercettata.

Io marciavo a una velocità analoga a quella delle auto in corteo, e cioè ottanta chilometri orari circa, di gran lunga inferiore a quella calcolata facendo le prove su strada. Questo particolare è stato sicuramente captato dal Gioè, perché conoscendo la mia posizione e sapendo che dovevo terminare l'avvistamento all'altezza del bar Johnny Walker, la durata della telefonata è stata tale che gli ha sicuramente consentito di calcolare in quanto tempo l'autovettura sarebbe arrivata all'altezza dell'esplosione.

Arrivato all'altezza del bar sopramenzionato, ho smesso la comunicazione con Gioè, ho imboccato l'autostrada in direzione Partinico e mi sono allontanato. Non ho avuto modo di sentire anche da lontano il «botto». [...]

Fatto, letto confermato e sottoscritto in data e luogo di cui sopra.

Il 26 settembre 1997, dopo due anni e mezzo di dibattimento, 107 udienze e l'interrogatorio di 269 testimoni, la Corte d'assise di Caltanissetta ha pronunciato la sentenza contro gli imputati accusati di essere gli autori e i mandanti della strage di Capaci.

Sono stati riconosciuti colpevoli e condannati alla pena dell'ergastolo: Salvatore Riina, Benedetto «Nitto» Santapaola, Giuseppe Madonia, Bernardo Provenzano (membri della commissione regionale di Cosa Nostra), Pietro Aglieri, Bernardo Brusca, Giuseppe «Pippo» Calò, Antonio Geraci, Filippo Graviano, Giuseppe Graviano, Carlo Greco, Michelangelo La Barbera, Giuseppe Montalto, Salvatore Montalto, Matteo Motisi, Benedetto Spera (componenti della commissione provinciale di Palermo), Leoluca Bagarella, Giovanni Battaglia, Salvatore Biondino, Salvatore Biondo, Domenico Ganci, Raffaele Ganci, Pietro Rampulla e Antonino Troia (organizzatori ed esecutori della strage).

Nella fase delle indagini o del dibattimento, sei imputati hanno collaborato con i magistrati, ammettendo le proprie responsabilità e indicando quelle di altri.

Giovanni Brusca, che ha confessato di aver azionato il telecomando che fece esplodere la bomba, è stato condannato a ventisei anni di carcere.

Salvatore Cancemi è stato condannato a ventuno anni di carcere.

A Giovanbattista Ferrante, Gioacchino La Barbera, Mario Santo Di Matteo e Calogero Ganci sono stati applicati gli sconti di pena previsti dalla legge sui pentiti: Ferrante è stato condannato a diciassette anni di carcere, La Barbera a quindici anni e due mesi, Di Matteo e Ganci a quindici anni.

Indice dei nomi

Giovanni Bianconi

RAGAZZI DI MALAVITA

Fatti e misfatti della banda della Magliana

La «feroce guerra» combattuta nella capitale mentre l'attenzione dell'opinione pubblica nazionale era rivolta quasi esclusivamente al terrorismo prima e a Cosa Nostra poi. Una storia di sentenze di morte covate a lungo e omicidi preferibilmente immaginati ed eseguiti nel corso di una serata, anche per una lite banale, di esecuzioni strategicamente meditate e compiute a sangue freddo, magari dopo una cena tra la vittima e i suoi assassini, di episodi di lupara bianca, con il seppellimento del cadavere sotto colate di cemento. Una storia di «bravi ragazzi» arricchiti dalla droga, erranti tra bar, ippodromi, sale gioco, sniffando cocaina e sgommando su auto di lusso e moto giapponesi, sino all'esaurimento suggellato prima dai morti e poi dal «pentimento» dei superstiti.

L. 24.000
pp. 264

Tascabile
L. 12.000
pp. 264

Tano Grasso con Gaetano Savatteri

LADRI DI VITA
Storie di strozzini e disperati

«Il labirinto ha un ingresso anonimo. Ma lì dentro si moltiplicano gli inganni, si perde il senso dell'orientamento. Chi finisce dentro il labirinto dell'usura, difficilmente ne esce, perché contribuisce inconsapevolmente a renderlo più intricato. L'unico filo d'Arianna è tenuto in mano dall'usuraio che ingarbuglia la matassa, agevola lo smarrimento, incoraggia con un sorriso i passi falsi. Dal labirinto non si può uscire se non gridando forte e gettando a terra i muri.»

i Nani

1. R. Schwamenthal, M.L. Straniero, *Il Corsaro Nero piange*
2. Silvia Ballestra, *Il disastro degli Antò*
3. Daniele Brolli, *Animanera*
4. Michele Serio, *Pizzeria Inferno*
5. Massimiliano Governi, *Il calciatore*
6. Jeremy Rifkin, *La fine del lavoro* (5ª ediz.)
7. Brunella Gasperini, *L'estate dei bisbigli*
8. Elinor Rigby, *Un'americana a Parigi*
9. Erminia Dell'Oro, *Asmara addio*
10. Melania G.Mazzucco, *Il bacio della Medusa*
11. A.Carlucci, G.P.Rossetti, *Io, il Tebano*
12. Giovanni Bianconi, *Ragazzi di malavita*
13. Patrick McDonnell, *Il primo libro dei Mutts*
14. Vauro, *Il papa è morto*
15. Berke Breathed, *Il primo libro di Opus*
16. Emilio Giannelli, *Il re è nudo*
17. Walter Bonatti, *Montagne di una vita* (4ª ediz.)
18. Cesare Maestri, *...E se la vita continua* (2ª ediz.)
19. Gianni Clerici, *Alassio 1939*
20. Gianni Brera, *Addio, bicicletta*
21. Enrico Brizzi, *Jack Frusciante è uscito dal gruppo* (13ª ediz.)
22. Susanna Tamaro, *Va' dove ti porta il cuore* (9ª ediz.)
23. Hanif Kureishi, *Londra mi uccide*
24. J.G. Ballard, *L'isola di cemento*
25. Bart Kosko, *Il Fuzzy-pensiero* (3ª ediz.)
26. Ida Magli, *La Madonna*
27. Brunella Gasperini, *Una donna e altri animali*
28. *Che cos'è la psichiatria?* a cura di Franco Basaglia
29. *Dizionario dei film 1998*, a cura di Paolo Mereghetti
30. Sandra Petrignani, *Navigazioni di Circe*
31. Jim Harrison, *Luci del Nord*
32. Ippolita Avalli, *Aspettando Ketty*
33. Jarmila Očkayová, *Verrà la vita e avrà i tuoi occhi*
34. Catalogo storico Baldini&Castoldi
35. Vittorio Emiliani, *I tre Mussolini*
36. Liliana Madeo, *Donne di mafia*
37. *'97 al cinema*, a cura di Lietta Tornabuoni
38. Gian Antonio Stella, *Schei* (2ª ediz.)
39. AA.VV., *l'Uno 1977*
40. Tom Robbins, *Coscine di pollo* (2ª ediz.)

41. J.G. Ballard, *Il mondo sommerso*
42. Carl Hiaasen, *Key Largo*
43. Claudio Carabba, *Corrierino, Corrierona*
44. Jon Lee Anderson, *Che Guevara. Una vita rivoluzionaria* (2ª ediz.)
45. Giorgio Pecorini, *Don Milani! Chi era costui?* (2ª ediz.)
46. Maria del Carmen Tapia, *Oltre la soglia. Una vita nell'Opus Dei*
47. Brunella Gasperini, *Il buio alle spalle* (2ª ediz.)
48. Charles Perry, *Ritratto di un uomo che affoga*
49. James Lee Burke, *Pioggia al neon*
50. Patrick McDonnell, *Il secondo libro dei Mutts*
51. Berke Breathed, *Il secondo libro di Opus*
52. *La nuova colonizzazione*, a cura di Demichelis, Ferrari, Masto, Scalettari
53. Mario Moretti, *Brigate Rosse una storia italiana*, a cura di Carla Mosca e Rossana Rossanda (2ª ediz.)
54. Tom Robbins, *Natura morta con picchio*
55. Piergiorgio Paterlini, *I brutti anatroccoli*
56. E. Annie Proulx, *Avviso ai naviganti*
57. Clarence Cooper jr, *La Strada*
58. Steve Thayer, *L'uomo del tempo*
59. Brunella Gasperini, *Il Galateo*
60. *L'istituzione negata*, a cura di Franco Basaglia
61. *Tondelli e la musica*, a cura di Bruno Casini
62. Gino & Michele, *Anche le formiche nel loro piccolo si incazzano. Opera omnia*
63. E. Scalfari, G. Turani, *Razza padrona*
64. Otto Friedrich, *Auschwitz. Storia del lager 1940-1945* (3ª ediz.)
65. Susanna Tamaro, *Anima mundi*
66. Enrico Brizzi, *Bastogne*
67. Robin Baker, *Guerre sessuali*
68. Aldous Huxley, *Tutti i racconti* (2ª ediz.)
69. Leonard Simon, *Stati di dissociazione*
70. George Dawes Green, *Il giurato*
71. AA.VV., *Le radici del '68*
72. *Il desiderio dissidente. Antologia della rivista* «L'erba voglio» a cura di Lea Melandri
73. Aldo Giovanni e Giacomo, *Nico e i suoi fratelli* (3ª ediz.)
74. *'98 al cinema*, a cura di Lietta Tornabuoni
75. Maria Venturi, *I giorni dell'altra*
76. Norberto Bobbio, *Dal fascismo alla democrazia*
77. J.G. Ballard, *Un gioco da bambini*
78. Luciano Ligabue, *Fuori e dentro il borgo* (2ª ediz.)

79. Sebastiano Vassalli, *La notte del lupo*
80. Danielle Girard, *Madre e ossa*
81. Walter Veltroni, *Il sogno spezzato*
82. Walter Veltroni, *La sfida interrotta*
83. Brunella Gasperini, *Noi e loro*
84. Silvana La Spina, *Morte a Palermo*
85. Orson Welles, Peter Bogdanovich, *Orson Welles* (2ª ediz.)
86. Rita Levi Montalcini, *Senz'olio contro vento* (2ª ediz.)
87. Tom Robbins, *Profumo di Jitterbug*
88. Vern E. Smith, *Spacciatori*
89. Claudio Fava, *Il mio nome è Caino*
90. E. Annie Proulx, *I crimini della fisarmonica*
91. Niall Williams, *Quattro lettere d'amore*
92. Roberto Pazzi, *Vangelo di Giuda*
93. Gabriela Avigur-Rotem, *Mozart non era ebreo*
94. Nelson DeMille, *Morte a Plum Island*
95. Norman Mailer, *Il parco dei cervi*
96. Sandra Petrignani, *Vecchi*
97. Erwann Menthéour, *Il mio doping*
98. Claudio Camarca, *Ordine pubblico*
99. Elmore Leonard, *A caro prezzo*
100. Guido Piovene, *Viaggio in Italia*
101. Jim Harrison, *Un buon giorno per morire*
102. *Cuore di gatto* a cura di Julia Bachstein
103. Giovanni Arpino, *Il buio e il miele*
104. Tom Robbins, *Il nuovo sesso: Cowgirl*
105. Alfred Tomatis, *L'orecchio e la vita*
106. Luciana Littizzetto, *Minchia Sabbry!*
107. J.G. Ballard, *Cocaine Nights* (2ª ediz.)
108. James Lee Burke, *L'angelo in fiamme*
109. Norman Mailer, *Il nudo e il morto*
110. Renzo De Felice, *Rosso e Nero* a cura di Pasquale Chessa
111. Norman Mailer, *Il nudo e il morto*
112. Tom Robbins, *Beati come rane su una foglia di ninfea*
113. Teo Teocoli, *Frittura globale totale*
114. Aldo Giovanni e Giacomo, *In televisione sembravano più alti*
115. Virginia Woolf, *Come si legge un libro?* a cura di Paola Splendore
116. Katherine Mansfield, *La passione della scrittura* a cura di Ornella De Zordo
117. Giosuè Calaciura, *Malacarne*
118. Elena Loewenthal, *Un'aringa in paradiso*
119. Claudio Camarca, *I santi innocenti*

120. Margaret Atwood, *Le uova di Barbablù*
121. J.G. Ballard, *Foresta di cristallo*
122. Luisa Biondetti, *Dizionario di mitologia classica*
123. Paolo Mereghetti, *Il Mereghetti. Dizionario dei film 2000*
124. Jeffrey Masson, *I cani non mentono sull'amore*
125. Jeffrey Masson, Susan McCarthy, *Quando gli elefanti piangono*
126. Peter Duesberg, *Aids il virus inventato*
127. Joseph LeDoux, *Il cervello emotivo*
128. Gianni Cervetti, *L'oro di Mosca*
129. Margaret Atwood, *Vera spazzatura*
130. James Lee Burke, *Rabbia a New Orleans*
131. *Quel che resta del mondo*, a cura di Demichelis, Ferrari, Masto, Scalettari
132. Marisa Fumagalli, *Le donne dei preti*
133. George Dawes Green, *L'uomo della caverna*
134. Walter Bonatti, *In terre lontane* (2ª ediz.)
135. Elmore Leonard, *Fuori dal gioco*
136. Giuseppe Patroni Griffi, *La morte della bellezza*
137. Rodolfo Celletti, *La grana della voce* (2ª ediz.)
138. Brunella Gasperini, *Io e loro*
139. Jean-Christophe Rufin, *L'Abissino*
140. Jim Harrison, *Dalva*
141. Laura Zigman, *Il teorema della mucca nuova*
142. Robert Greene, *Le 48 leggi del potere*
143. Max Perutz, *È necessaria la scienza?*
144. Margaret Atwood, *Fantasie di stupro*
145. Alfred Hitchcock, *Hitchcock secondo Hitchcock*
146. Massimo Franco, *Hammamet*
147. Edmund White, *Un giovane americano*
148. Brunella Gasperini, *Rosso di sera*
149. Jeremy Rifkin, *Il secolo biotech*
150. Fernando Palazzi, *Il dizionario degli aneddoti*
151. Vincenzo Tessandori, *Br. Imputazione: banda armata*
152. Mimmo Cándito, *Professione: reporter di guerra*
153. Pietro Folena, *I ragazzi di Berlinguer*
154. Luciana Litizzetto, *Ti amo bastardo*
155. Nelson DeMille, *La costa d'oro*
156. Melania G. Mazzucco, *La camera di Baltus*
157. Enrico Brizzi, *Tre ragazzi immaginari*
158. Antonio Albanese, *Patapim e patapam*
159. Walter Bonatti, *K2. Storia di un caso*
160. Gianni Brera, *Coppi e il diavolo*

161. Susanna Tamaro, *Per voce sola*
162. Paola Biocca, *Buio a Gerusalemme*
163. Alfred Tomatis, *L'orecchio e la voce*
164. Giovanni Berlinguer, Volnei Garrafa, *Il nostro corpo in vendita*
165. Gerald e Loretta Hausman, *Il mio cane è un mito*
166. Paola Calvetti, *L'amore segreto*
167. Rita Levi Montalcini, *L'asso nella manica a brandelli*
168. Sandra Petrignani, *Il catalogo dei giocattoli*
169. Jeremy Rifkin, *Entropia*
170. *Debito da morire* a cura di Demichelis, Ferrari, Masto, Scalettari
171. Edmund White, *La sinfonia dell'addio*
172. Silvia Ballestra, *La giovinezza della signorina N.N.*
173. Antonio Padellaro, *Non aprite agli assassini*
174. Giovanni Bianconi, Gaetano Savatteri, *L'attentatuni. Storia di sbirri e di mafiosi*
175. Carlo Coccioli, *Piccolo Karma*

Stampato nel febbraio 2001 per conto di
Baldini&Castoldi s.r.l.
da «La Tipografica Varese S.p.A.»